岩 波 文 庫

33-168-2

湛　山　回　想

石 橋 湛 山 著

岩 波 書 店

石橋湛山(1884-1973)　　昭和30年頃　自宅にて

目　次

一　おいたち

父と母

去る六月（昭和二十六年六月）、公職追放の解除を私が受けてから、私のおいたちの記みたいなものを書いてくれた人が二、三あった。はなはだ恐縮のしだいであるが、見ると、かようのものには免れがたい誤りが幾らかある。大して取りえもない私の子供時代のことを記したとて、何の値打もないことだが、しかし、多少でも事実に違った話が活字になったのを知ると、訂正をしておきたいような気も起る。

そこで、こないだから要求されるままに、おやじのことなどを二、三の雑誌に断片的に書いてみた。どうせ、恥さらしみたいなことではあるが、書いたついでに、もう少しこれをまとめて、湛山おいたちの記の決定版にしよう。

私は明治十七年、さる年の生まれである。初めてオギャーと声をあげたのは東京であるが、その後、父の郷里の山梨県に移った。

父は杉田湛誓《たんせい》といい、後に日布《にっぷ》と改名した。山梨県南巨摩《こま》郡増穂村の、かなり旧家の出であるが、幼少の折に同村青柳《あおやぎ》の昌福寺の弟子になった。この寺は今は父の孫弟子の岩間湛良君が住職をしているが、日蓮宗では相当有名な寺であって、ことに小児の虫封じの祈禱《きとう》をすることで昔から東京方面にまで知られていた。近ごろは、どんな様子か聞いていないが、私の子供のころは、ずいぶん多くの信者が、赤子をつれて来たものである。

父は、私が生まれたころには東京の芝二本榎にあった日蓮宗の当時の最高学府である大教院を卒業し、そこの助教か何かをしておったが、間もなく郷里の昌福寺の住職になり、野沢義真、山崎顗億《ぎおく》などいう友人とともに、山梨県の日蓮宗を率いて、学校を建てたり、雑誌を出したり、当時の仏教僧としては、革新派に属し、かなり目ざましい活動をした。

その後の父の経歴は一々ここに書くわけにいかぬが、明治二十七年、招かれて静岡市池田の本覚寺に転住し、さらに大正十三年、日蓮宗総本山身延山久遠寺《みのぶさんくおんじ》の八十一世の法主に選ばれた。そして昭和五年、名古屋市で布教中、病を得、沼津市千本浜の転地先で死去するまで、七十五年の一生を、ほとんど休む暇なく寺門の経営やら、布教運動やらで、働き通した。

母は「きん」といい、芝二本榎の相当大きな畳屋の娘で、代々熱心な日蓮宗の信者であった。この畳屋は、私が幼年のころは相当繁盛していたようであったが、主人である母の長兄が死んだ後であったろう、つぶれてしまった。私は事情があって、この母方の姓を名乗って、石橋というのである。母は昭和八年、六十八歳で死去した。

私の名前

私の名の湛山は、折々ジンザンとか、カンザンとか読んでくれる人があるが、正しくはタンザンである。また湛を堪と書き誤られて、今でも毎日一、二通は、堪山として来る郵便物がある。しかし湛などという文字は、むろん最近の当用漢字の中にはないし、元来一般に使う用のない漢字であるから、そんな漢字を名に持っているのは持っている方が悪いのであって、読み違えられたり、書き誤られたりしたとて、苦情のいえる義理ではない。

だが私がこんなむずかしい名を持っているのには事情がある。私も生まれた時から湛山と命名されたのではなく、外に省三という幼名があって、セイゾウと呼ばれていた。愛称はセイチャンであった。この名は二年ほど前、初めて、私に男の子の孫が生まれたので、それに譲ってやった。実は、いろいろ考えたが、他に、これぞという良い名案が浮かばなかったからである。ただし、ショウゾウと呼んでいる。「吾れ日に三たび吾が身を省みる」という『論語』の有名な言から出ている文字であるので、世の中には、他にも同名の人が少なくないようである。しかし、これもいたし方がない。絶対に類のない名をつけようとすれば、今の私の名のごとく、制限外の漢字の中から、読み方もわからぬような文字を選ぶよりほかはない。それはつまらぬことである。

ところが、この湛山も、今は他に全く同名という人はないらしいが、しかし湛の字を名の頭につけているものは、山梨県の日蓮宗には、相当に、たくさんある。前に記した山梨県の昌福寺を中心として、どれほどの範囲か知らぬが、法縁《ほうえん》と称する一連の寺院があって、その子弟はいずれも名に湛の字を用いることに、古くからなっている。だから、私の父も、昌福寺の弟子になって湛誓といった。私の名も、この理由で、中学を卒業するころ湛山と改めたのである。この湛の字を用いることには何か歴史があると聞いていたが、詳しくは知っていない。

子を易《か》えて教ゆ

私が小学校に入学したのは明治二十二年の春、六歳の時で、最初甲府市稲門《いなかど》(今の伊勢町)の小学校であった。だが、間もなく、父の住職地の南巨摩郡増穂村の小学校に移り、ここで当時の制度の義務教育である小学四年を終って、高等小学一年にはいった。それが明治二十七年である。

しかるに、その年九月、前記のとおり、父が静岡県に転住することになって、それを機会に、私は山梨県中巨摩郡鏡中条村の長遠寺《じょうおんじ》に住職していた望月日謙師の下にあずけられた。十一歳の秋である。したがって、学校も鏡中条村小学校に移り、ここで高等小学二年を終って、直ちに甲府市の山梨県立尋常中学校(後の甲府中学)に入学した。それが明治二十八年の春であった。私が、かく少年の折、早く父母の下を離れ、望月師匠に育てられたことは、私にとっては、まことに幸いであった。

父の晩年、私は、どういうつもりで、あの時、父は私を望月師にあずけたのかと尋ねてみた。

これに対する父の答は、『孟子』に「古者子《いにしえは》を易《か》えて、之《こ》れを教ゆ」とあるではないかという一言であった。

私は、その後、明治三十五年に中学を卒業するまで約八年の間、ただ一回、望月師匠に伴われて静岡に行き、一晩本覚寺に泊った折のほか、父母との交通を全く絶った。あるいは父だけは、用事があって山梨県に来た際にもう一度ぐらい会ったことがあったかもしれない。あるいは私からは出したが、父母から返事をもらったことはない。これも父の方針であったらしい。文通もいやしくも児の教育を他に託したからは、なまじ親との交通を許し、みれんを家に残さしめ、師のしつけにそむくがごときことがあってはならぬ、というのであったろう。

もっとも、そのころの山梨県は、交通がおそろしく不便であって、汽車は東京から八王子までであったにすぎない。それが今の中央線となって、甲府まで延長したのは、日露戦争直前の明治三十六年ごろであったろう。だから当時山梨県から東京なり静岡方面なりに出るには、笹子、小仏《こぼとけ》の峠を越えて、徒歩で八王子に出るか、あるいは、やはり徒歩で御坂峠《みさかとうげ》を越え、河口、山中両湖を経て、東海道線の御殿場《ごてんば》に出るか、もしくは富士川を舟で下って、東海道線の岩淵に出るかするよりほかに方法はなかった。

もっとも八王子あるいは御殿場に出る陸路には、馬とか、円太郎《えんたろう》馬車《ばしゃ》とかの便が、幾らかはあったが、当時の生活程度としては、その料金が比較的高かったので、途中で、ある丁場の間を乗るというぐらいのことはあっても、通して、かような運輸機関を利用するほどの人は、普通にはなかった。だから子供がひとりで、ちょいと東京に行ってくるとか、静岡に帰ってくるとかいうことは、むずかしく、これも私が八年間、親と往来を絶った一つの理由であったろう。

富士川の話は、さきの戦争中、ちょっと思い起こすことがあって、その後幾度か語ったことがある。今は、この川も発電所ができた関係であろう、いわゆる日本三急流の一たる面目はなくなったらしい。のみならず、東海道線の富士駅と甲府とをつなぐ富士身延鉄道(今の国鉄身延線)が敷かれてからは、有名な富士川下りの舟も全くなくなった。

危険な富士川下り

しかし、中央線が甲府に来るまでの山梨県では、この富士川を舟で下るのが、東京または東海道方面に出る一番便利な通路であった。前に記した青柳の隣宿の鰍沢《かじかざわ》が舟つきで、ここから朝五時ごろ舟に乗ると、正午前後には岩淵につく。そうすれば、その日のうちに楽に東京に行けるという寸法で、もちろん歩く必要はない。他の陸路は、途中で、どうしても一晩宿屋に泊らなければならず、しかも容易ならざる山坂があった。もっとも、富士川が便利だったというのは下る折だけで、帰りの舟は、急流を綱で引き上げるのだから、鰍沢に着くまでに何日かを要した。だから、もちろん、たれもこれに乗るものはない。県外から山梨県にはいる場合は、いやおうなしに、皆陸路によらざるを得なかった。

富士川は、片道だけでも、かように便利な通路だったから、多くの人が、これを利用した。しかし、この片道の通路にも、また重大の欠点があった。それは、しばしば、その舟が途中で難破し、旅客の生命を脅かしたことである。

今日は、前にも記したごとくかような舟は通らず、川瀬も昔とは変っているらしいが、そのころは、沿岸の陸路を歩けば、どうしても二日を要した距離を、舟ではわずか半日で下り去るのだから、たしかに日本三急流の一の名に価する急流であったに違いない。

しかも舟は、小さな木造のもので、底は、わざと薄板で張ってあった。これは、川底に石がゴロゴロ出ている早瀬を走り下る際、舟底が、その石に触れても破れない用意であると聞いた。石に触れると、ガリガリという音とともに、乗客のしりは、舟底がでこぼこするのを感ずるのである。気味の悪いことおびただしい。のみならず、岸にも、またときには流れの中にも、奇岩怪石がところどころに横たわって、そのかたわらを舟は矢のごとく走るのである。こういう個所を富士川では難所といったが、そこを無事に舟を通すのは、へさきに立つ船頭のさお一本の熟練であった。もし、そのさおを突き誤って、舟を岩に当てたが最後、舟は破れて沈没せざるを得ない。

私も、何度かこの舟のやっかいになったが、乗っていて、実際生きた心地がなかった。岩淵に上陸して、まあ助かった、重ねて、もう乗るまいと、いつも思ったことであった。にもかかわらず、また東京に出る時には、わらじがけで歩く気にもなれず、びくびくながら、この舟に乗らざるを得なかった。

以上に記したごとく、富士川は危険ではあったが、山梨県の重要な交通路であったので、県では、厳重な監督をし、危険の防止につとめた。ことに朝三、四回の定期船には優秀な船頭を乗せ、また雨後、川瀬の変化があった際は、あらかじめ、これを調査した後でなければ、右の定期船を出さないほどの注意を払った。だから、日に何回かの、この定期船には大体危険がないと考えられていたが、しかし、それでも、たまには難破することがあって、ある時には知事の乗った舟が遭難し、知事は助かったが、同伴者が死んだ例もあった。

水泳達者かえっておぼる

ところが、ここに私は、不思議な現象のあることに気がついた。それは、これらの舟の遭難の際、乗客中の女子供が、かえって助かって、水泳達者の若者が命を落すことがある事実であった。私は、それを私の知っている一青年が死んだことから発見した。その青年は静岡県の者で、甲府市の山梨普通学校という学校に来ておった。水泳には自信を持ち、事実また見事な泳ぎ手であった。私は、それを甲府市のそばを流れる荒川で、普通学校の生徒の泳ぐ際、目で見て知っている。しかるに、彼は静岡の郷里に帰省する際に、不幸にも富士川下りの舟で遭難し、死亡した。しかも、その舟には、女も子供も交えて、多くの乗客があったのだが、死んだのは、彼だけであった。これは、どうしたわけであったろう。

私は、この不思議な現象を、経験者にもただし、また自分の体験にも照らして考えてみたが、結局その解釈は、こうであると思われる。富士川は急流ではあるが、水は浅く、かつ多くの場所では、両岸に川原があって、流れの幅は広くない。泳ぎに少しく達者なら、一見容易に横切って、岸に上りうるかに思われよう。前記の青年は、おそらく、かように判断して、難破とともに水に飛び込んだに違いない。しかし、この判断は誤りであった。名にし負う急流は、幅は狭くとも泳ぎ切ることを許さず、その青年を押し流した。そして、あるいは波に巻き込み、あるいは岩石に打ちつけたであろう。彼は、かくて死亡した。しかるに水泳に自信のない他の乗客は、ただ恐怖して、破れた舟にしがみついた。彼らも急流に流されはしたが、そのしがみ付いた破れた舟が、彼らを岩に打ちつけたり、波に巻き込んだりすることから救った。のみならず、いかに富士川は急流であるといえ、全川が、始終変らず、同じように急流であるのではない。いわゆる難所を通過すると、その後には、比較的流れのゆるやかな個所に出る。破れた舟とともに流された乗客は、やがて、かような所に達し、岸の川原に押し寄せられたであろう。そして、彼らは助かった。実況を見たわけではないが、想像するに、これが、その際の光景であった。

戦時中に語った難船観

私は、右の富士川の難船観を、前に記したごとく、先年戦時中に思い起して、当時私が主宰していた東洋経済新報社の若い人々に話したのである。『東洋経済新報』は自由主義であり、いわゆる反軍的であるという理由で、戦時中、当局から大いに圧迫され、一時は、ほとんど、つぶされかけた。石橋がやめれば、助けてやるというような話もあった。社内は、ために、はなはだしく動揺した。昭和十六年には、その結果、ついに退くにいたった中堅社員も二、三出た。近ごろ、たれであったか、私のことを記したものの中で、石橋はガンコで、気に入らないものは、容赦なく追い出したというようなことを書いていたが、私には、回想してみて、そんな覚えはない。その際も、やむなく私から退社を求めたものもあったが、いわば泣いてバショクを切ったのであった。富士川の話を初めてしたのは、この際であったと思う。

世の中は、たとえば、この富士川を下るごとく、時に非常な難所に出会うが、しかし、それは、どこまでも続くものではない。しかるに、その難所で、難破しかけたとて、あわてて舟を捨て、泳ぎ切ろうなどと、あせったら、かえって生命を失う危険がある。こういう折には、むしろ腰を抜かして、破れた舟にしがみ付いているのが良い。舟を捨てることは、いつでもできる。私は、こんなことをいったのである。

望月日謙師

私が十一歳の折から預けられた望月日謙師は、山梨県南巨摩郡身延村の生まれで、私の父よりは、少しく後輩であった。最初、どこか、同じ郡内の貧乏寺の小僧にやられ、三度の食事も、ろくろく与えられないような苦労をしたらしい。望月師は、この苦労を終生忘れず、若い者の腹をすかすようなことをしてはならぬと、寺内の者の食物のことには常に心を配った。

　望月師は、それから、どういう順序をふんだのか、つい聞いたこともなかったが、東京に出て、これも日蓮宗では「堀ノ内のお祖師さま」で有名な妙法寺に身を寄せ、私の父と同じく大教院を卒業した。当時の妙法寺の住職は武見日恕師といって、若い者の世話をよく見た人であった。明治三十五、六年ごろには、日蓮宗関係の学生を収容するため、小石川の茗荷谷《みょうがだに》町に、茗《めい》谷《こく》学園と称する寄宿舎を作り、私も一時、そこに置いてもらったことがある。

　望月師が、前記の山梨県の長遠寺に招かれて、住職になったのは、まだ三十前の若い時であった。私は、それから間もなく、同師の下に送られたのである。この寺は、身延山門末の中では、最も格式の高い寺の一つであって、しかも望月師は、この寺に特別の縁故があったわけではない。しかるに、その若さで、この寺の住職になったのは、異数の出世であって、武見師や、また長遠寺の前住の久保田日遥師らにその英才を認められたからであった。望月師は、その後、北海道函館の実行寺、東京日暮里《にっぽり》の善性寺《ぜんしょうじ》等に住職し、最後は、また私の父と等しく、身延山久遠寺の八十三世の法主に選ばれ、仏教界でも、すぐれた傑僧として活躍した。

　私の父も、望月師も、学問としては、もちろん仏典や漢籍を修めて育った人であるが、その思想傾向は、ふたりとも、はなはだ進歩的で、保守がんめいと思われる点は、少しもなかった。

しかし少年の折から、寺院で、きびしいしつけを受けてきた人たちであったから、起居動作についてては、なかなかやかましかった。

だが、等しく、やかましい中にも、また父と望月師とでは、風格を異にした。父は徹頭徹尾厳格そのもののごとき風格で、ことに若いころには、短気で、気に入らぬことがあると、頭ごなしに、ガミガミとやった。だから周囲のものは、父に対して、常に戦々恐々としておった。これと違って、望月師は、やかましくこごともいうが、同時にまた春風のかおるがごときところがあって、何人にも親しみやすい感を与えた。父が碁、将棋類に、一切手を触れなかったのに反して、望月師が、おそらく上手《じょうず》ではなかったに違いないが、来る者をつかまえては、よく碁を囲み、興じていたごときこともその風格に余裕を添えるものであった。私は碁も将棋もやらぬが、こういうたしなみも悪いものではないと思う。

私は、もし望月師に預けられず、父の下に育てられたら、あるいは、その余りに厳格なるに耐えず、しくじっていたかもしれぬ。父にも、また、そんな懸念があって、早く私を望月師に託し、いわゆる子を易《か》えて教ゆの方法を取ったのかも知れぬ。いずれにしても私が、望月上人の薫陶《くんとう》を受けえたことは、一生の幸福であった。そうしてくれた父にも深く感謝しなければならない。

小学時代の私

私は、小学校に行くころまでは、当時の東京風のおぼっちゃんに育てられた。初めて甲府に移った際は、だから近所の豪家から、その家の子と遊んでくれと頼まれたものである。学校でも、初めのうちは、お行儀の良い模範生徒として、先生から、ほめられた。

しかし、また困ったこともあった。たとえば私は、自分で金をもって、物を買うということは、一切させられていなかった。だから貨幣の勘定を知らない。ところが、そのころの日本には、明治になって造られた銀貨や銅貨の外に、徳川時代の貨幣の残物が幾種も、まだ流通していた。それが同じような大きさと、形をしていながら、あるものは一厘《りん》、あるものは一厘五毛というふうに、価格が違うのであるから、やっかいであった。私は教室で先生が、それらの貨幣を示して、これは幾ら、これは幾らと、子供に質問した際に、私だけが、その計算を知らないので、恥ずかしい思いをしたことを覚えている。

だが、そんなおぼっちゃんでいたのは、ほんの、しばらくで、小学校の三年か、四年にもなったころには、けっこう、村の子供にごして劣らざる悪童になっていた。親がやかましく、相変らずの実物給与で、小遣銭はくれなかったと思うが、それが、かえって、こっそり金を十銭、二十銭と持ち出さしめる悪習さえ覚えさせた。子供の自由を、あんまり束縛する教育は良いものではない。私は、ついに一生、木登りも、水泳ぎも出来ない人間になってしまったが、これも子供の時に、やかましく禁ぜられていたからである。もっとも山梨県には海がなく、泳げば川だが、その川も近所にはなかった。また川泳ぎは、そのころ流行していた赤痢《せきり》に伝染する危険もあったから禁ずるのが当然でもあった。

寺には、何人かの坊さんや、下男がいた。また私より一、二歳、年長の子供もいた。この人はすでに死去したが、小沢湛漸《たんぜん》といい後に立正大学を卒業して、父の跡を受け、静岡の本覚寺の住職になった。温厚な立派な人であった。しかし、これらの人々も、私に木登りや、水泳は教えてくれなかった。

小学校の四年のころであったろうか。学校から帰って来ると、父の所に呼びつけられて、何やら漢文の本を教えられた。それが、なかなか覚えられず、泣き出しそうになったことがある。だが、おかげで、漢文というものを読むことを早く知った。

望月師の長遠寺には、私が行くより前に、私より年長の少年がふたり、年少のがひとりいた。私は、これらの少年に交って、学校に行くほか、朝夕、日常生活についての訓練を受けた。そのころは、まだ電灯がなく、石油ランプであったので、その掃除、便所の掃除、師匠の居間の掃除、客に茶を出し、あるいは食事の場合の給仕、それらは、いずれも子供の役目であった。これらの訓練は、大体、中学に入学するまでの一年足らずの間であったが、しかし、これで私は、かような雑事をいとわず、何でもやりうる習慣をつけられた。私以外の前記の三人の少年中、年少のひとりは早く死んだが、他の両君中ひとりは、今、東京小伝馬町《こでんまちよう》の身延別院の住職をしている藤井教仁師で、もうひとりは、望月義山師といい、長遠寺の付近の常教寺に住職していたが、ごく最近死去した。

中学で二度落第

私が中学に入学したのは、前に記したとおり明治二十八年であったが、そのころ、山梨県には、ただ一つ、甲府市に県立中学校があっただけであった。そのほかには、県立の師範学校が一つ、やはり甲府市にあった。この二つよりも上級の学校はなかった。だから中学の生徒は大いに持てたもので、羽ぶりをきかせていた。毎年十一月三日には運動会があって、全市の子女が着飾って、見物に来た。

中学には入学試験があった。鏡中条村小学校からも、その何人かが試験を受けたが、どうしたはずみか、高等小学二年を修了しただけの私ひとりが入学した。他の生徒は高等四年の修了生だったが落ちた。

入学試験の際は、望月上人は、当時甲府市で流行していた天然痘《てんねんとう》に感染して、寝ておった。納所《なつしよ》というて、寺内の取締役をしていた坊さんは、師匠が病気で、重態の時にと、ぐずぐずいったが、すでに前に、しかも師匠の方から、今年は中学の入学試験を受けろと命ぜられ、その手続きもしてあったので、ともに試験を受けに行く友だちと連れ立って、かまわず出かけた。そして、ひょっこり入学してしまったのである。

中学に入学してからは、甲府市の、前にもちょっと記した山梨普通学校の寄宿舎に一時おいてもらい、ついで望月師が結婚して、家庭を甲府市に持つにいたって、ここに移った。望月夫人には、終始非常なお世話になった。夫人は、東京の共立女学校の出で、当時の女子としては、最高に属する教育を受けた人であった。

山梨普通学校は、明治二十三年に、私の父などが作った中等学校で、もともと日蓮宗の寺院の子弟を教育する目的で設けたものだが、一般の志望者の入学も許した。県立中学に入学し得ないものにとっては、便利な学校であった。

ところが私は、中学に入学してから、また、はなはだ悪童ぶりを発揮した。どういう事情であったか、一時、甲府市におらず、他にも仲間があって、鏡中条村から二里半の道を歩いて通学したことがあったが、その往復の間の買い食いに、月謝を使い込んでしまったようなこともあった。落第も、また二度までした。

落第の一度は一年の折で、これは中学での勉強の方法を全く知らず、小学校におけると同様、予習も復習もせずに、ぼんやり過ごしたからであった。二度目は、たぶん四年の時だったと思うが、なまけて遊び歩いて、勉強をしなかったからである。少しく勉強すれば、すぐに成績は、三、四番の席次をうるぐらいまでに上るのだが、それを私は、はなはだ怠《おこた》った。私は省みるに、生来のなまけ者であるようだ。

しかし望月師は、これらのことについて、少しもこごとをいわなかった。使い込んだ月謝も、学校から催促があると、黙って払い込んだ。もし、これが父であったら、どんなにか怒り、学校をやめさせるぐらいの厳罰を加えたであろう。だが私は、こごとをいわれなかっただけに、かえって恐縮し、反省した。それが、少年を育てる望月師のこつであったようだ。

三人の校長

私が甲府中学に入学した時の校長は、文学士の黒川雲登氏であった。黒の小倉の詰めえりの洋服を着ている、まじめな教育者のようであった。しかるに、どういうわけか、校風が乱れ、生徒のストライキが、しばしば起った。もっとも校舎も、まだ仮校舎で、錦町という所にあった。そういうことも、生徒の心をすさませたかも知れない。当時四年か、五年の上級生で、ストライキの指導をした生徒の中には、後に逓信《ていしん》大臣になった田辺《たなべ》治通《はるみち》君もいたかと思う。田辺君は、東京の帝大を卒業すると、すぐ逓信省の官吏になったのである。

黒川校長は、そんなことで、私が二度目の一年か、あるいは二年のころにやめた。その後、一時、県の学務課長の伊沢多喜男氏が校長代理をつとめたが、やがて、これも文学士の幣原坦《しではらひろし》氏が着任した。伊沢氏は後に枢密顧問官にもなり、政界に暗躍した手腕家であったが、幣原校長は、この伊沢氏が、とくに選んで、招いたのだと、終戦後枢密院で伊沢氏に会った際、私に話していた。そのころ幣原先生も枢密顧問官であった。

幣原校長は、まだ健在で、大阪に住んでいられるが、日露戦争の前後には朝鮮の統監府に招かれて、韓国の教育制度の建設に尽力し、また広島高師の校長、台北大学の総長等を歴任して、それぞれ功績をあげた人だけに、乱れた甲府中学をも見事に建て直した。当時同氏は、まだ二十七歳かの青年であった。校舎も、幣原校長の時代に、甲府城内に新築された。なお幣原校長は、故幣原喜重郎《きじゅうろう》氏の令兄である。

しかるに幣原校長は、右にも記したごとく、明治三十四年の春であったと思うが、朝鮮に行かれることになり、代って農学士の大島正健氏が来られた。

大島校長は、札幌農学校の第一回の卒業生で、有名なウイリアム・クラーク博士の直接の薫陶を受けた人であった。同氏は神奈川県の生まれであったが、札幌農学校卒業後、しばらく母校にとどまり、英語を教えた。その際学生中にズウズウ弁の者があって、発音を教えるのに苦心した経験から、音韻学という珍しい学問の研究に志し、後年それによって文学博士の学位も得たという学者であった。また札幌で、初めて教会を作り、その牧師を勤めたという、熱心なキリスト教徒でもあった。しかし同時に、からだこそ小さかったが、物にこだわらず、意気の盛んな、豪傑はだの人であった。思うに、これらの性格も、一つは大いにクラーク博士の感化によったものであったろう。

私は、この大島校長から、しばしばクラーク博士の話を聞いた。そして私の一生を支配する影響を受けたのである。

クラーク博士

ウイリアム・クラーク博士は、ドイツのゲッチンゲン大学に学んだ化学者で、マサチューセッツ州立農業大学を創立し、かつ、その学長を勤めていた。しかし単なる学者ではなかった。南北戦争に参加して、大佐の肩書も持ち、また熱烈なキリスト教徒で、精神的にも、すぐれた力を持っていた。

明治九年、日本政府が、北海道開拓のパイオニヤーを養成する目的で、札幌に農学校を作ろうとし、その教頭(事実上の校長)を米国に求めた際、推薦されて来たのが、博士であった。ただし博士は、マ州の農業大学の学長のままで、一年間の休暇を取って日本に来たのであった。したがって、当時の交通不便な世界においては、往復に多くの時を要したので、札幌にとどまり得たのは、わずかに九カ月ばかりであった。にもかかわらず、博士の感化は長く札幌農学校(今の北海道大学)に残り、ひいて日本全国におよんだ。博士が一切の、やかましい学則を設けず、ただビー・ゼントルマンの二語をもって学生に臨み、また北海道を去るにあたり、送って来た一同の学生に向かい、馬上から、ボーイズ・ビー・アンビシャスの三語を残したことは、有名な話である。博士は、前に記したごとく熱烈なキリスト教徒であったが、同時にまた、これらの訓辞が示すごとく、徹底した民主主義教育の実践者であり、剛健な開拓者的精神にみちた指導者であった。博士が日本の学校に正課として初めて軍事教練を加えた人であったということも、その一面を語る事実である。

私は幸いに大島校長に会うことにより、クラーク博士の話を聞き、なるほど真の教師とは、かくあるものかと感動した。

私は生来、宗教家になるべきはずの境遇に育ったものである。もっとも、父も、望月師匠も、寺に成長したものは、必ず坊主になるべきだなどという窮屈な考えを持った人ではなかった。父は、よく、正しい人になれとはいったが、職業を何にせよなどとは、一度も口にしたことはなかった。しかし私は、おのずから周囲の感化を受けて、何かしら宗教家的、あるいは教育者的職業を選ぶ方向に進んでいた。私が中学に入学したのは、日清戦争の直後であって、軍人は少年の尊敬の的であった。がんぜない子供に、おまえは何になると聞くと、大将になるんだと答える者の多かったことは、明治から、あるいは大正にかけてでも、日本一般の風潮ではなかったかと思う。しかし私は、かつて一度も軍人になりたいなどという野心をいだいたことはなかった。はっきりした目的にまで、まとまっていたとはいい得ないにしても、意識の底に、常に宗教家的、教育者的志望の潜んでいたことは明らかであった。そこに私は、大島校長を通じ、クラーク博士のことを知り、これだと、強く感じたのである。つまり私もクラーク博士になりたいと思ったのである。私は今でも書斎にはクラーク博士の写真を掲げている。

うぬぼれ

ところが、この大島校長には、もし私が中学を順調に五年で卒業していたらいうまでもなく、六年で卒業しても会えなかったのである。校長は、私が五年生になるまぎわに着任したのであったからである。なまけて二度落第したことが、この幸いをもたらした。だから、なまけるのが良いというわけではないが、人生には、どこに、どんな偶然があるかわからぬという感を強く受けるのである。

二度までは、どうか知らぬが、中学で落第するものは、私のほかにも、ないではなかった。しかし、これらの人は落第すると、多くは東京あたりの他の学校に転校した。きまりが悪いというわけであろう。だが私は今省みても、大して、きまりが悪いという感をいだいた覚えがない。鈍感であったのであろう。もっとも私の当時の境遇は、落第したから、他に転校したいなどいう、わがままはいえない状況にあった。何もこごとはいわないが、望月師匠が、どう見ているかが、こわかったからである。

それと、もう一つ理由があった。おれは、ちょっと、なまけたから落第したのであって、頭が悪いわけではないという、うぬぼれであった。だから、大して恥ずかしいとも思わなかったのである。この、うぬぼれを私にいだかせたのは、望月師であり、また望月師とも親交のあった香川香南氏などであった。香川氏は漢学者で、中学の漢文の先生であった。もちろん、私に面と向かって、そんなことをいうたのではないが、これらの人が、私を批評する言が、ちらちら私の耳にはいった。

子供に向かって、その自信を失わしめるような言を吐いてはならぬとは、教育上の一つの戒めであるが、私は自分の経験から、とくに深刻に、その真理であることを思うのである。

落第ばかりしているような生徒が、先生の間に評判が良いはずはない。しかし、たで食う虫も好きずきというか、また私をかわいがってくれた先生もあった。その中

座右の銘

でも、前に記した香川小次郎(香南)氏には、先生が昭和十一年八月死去されるまで、恩顧を受けた。御夫婦で、私の鎌倉の家に滞在されたこともあった。

香川氏は山口県の家格の高い旧幕時代の士族出であって、私にはわからぬが、漢詩文の大家であった。甲府中学には漢文の先生として来たのだが、歴史にまた詳しく、われわれは教室で、しばしば、先生、川中島の話をしてくださいなどと、せがんで、その史談を聞いたものである。詩文の関係の交友が多く、酒を大いに飲み、酔っては詩を作り、書をしたためるという、昔のいわゆる文人そのままの人であった。日本では頼山陽《らいさんよう》、中国では蘇東坡《そとうば》を常に賞揚し、ために生徒から山東先生の名をつけられ、自分でも山東という別号を用いるにいたった。

明治三十五年、私が中学を卒業し、東京に出ようとする時、香川氏は、その自宅で私のため祝杯をあげ、次の送別の詩を半折《はんせつ》に書いてくれた。

愛弟湛山生　　心気最雋雅

四海一子由　我於君是也

また、ある時(たぶん先生が東京に移られてからであったが)お尋ねすると、たまたま大阪の河上謹一氏から、同氏自作の詩を半折にしたためたものが来ておって、ほしければやろうといわれたので、もらって来た。河上氏は、今の日本輸出銀行(後の日本輸出入銀行)総裁河上弘一氏の厳父で、明治の中期、日本銀行理事として鳴らし、その後、また住友の総理事として、大阪財界に君臨した有名人である。その詩は、こうである。

兵馬相摩魏与呉　揮将巴蜀委馳駆
若遺諸葛夢栄達　誰画草廬三顧図

この二幅は、今でも大切に保存し、おりおり壁間に掲げて、往時をしのんでいるが、河上氏の「若《も》し諸葛《しょかつ》をして栄達を夢みしめば、誰《た》れか画かん、草廬《そうろ》三顧の図」という二句は、また私の座右の銘である。香川氏も、また、そんな含みで、私に、この書を持って行けといったのかもしれない。

すでに私が東洋経済新報社にはいってからであった。いわゆる飛ばず、鳴かずで、しばらく勉強するつもりだと、私がいったのに対して、先生は、しかし『論語』に「之《これ》を沽《う》らんかな、之を沽らんかな、我は賈《あたい》を待つ者也《なり》」とあることも、また味わうべきだと教えられた。これは子貢《しこう》が、美玉《びぎょく》ここにあり、つつみて、これをひつにおさめんやと尋ねた折に、孔子が答えた言である。

大正十一、二年ごろ、私が心臓に神経性の結滞があるので悩んでいた時、先生は、古語に、病を養うは、病を忘るるにあり、とあると、見舞いの手紙をよこされた。これは、私に、大いに役に立った。

私が酒を飲むようになったのも、香川氏の感化によるところがあったかと思うが、先生には、漢学者からでなくては得られぬ、いろいろの良い教えを受けた。

剣道を学ぶ

私は、中学に入学した時には、からだが小さく、体操の折、列を作ると、しりから一、二番という身長だった。これは、そのころの中学は、尋常小学四年の上に、高等小学四年を終って入学するものが多かったのに、私は高等小学二年を修めただけであったという関係もあったであろう。しかし、それにしても私の体格は(今でも、そうだが)元来が良い方ではなかった。といって、とくに病気もしなかったが、いわゆる筋肉薄弱であった。これは前に述べたごとく、小学時代、木登りも、水泳ぎもさせられなかったという育てかたをされたことに、大いによるのではなかったかと思う。子供の養育には、そういう点も深く省みる必要があると考えるのである。後に軍隊に行っても、大いに閉口したが、中学でも機械体操が、まるで、できず、体操の点は、いつも落第に近かった。これも、やはり、子供の時から、荒っぽい遊戯をする機会を与えられなかった結果ではなかったかと思う。

そこで、何とか、私も、かような欠点を改めたいと苦心した。その第一に選んだのは、柔道であった。中学には、正課ではないが、柔道も剣道も、先生がいて、生徒の好むままに、その練習ができた。だが、それは失敗であった。柔道で投げつけられる結果は、からだがはれて、便所に行っても、しゃがめなくなるのである。これは、たれでも最初は、そうであるそうだが、しかし私のからだには、どうも適当しないように思われたので、剣道に移った。

これは相当に成功した。今でも、私の右の手の甲には、タコができているが、熱心にけいこを続け、先生にも、筋が良いとほめられた。中学を代表して、他に試合にも出るまでになった。剣道の先生は、河崎という人で、はげしいけいこをする人であった。

剣道は、何年生の時に始めたか忘れたが、中学を卒業するまでやった。東京に出て、早稲田大学に入学してからも、前に、ちょっと記した茗荷谷町の寄宿舎の近所に町道場があったので、そこで、しばらく続けた。だが、そのうち、テニスをやることを覚えたら、汗くさい面をかぶって、薄暗い屋内でする剣道がいやになり、それきり、ついにやめてしまった。遊戯は、やはり戸外でするものの方が愉快である。

昭和十年一月、当時、早大の商科の学生であった次男の和彦《かずひこ》にさそわれて、富士山の山中湖で、初めてスキーを試みた。そして、これは、すばらしく、おもしろいものだということを知った。つぎの年の一月には、長野県の新鹿沢《しんかざわ》まで出かけた。もちろん私はころんでばかりいるのだが、あの雪の中に汗をかく壮快さは忘れられない。この時の次男は、太平洋戦争で、海軍の予備主計中尉になって南方に出動し、ケゼリン島で戦死した。

かように私は、剣道を始めてから、身長も伸び、薄弱な筋肉も、いくらか、しまって来た。第一、自分で、自分の体力に自信を持つにいたったことが、大いなる所得であった。だが木登りと水泳とだけは依然だめで、水の中と、高い所では、全く意気地がない。

羽織のひもの流行

中学時代の思い出で、ちょっと、おもしろいと考えるのを一つ二つ書くと、明治三十二、三年ごろであったろうか。おそろしく長い羽織のひもが流行したことがあった。そのころわれわれは、学校では詰めえりの洋服であったが、家では和服に着かえ、そとに出るにも和服にはかまというのが、一般の習慣であった。和服は、久留米《くるめ》がすりが多く、羽織は、もちろん、冬だけだが、これも久留米がすりか、あるいは黒の木綿の五ツ紋付であった。剣道では、はかまも黒の木綿《もめん》を使うのが習慣であったので、私など剣道なかまは、黒の木綿の五ツ紋付の羽織に、黒のはかまという形で、得々として横行かっぽしたものである。

ところが、その羽織のひもが、たぶん東京からであろうと思うが、ばかばかしく長いのが流行しだした。結ばずにたらすと、羽織のすそまで達するほどで、われわれは、その先端を結んで、輪にして、首にかけて歩いたのである。実に妙な形である。しかし、おかしなもので、流行となると、それが、はなはだスマートに見えて、長いのから、長いのと、争って長いのを付けては、得意になっていた。物は白木綿の丸い打ちひもであった。

この長い羽織のひもの流行が、いつ、どんな経過をたどって終ったかは記憶していない。私が中学を卒業する明治三十五年ごろには、もう、そんなひもを使っていなかったことは、確かであると思う。私は、それ以後、そんなことは全く忘れていた。

ところが昭和時代にはいって、思いがけない人から、私は、この羽織のひもの話を聞いた。それは大阪の野口泰次氏であった。同氏は大阪の有力な綿糸取引員で、相場道のベテランで、いろいろ興味ある意見を持ち、また古くからの『東洋経済新報』の愛読者であった。戦争中、一時商売をやめていたが、最近また再開したと、先日大阪で久しぶりに会った際いっていた。この野口氏が、戦争前であったと思うが、ある時、こういう話を私にした。

すべて世の中の動きは、行くところまで行かないと、中途でなかなか止まらないものである。昔、長い羽織のひもが流行したことがあるが、ついに首にかけて歩くまでになった。そうかと思うと、また短くなった時には、ひもの代りに、紙《こ》よりで、ちょっと結んでいたこともある……と。

なるほど、そういわれると、私も、紙よりを羽織のひもに使った覚えがある。それは、たぶん、長いひもが流行する前であったろう。そして私は、野口氏の、この観察を、さすがに相場道で鍛え上げた人のそれだけに、おもしろいと感服した。ここに、この羽織のひもの思い出を記すのも、野口氏の話を、今でも忘れえないためである。

野口氏は、その際、羽織のたけの長さのこともいっていた。羽織も、日清戦後には、一時、書生羽織というて、ことに女が、そうであったかと思うが、着物のたけと、ほとんど同じほどの長いものを着るのが流行した。と思うと、昔、徳川時代に行われたような、しりの上で止まる羽織もあった。何のゆえに延び、何のゆえに短くなるのかは、わからぬが、とにかく世の中には、そうした流行の変化があることが、事実である。そして、これが、やがて人世そのものでもあるらしい。

温泉郷甲府

今、甲府市には、いたる所、温泉が豊富に出て、温泉郷をなしている。しかし私が甲府にいたころは、市外の湯村に、皮膚病に効能があるという、ごく、ぬるい温泉が、古くからあったのと、市内に海洲温泉という湯屋があって、そこにも、ぬるい湯がわくといわれていたほか、温泉はなかった。しかるに、どういうはずみであったか、大正時代に、にわかに熱湯の温泉が出ることが発見され、前記の湯村のごときは、今は温泉宿でいっぱいである。ところが、これにも私には、興味のある思い出話がある。

甲府市には、今は水道があるが、私がいたころの甲府は飲料水のない市であった。もっとも上府中《かみぶちゅう》といって、城から北側の地区は、どこでも井戸を掘れば、比較的浅くして、良い水が出た。しかるに、その当時の甲府の中心地であった南側の地区には、井戸を掘っても、雑用にはあてられても、飲料に適する水は出なかった。市民は皆、商人がひとおけいくらで売りに来る水を買って飲んだのである。甲府市の西側には、荒川と称する川があって、その岸に二つばかり良い水のわく井戸があった。つまり川の伏流だったのである。そこから商人は、箱車に水をくみ、買い手があると、箱の底の穴からジャーと水をおけに移し、売ったのである。

だから甲府では、しばしば水道問題が論ぜられた。私が中学を卒業する前後であったと思うが、農商務省の地質調査所あたりからも技術者が来て、調査したことがあった。しかし、なかなか費用がかかるというので、手はつけられなかった。

その時、甲府の天主教の教会に来ていたひとりの坊さんが――フランス人か何かであったらしいが――こういう意見を新聞に発表した。

山梨県の地形を見ると、甲府には地下水がある。だから深井戸を掘って、水源にあてるが良い。しかれば、遠くから水を引いて来るのに比較して、はるかに容易だ。

それは何新聞であったか、当時、甲府には三つぐらい新聞があったと記憶するが、もし今右の意見の載った新聞が捜し出せるなら、おもしろいと思う。

しかしこの意見は問題にされなかった。私は、そのころ、農商務省の地質調査所の所長の某氏(名前は失念した)が、前記した香川香南氏の親族であったので、東京で尋ねた際、右の意見について聞いてみた。だが、その専門家は、あんなしろうとに何がわかるかと、一笑に付していた。

けれども、もし、この時、この坊さんの意見をいれ、甲府に深井戸を掘ったら、どうであったろう。水道の役には立たなかったに違いない。しかし、その代りに、温泉がわき、甲府は、日露戦争前から、大温泉郷として、にぎわったであろう。そして、かの天主教の坊さんは、甲府温泉の恩人として、記念碑ぐらい建てられたかもしれない。

正則英語学校に通う

明治三十五年三月、中学を卒業すると、東京に出た。六月か、七月かにある第一高等学校の入学試験を受けるためであった。あたかも、母が当時東京にいて、芝の魚藍坂《ぎょらんざか》に家があったので、都合が良かった。

私の、その折の夢は、高等学校を経て、大学で医術を学び、医者と宗教家とをかねようというのであった。宗教家になるという志望は、いわゆる三つ児《みつご》の魂で、捨てえない。しかし、そうかといって、平凡な寺院生活を送る僧になるのには、あまりにアンビシャスであった。クラーク博士のように、すぐれた教育者になって、宗教家をかねるか、それも大いに壮快だが、しかし昔の、ある聖者のごとく、医術をもって人の肉体を救い、宗教をもって精神を救うのは、いっそう愉快なことであると思った。

もっとも、かように医者と考えたのは、元来私が、この種の科学的な学問が好きであるという性質にもよったのである。もちろん私は、ついに医者にはならなかったが、それは高等学校の入学試験という、私の性分には、はなはだ苦が手の関門があったからで、もし、ほんとうに医道に進んだら、相当の医者になっていたろうと、うぬぼれているのである。

魚籃坂の家からは、神田錦町の正則《せいそく》英語学校に通った。この学校は、そのころ有名な英語学者の斎藤秀三郎《ひでさぶろう》氏が経営していた学校で、中学でも、私は、その斎藤氏の英文法や、英作文の教科書を使った。ここで私は、入学準備の勉強をすることにした。

しかし私は、この学校に来てみて驚いた。中学では、一定の教室で、生徒の席次もきまっており、時間の初めには、先生が一々生徒の名を呼んで、出席簿をつける。一切万事が秩序整然としていた。しかるに正則英語学校では、大きな教室に、生徒はげたばきのままで雑然と入り込み、出席簿をつけるでもない。人気のある先生の時間には、あふれて、立っている生徒もある。かと思えば、ある先生の時間には、数えるほどしか、出席者がない。しかも講義の中途で、さっさと持ち物をかたづけて、帰って行く生徒もある。いなか者の私は、これでも学校かと、あきれたのである。今でも、こんな学校があるか、どうか知らないが、入学試験準備のための、そのころの学校は、回想してみても愉快なものではなかった。

しかし当時の日本の学制では、中学は毎年三月に終り、高等学校の入学試験は、六月か、七月であったから、その間、高等学校の入学志望者は皆こういう学校で、試験準備の勉強をした。のみならず、一度の試験で入学ができるものは、むしろ少なく、一年、二年と試験準備に費すものが多かったから、試験準備学校は、なかなか繁盛《はんじょう》したものである。正則英語学校のごときは、その中では、もっとも良い方であったようである。

正則英語学校には、私は芝から神田まで、徒歩で通った。これも当時の東京生活の一断面である。明治三十五年時代の東京には、まだ電車はなかった。品川から新橋、銀座を経て、浅草まで鉄道馬車があった。それが東京市内の主要なる交通機関であった。この鉄道馬車が、後に電車に変ったのである。

煙草《たばこ》も、まだ専売ではなく、銀座には、そのころ有名な「岩谷《いわや》天狗《てんぐ》」という煙草製造業者の大きな店があって、目立っていた。

しかし鉄道馬車の運賃は区間制で、当時の生活程度からいうと、相当高いものであったから、書生が毎日学校に通うのに、往復これによるなどということはぜいたくだった。のみならず、この馬車に乗るのには、魚籃坂から伊皿子《いさらこ》まで出なければならず、さらにおりてから、また神田の錦町まで歩かなければならない。そんなことで、私は、めったに鉄道馬車に乗らず、芝公園を抜け、日比谷公園の前を過ぎて、徒歩で通った。日比谷公園は、そのころ、まだ建設中であった。

かように私は、折角入学試験の準備にかかったが、その実、試験勉強は、あまり、しなかった。今でも入学試験は、上級学校に進む学生の悩みとするところだが、明治、大正時代の高等学校、あるいは官立専門学校の入学試験は、おそろしく、ひねくれたものであった。

学校教師の経験

私の早稲田大学での友人の関与三郎君が、一時東京高等工業学校の英語の講師をかねていたことがあった。もちろん大正時代である。そのいうことが皮肉であった。入学試験は、志望者を入れてやろうという試験でなくして、極力これを振い落すための試験である。だから、常識的な問題を出したのでは、その目的にそわないと。なるほど、そうであったろう。だからたとえば英語なら、普通には使う用もないような、いわゆる難語難句を暗記していないと、入学試験は受からない。元来なまけ者の私に、そんな試験勉強のできようわけがない。試験は受けたが、むろん落第した。それで私は、また山梨県に帰った。

山梨県に帰った私は、まだ全く高等学校を、あきらめてはいなかった。望月師に、そのことを報告すると、そうか、それなら勉強がてら、山梨普通学校に手伝っていろといわれた。当時望月師は、この学校の校長だったと思う。ほんとうに高等学校に入学するつもりなら、そんな、のんきなことでは、だめなのだが、私も、いいきなもので、そのとおりにした。

私は早稲田大学を卒業して、修身と教育との中等教員免状をもらったが、これは、ついに役に立てる機会がなかった。しかし教員の経験は二回ある。一度は大正十三年十一月から、昭和七年二月まで、毎週一回、横浜高等工業学校に経済学の講義に行ったことで、もう一度は右の山梨普通学校で助教を勤めたことである。

中学校を卒業したての、しかも高等学校の入学試験落第生が、かりにも中等学校の教員を勤めるとは乱暴な話であるが、しかし、やってみると、結構やれるものである。私は一、二年の英語と博物、それから一時は、三年か四年あたりの日本歴史を教えたが、博物のごとき、文部省で出している参考書を読むと、私が中学校で先生から聞いたことは、すべて詳しく書いてある。なんだ、先生も、これを見て話していたのかと、おかしく思った。私の、その折の先生ぶりは、決して悪くはなかったと考える。

だが、時々困ったこともある。生徒は、日蓮宗の寺院の子弟と、一般家庭の子弟とが交っていて、三、四年ともなれば、私よりも年長のものもいた。生徒が、新しく来た教師を質問責めにすることも、そのころ、どこの中学校でも流行した。たとえば、懐中時計はウォッチ、置時計はクロックだと教えると、先生、目ざまし時計は何といいますかと来る。この時、へどもどしたら、教師は落第である。私も、これを食ったが、それはクロックさと、平然として答える。その実、ほんとうのことは知らないのだが、そこは度胸だ。

しかし一番閉口したのは博物で、参考書には、たとえば「つくし」についてはくわしく説明してあるが、その元の植物である「すぎな」については何も書いてない。後者には、別段の説明を要する特質がないからである。そこで先生、とくとくとして、大いに「つくし」の講釈をすると、生徒から「すぎな」の構造についての質問が出る。生徒は毎日野や、道ばたで、いたずらをし、「すぎな」の実物を、いじって知っているが、こちらには、そんな経験がない。あてずっぽうの答えはできない。そういう時には、まごつかずに、はっきりと、それは知らないと答えてやる。それよりほかに方法はないが、また、それで生徒は満足するらしい。

私の山梨普通学校における教員の経験は十カ月ばかりのことであったが、それは相当愉快な思い出であり、また有益でもあった。

早稲田大学に入る

だが、こんなことをしていて、高等学校の入学試験が受かるはずがない。私自身も、また、しいて高等学校にはいる気はなくなった。あるいは、このまま山梨普通学校にとどまり、中等教員の試験を受けようかなどという、気楽な考えもいだいた。それには、この同じ学校に教員をしていた先輩で、英語と数学のよくできた丸山茂吉という人があって、その人自身が独学で通した経験から、私にもそれを勧めたというような影響もあった。それでも、とにかく高等学校の受験には行ったが、もちろん入学はできなかった。書くのも、あまり、ぐあいの良いことではないが、かくて私は中学で二回、高等学校の入学試験で二回、都合四回落第したのである。

しかるに、この私の、のんきさに、ひどく心配してくれた人があった。それは、やはり望月師の弟子で、私の兄分にあたる飯久保義学師であった。

飯久保師は、山梨県中巨摩郡小笠原村の旧家の出で、珍しい学問好きの秀才であった。望月師の弟子になったのも、そのためであった。私より十歳ばかりの年長で、山梨普通学校を卒業し、東京に出て、正則英語学校に学び、当時神田の開成中学校の英語の教師をしていた。晩年は神奈川県大磯の妙大寺に住職し、先年死去した。

この飯久保師が、明治三十六年の高等学校の入学試験の終った後、わざわざ甲府にやって来て、私にぜひ早稲田大学の入学試験を受けろと勧めてくれた。これは、まことにありがたい勧めであった。もし、この時、なお山梨普通学校にぐずぐずしていたら、翌年は日露戦争で、私も召集され、あるいは旅順口あたりで戦死していなかったとも限らない。しかるに幸いに早稲田大学に入学したため、明治三十七年、適齢期にあったが、徴兵の延期を受けることができ、戦争には行かずにすんだ。

早稲田大学の入学試験は、高等予科の二学期に編入する試験なのだが、これは高等学校のそれのごとく、ひねくれたものでなく、常識的の試験であったので、楽に通った。試験係の中には、安部《あべ》磯雄《いそお》氏がいて(それが、安部氏だとは、入学して後知ったのだが)、英語の短い文章を幾つか書き取りさせ、さらに、それに英語で答えを付けて出させた。その際、その答えは、ただイエスとか、ノーとかだけでは、いけない、と繰り返し、われわれに注意を与えていたことを覚えている。ともに試験を受けた学生の中には、後に劇作家になった池田大伍氏がいた。

二　明治の学生

私が早稲田に入学したのは明治三十六年の九月、日露戦争が始まる前年であった。

明治三十六年ごろの早稲田大学

そのころの日本の学校の学年はどういうわけか、小学校と中等学校とだけは四月に始まり、翌年三月に終ることになっていたが、それ以上の学校は九月に始まって翌年七月に終った。そこで中学を卒業して、高等学校(大学予科)になり、専門学校になり進む者は、前にも、ちょっと書いたとおり、その入学試験が行われる七月まで約四カ月の余裕があって、それを入学試験の準備に当てていた。

早稲田大学はここをねらって、明治三十四年に東京専門学校を改めて、大学と称することに決するとともに、予科(高等予科と称した)を毎年四月始まり、翌年七月に終る一年半とし、中学卒業と同時にこれに入学が出来る仕組みにした。

当時官立の高等学校は三年で、しかも右に述べたごとく中学卒業後入学までに半年の空白期があるから、事実は高等学校を卒業するのに、順調に進んでも中学卒業後三年半を要したのである。

これに対して早稲田の新学制は、中学卒業から直ちに一年半の予科に連絡するのであるから、大学卒業までに完全に教育年限が二年短縮する。おまけに早稲田では七月にも、また編入試験を行って、これに合格した者は、その年の四月に始まる高等予科の第二学期に入れてくれたから、これらの者は、予科はわずかに一年で、大学に進み得た。当時日本では、小学校から大学を終るまでの教育年限が余り長すぎるという議論がすでに起っていた際でもあり、この早稲田の学制は、今日から顧みてもはなはだ頭の良い考案であった。

戦争後新たに行われるにいたった日本の学制は、小学六年、中学三年、高等学校三年、大学四年で、計十六年になるが、当時の早稲田の制度だと、小学六年、中学五年、予科一年半、大学三年、計十五年半で、新学制よりもさらに半年短かったわけである。私の実際の経験から考えるに、方法よろしきを得さえすれば、これで結構役に立つ教育はできたと思う。私はこの早稲田の高等予科に、明治三十六年七月、編入試験を受けて、その九月の学期から入学したのであった。

当時の早稲田大学は、大学に改まってからようやく二年目に過ぎなかったが、すでに今日の早稲田大学と、ちょっと見たところ大して違いのない規模を備えていた。理工科はまだなかったが(それは明治四十二年からできた)文科系統の学科はすべて整い、商学部というものも私の入学した年から始まった。日本において、大学に商科なるものが設けられたのは、これが最初ではなかったかと思う。高等予科及び大学部の外に、専門部及び高等師範部があった。

しかし建物は今日とははなはだ異なり、大講堂と称した二階建赤煉瓦《あかれんが》のものがあった外、他はすべて木造であった。この赤煉瓦の講堂は、大正十二年の震災で破損し、取り払われた。学生は記録によると、すでに約四千を算していた。

早稲田の周辺

そのころの早稲田大学の周辺は、どんな状況であったかというに、すでに鶴巻町通りは、古本屋、ミルクホール、その他の商店が軒を並べて、新たな大学街として繁栄していた。しかしその鶴巻町も、大学の方から向かって左側は、ちょっと裏にはいると、いわゆる早稲田たんぼで、目白台まで水田が続き、その中に新たにできた道路に沿って、点々と下宿屋などが建っているのに過ぎなかった。昔早稲田は茗荷《みょうが》畑が多いことで有名だったそうだが、その名残りも明治三十六年ごろにはまだ見られた。

江戸川橋から早稲田に向かって、今は電車の通じている道に沿うて曲ると、角にキリスト教の教会堂があったが、その付近にも茗荷畑があった。さらにその道を早稲田の方に進むと、そのころは関口水道町という町名で、右側には江戸川を利用した幾軒もの水車屋があり、それから水田や畑の間を縫って、鶴巻町の通りにでた。私は早稲田に入学してから一年ばかり、小石川の茗荷谷町にあった茗谷《めいこく》学園と称する日蓮宗の寄宿舎におり、その後もしばらく本郷や谷中《やなか》から通学したので、毎日この道を往復した。

太平洋戦争で神楽坂《かぐらざか》から早稲田にかけての一帯の地域は戦災を受け、見渡す限り一面の焼野原に化した。戦災前には早稲田大学の門前街で、繁華の中心をなした鶴巻町も、今は見る影もなくさびれ果て、復興の気配さえ示していない。

これに引き代え、大学の裏側から高田馬場駅に通ずる戸塚の通りは、がぜん繁栄し、学生群の往来も、この方面に集中したかに見える。私が早稲田大学にいたころの状況に比較して、全く隔世《かくせい》の変化である。これは主として交通機関の関係によるものだろう。

私が早稲田大学にいた当時は、まだ国鉄電車はなく、今の高田馬場駅付近は一面の畑であった。市内電車もようやく中央に敷かれ始めたばかりで、江戸川橋までそれが通じたのは、私が早稲田大学を卒業した年か、あるいはその後ではなかったかと思う。江戸川橋から早稲田まで電車が延びたのは、さらにその後のことである。バスのごときは、そんな交通機関が、この世の中に存在しうることさえも知られなかった時代であった。

早稲田付近の交通機関といえば、飯田橋・八王子間の汽車(民営で甲武鉄道と称した)が今の中央線を走っていたのと、飯田橋・万世橋間を、早船と称して、櫓《ろ》で押す小さな乗合舟が通っていた程度で、外濠《そとぼり》から以西には人力車があるだけで、ほかに交通機関は全く何もなかった。

したがって学生は、多くは大学の付近の下宿屋または素人家《しろうとや》に下宿し、遠方から通学する者も徒歩で往復しうる範囲に限られた。もっともそのころは学生に限らず、だれでも徒歩が常態で、自転車さえも用いる者の珍しかった時代だから、今から考えると、不思議に感ぜられるほど遠方から、平気で徒歩で通学した。前にも記したごとく、私はひさしく本郷の西片町辺から早稲田まで通ったが、一時は谷中の天王寺裏にさえ住まっていた。しかもその谷中では、間借りをして自炊し、通学したのであるから、よくも歩いたものであると、われながら今顧みて驚くのである。

なおそのころ、自転車がどんなに尊い物であったかを、私が懇意にしていた日本橋辺の、ある大きな問屋の主人が、大正七、八年ごろ何かの折に話していたことがある。その主人のいうのに、今日は(というのは大正七、八年ごろ)店の小僧が使いに出るのに自転車に乗って行かなかったら、この忙しいのに何をぐずぐずしていると、しかられるが、明治時代には、それと逆に、自転車は主人用で、もし小僧が乗りでもしたら、飛んでもないやつだと大目玉を食った。しかしそれでも彼らは乗りたがって困るので、主人が帰ると、その自転車をすっかりそうじさせ、主人の座敷の廊下の天井につるしておいたものであると。

もっとも私が早稲田大学を卒業する明治四十年ごろには、自転車もかなりふえてきたらしく、学生で自転車に乗る者も少なくなかったように記憶する。

私のころの学生生活

筆のついでに、そのころの東京の学生の生活の状態をちょっと記すと、まず服装は和服にはかまが大部分であった。どこの学校でも、制服は詰えりの洋服、金ボタンときまっていたものだが、少なくも早稲田の学生で、その制服を夏冬そろえて持っている者は、はなはだまれであった。

今の東京大学すなわち本郷の帝大には、毎年卒業式の際、陛下の行幸《ぎょうこう》があって、学生は制服で奉迎、奉送をしたものだが、その折には必ず制服を着なければならない。しかし夏の制服(そのころの高等学校以上の学校の卒業は七月であったので)を持っている者は少ないので、多くの者は冬服で出る。そこで彼らの間に「忠義はあついものだ」ということわざが出来た。当時帝大の学生は、早大の学生などに比し、裕福な者が多かったと思われるが、それでさえこの有様であるから、ほかはおしてしるべきであった。

私も冬服は、中学校卒業前に作ったのを、そのままに持っていたが、夏服はなかった。ところが明治四十年卒業の際は、文学科を代表して免状をもらいに出なければならぬことになったので、まさか羽織なしの単衣《ひとえ》にはかまというわけにもいくまいと、だれかの夏の制服を借用して、晴の勤めを果した次第であった。ところが、この制服の上着をシャツなしで、いきなり裸に着用していたので、その夜神楽坂で宴会があった際、暑いから上着を脱げと、芸者にすすめられて閉口したことを覚えている。

卒業の記念に私ども文学科の卒業生は写真帳を作って分けた。それは当時東京で有名な小川一真という写真屋に注文し、ここでめいめいが新たに撮影したものを集めたのであるから、いずれも出来るだけのおめかしをした姿を写したものと思われる。

しかるにこれを見ても、百三十七名の学生中、制服を着ている者はわずかに三十三名で、ほかはほとんど皆和服である。その同じ写真帳に「坪内博士講義の場」というのが出ているが、ここに写っている学生も洋服の者は二、三しか見えず、ほとんどすべてが和服姿である。しかもその和服が、三田の慶応義塾付近に行くと、ぞろりとした縮緬《ちりめん》の羽織などを着ている学生を認めたが、早稲田にはそうした姿はなく、洗いざらしたこんがすりか、木綿の黒紋付の羽織というのがすべての有様だった。

われわれはこうして毎日学校に通うのに、多くは和服にはかまを着け、それにそのころ学生の間に専ら用いられた板草履《いたぞうり》というのをはいた。ただ帽子だけは、多くは制帽をかぶった。

板草履というのは、今の学生には、ほとんど見受けないようだが、表面は普通の草履で、裏には雪駄《せった》の皮の代りに、幅一寸、厚さ五、六分くらいの板を数枚横に(すなわち足の方向と直角に)ならべて打ちつけたもので、はなはだ便利なはき物であった。くつと同様に、これならそのまま教室にはいっても故障はない。ただ雨や雪の折は、板草履では歩けない。

ことにそのころの東京の道路は、中央部といえどもまだ舗装の出来ていない時代で、まして場末の早稲田のごときは雨でも降ったら、それこそ、たいへんなどろ道であった。板草履はさておき、くつだっても上部まで、どろだらけにするつもりでなければ歩けはしない。そこで雨や雪には高あしだをはく。

ところが、これがまたはなはだやっかいの代物で、つま皮は破損しやすいし、歯はたちまち曲って来る。その上に重いかさ(そのころはこうもりはまだ尊く、われわれは多く番がさをさした)と来ているから、歩きにくいことこの上もない。のみならず、どろだらけの高あしだでは、教室にはいることができない。学生控室のそばに、げたとかさの置場があったが下足番がいて預かってくれるわけではない。めいめいがそこのたなに勝手に置くのだから、置いたが最後必ず紛失する。そこで学校に行く時は出来るだけ悪いげたをはき、しかもそれを片方ずつ、飛んでもない所に遠く離して置くのである。これがその紛失を防ぐ唯一の方法だが、それでもしばしば無くなるのだから、うんざりする。

帰ろうとしてげたがない。といって、そこらにあるのを勝手にはいて帰るのも、うしろめたい。そのいやな気持は折々夢に見たほどである。かさのごときはもちろんそんな置場における はずがないので、教場に持ち込んだ。

制帽についても思い起すことがある。私が入学したころの早稲田大学では、今では教授だけの式帽になっているが、おわんを伏せて、その上に四角の板を載せ、てっぺんからふさを下げた、米国あたりの大学の帽子と同じものを用いていた。記章は、金糸の縫いであった。

ところが、この帽子は、ガウンを着てこそ、つり合いが取れるが、われわれは、詰めえりの学生服や、こんがすりの和服に、これをかぶったのだから、ずいぶん、変なかっこうだったに違いない。のみならず、この帽子は、シルクハットや、山高帽と同じく、中に堅いしんを入れて形を作ってあるのだから、踏みつけでもしたら、たちまち、つぶれてしまう。その取り扱いは、やっかいであった。しかも値段は、手のこんだ帽子だけに、普通の学生帽に比し高かった。しゃれた学生は、この学帽をきらって、中折《なかおれ》などをかぶっていた。

大学当局者も、ここに思いをいたしたのであろう。明治三十七年、私が高等予科を卒業するころであったと思うが、従来の帽子をやめて、現在の早稲田大学の学帽を制定した。ただし記章は、今のと、初めは少し違って、稲の穂を、下から丸く巻いたしんちゅう製のものであったと記憶する。どういうわけで、大学の帽子は、四角にすることになったのか知らないが、帝大の制帽も、古くから角帽であった。これは普通の学生帽の、上の袋を四角にしたもので、たぶん、だれかの知恵で、外国の大学の帽子を、こういう便利な形に転化したのであろう。日本のほかには、世界に類を見ない帽子と思う。早稲田大学では、かように独得性をもつ帝大の帽子の形を、そのまま、拝借することは、おもしろくないと思ったのであろう。初めは外国の大学の帽子の形を、そのままに使い、ついでそれを帝大の帽子の形と折衷《せっちゅう》して、今の制帽を作ったものと察せられる。だれの考案か知らないが、容易ならぬ苦心の結果であったろう。その後多くの私立大学が出来て、いずれも角帽を用いたが、もうほかに考案の余地がなかったものと見え、みな帝大と同様の形を取った。もし帝大で早く、その帽子の形に特許権でも取っていたら、さっそく、侵害の訴えを起されたわけであろう。

インキびんと石油ランプ

明治時代の書生風俗というと、引越しの光景がしばしば絵にも描かれたものである。荷車か人力車かに夜具と行李《こうり》とを積ませ、御本人はかすりの着物と羽織、それによれよれのはかまをつけ、朴歯《ほうば》のげたをはき、手に石油ランプを持って、一緒に歩いて行くといった姿である。実際私も、そのとおりにして、いくたびか寄宿舎、間借、下宿屋等を移転した。

しかし私がいま思い起す、もう一つの学生風景がある。それは、そのころの学生は登校するのに皆インキのびんをぶら下げて行ったことである。当時世の中には、まだ万年筆がなかった。外国品の輸入はぼつぼつあったのであろうが、一般には知られていなかった。知られていても高価で、普通の学生などの使用しうる物ではなかった。明治四十二、三年ころであったか、あるいはもう大正にはいってからであったか、当時文士として名のあった近松秋江《ちかまつしゅうこう》が『読売新聞』に、万年筆がほしいという意味のことを書いたところ、それを見た丸善の顧問の内田魯庵《ろあん》(この人も文士であった)が自分の使っていたのを一本贈ったということが、そのころ世の話題になった。秋江は常に貧乏で、私も、後に東洋経済新報にはいってから、彼に原稿料の前貸をし、そのままにされてしまったことなどもあったが、とにかく万年筆がなかなか尊い物であったことは、この話によっても想像できる。それが日本でも盛んに製造され、だれでも使うようになったのは、大正七、八年ころからであったろう。私が万年筆を初めて買ったのは大正五年七月二十五日で、物はオノト、代は六円五十銭、買った店は丸善であった。だから私が学生のころには、ノートを取るのにぜひともインキとペンとが必要で、これを教場に持って行かねばならなかった。インキつぼを下げて通学する学生などというものは、今日の若い人々には到底想像も出来ない光景であろう。

引越しに石油ランプを持って歩くのも同様で、今の人にはわかるまい。あんな取り扱いのやっかいな、かつ危険な物を、どんなふうにして毎度使っていたのかと考えると、私にさえも記憶がはっきりしない。子供の折、長遠寺《じょうおんじ》にいて、そのそうじを毎日させられ、折々ホヤを壊しては、しかられたことを覚えているぐらいなものである。引越しの場合ランプを手に持って歩いたのも、破損しやすく、石油がこぼれる危険があるからであった。しかし日本に電灯が急速に普及したのは明治四十年代以後であって、統計によるに、明治三十六年末の電灯取付数は、全国で三十六万五千個に過ぎなかった。私が牛込《うしごめ》の原町に初めて一軒の家を借りて住まったのは大正二年であったが、その家には、新築であったにかかわらず電灯の設備がなかった。全国の電灯取付数は、大正二年末にはすでに六百万個に達していたが、それでもまだまだ東京にそんな家があり、それを大して不思議とも不便ともしなかったのである。もっともその代り、右の借家にはガスが座敷の天井にも引いてあって、それに細い綿糸で造ったガスマントルなるものをかぶせて火をつけると、青白い光を発して、灯火になった。

ガスマントルは、そのころどこの荒物屋にも売っていた。それほどガスを灯火として用いる家が多かったのである。一体日本の石炭ガス事業は、明治六、七年ころ横浜と東京とに最初起ったのであるが、目的はもっぱら灯火用として供給するにあった。東京市中の街灯のごときも、日露戦争ごろまでは、石油ランプとガス灯とであった。夕刻には、人夫が長いさおを持ってそれらの街灯に点火して歩いていた。大正二年ころはガスが灯火として用いられた最後の時代であったろう。それから間もなく、東京では電灯が一般に普及した。もっとも、統計で見ると、灯用ガスの全国取付口数は、その最も多かった大正三年三月末において、わずかに百八十三万三千六百口に過ぎなかった。また街灯の方は明治四十三年までしかわからぬが、その年において四千四百六十三と出ている。数字としてはいずれも案外少ないものであった。

級友会の記録

昭和二十年三月十日に東京が受けた空襲で、私は芝公園の近くにあった住宅を焼くとともに、そこにあった書籍も記録も一切失った。ただ鎌倉の旧宅に、大して必要のない物を残しておいたが、それは戦災を免れた。その中から近ごろ『明治三十九年度早稲田大学哲学科三年級友会控帳』なるものを発見した。私は前に記したとおり明治四十年七月早稲田大学の文学科哲学科を卒業したので、これはその最後の年の級友会の記録である。幹事が会合の都度、収支計算等を次の幹事に引継ぐために記した帳面で、五十年前の日本の学生生活の一端がその中にうかがわれる。

この級友会は明治三十九年十一月十七日に第一回が催され、それから翌年六月までに例会が六回、卒業試験終了日の臨時会が一回、最後茶話会が一回、研究会が三回、都合十一回の会合を開いているが、その第一回の記録にはこう書いてある。

第一回　　於朝日倶楽部

明治三十九年十一月十七日午後二時

会　費　金二十五銭

講　師　金子先生出席

会　計

一、収入　金七円七十五銭

会費

一、支出
寿司《すし》代三円九十六銭
　但一人前十二銭三十三人分、別に都合上七銭奮発宿に寄付
席料（十六畳代）　八十銭
点灯料及炭代　二十七銭
柿　六十銭
菓子（一人前五銭）　一円六十五銭
女中に大奮発料　三十銭
この筆記帳　三銭
計　七円六十八銭
差引残高大枚　七銭
熊木幹事より次回幹事大杉氏に渡侯事《わたしそうろうこと》

朝日倶楽部とあるのは、そのころ早稲田付近に幾つもあった貸席の一つで、この計算書にあるとおり一畳五銭くらいの席料で、火鉢《ひばち》を要すれば、ほかに炭代、夜なれば点灯料（第二回以後の報告に油代とあるところから見ると、多分石油ランプであったろう）を払い、飲食物も希

望にしたがって取ってくれる、すこぶる便利な集会所であった。はっきりした位置は忘れたが、当時矢来《やらい》町と称した方面には、少しく高級の矢来倶楽部というのがあって、早稲田大学の幹部の会合なども、しばしばここで催された。また江戸川橋の付近には清風亭というのがあって、この倶楽部は後に島村抱月《ほうげつ》氏が坪内博士から離れて、松井須磨子とともに芸術座を起した際の最初の本拠になった。有名なカチューシャ劇などは、ここでけいこが行われたと記憶する。朝日倶楽部はこれらの倶楽部の中で学生が主として利用する比較的安直の集会所であった。われわれの級友会も例会はすべてここで開かれた。講師金子先生というのは、当時文学科の教務主任であり、ことに哲学及び心理学の講師(当時早稲田では、すべての先生が講師で、教授とか助教授とかいう名称はまだなかった)として、哲学科の学生には特に親しみの深かった金子馬治氏である。その後、この会合には田中王堂《おうどう》、樋口勘次郎らの講師が出席している。

明治時代の学生アルバイト

明治三十九年と今日(昭和二十五年)との物価がどれほどの相違をきたしているか、正確な数字は得難いが、ごく大ざっぱに物価指数をつき合わせて見たら、現在の日本の物価は明治三十九年の六百倍近いという数字が出た。もしそうすると右の会合の会費二十五銭は百五十円、寿司一人前十二銭は七十二円、菓子一人前三十円ということになる。

私の早稲田大学時代には、学年初めにまとめて入用な書籍とか、あるいは衣類は別として、月二十円あれば相当楽な学生生活が東京でできた。それで下宿料を払い、少しは本も買い、たまには牛肉屋に行く余裕もあった。六百倍とすると、今日の一万二千円だが、そんなものであろうか。もっともこうして、学校を卒業し、もし東京で職を求めるとするなら、月二十円の給料のもらえる口はほとんどなかった。

しかしそのころも、学生のすべてが月二十円ずつ家からもらえるほど、裕福の者ばかりではなかった。中にはもっと多くの学費をもらっていた金持学生ももちろんあったが、しかしはなはだ多数の学生は二十円以下でまかなっていた。中には全く家から学費をもらわず、あるいはもらっても、いたって少額で、いわゆる苦学をしていた者も少なくなかった。今日のアルバイトである。仕事のうち、一番楽で品の好いのは家庭教師で、これは苦学生の最も多く希望したところだが、しかしそんなうまい口にありつける学生はまれであった。たれでも容易に見付けることの出来たのは、牛乳配達に新聞配達、その代り収入は、月三円とか五円とかいうものであった。車宿から歯代《はだい》を払って人力車を借り、夜の町を流して歩いた学生も神田辺にはあったが、これは相当の収入になった代りに重労働であった。また中には、夕刻から算木と筮竹《ぜいちく》を持ち、提灯《ちょうちん》をつけて、両国橋の袂《たもと》などで売卜店《ばいぼくてん》を開いた者もあった。これは器用にやると相当の収入になったらしい。私も最初は二十円以下組で(後には増してもらったように思う)ずいぶん困ったこともあるが、さりとて、いわゆる苦学生になる勇気もなく、自炊やら何やらで、何とかとうとう、しのいでしまった。勤人でも同様だが、生活の労苦は、いつの世の中にも絶えないものである。

研究会での報告

前記の級友会で研究会（記録にはセミナリーと記してある）を開いたことは、実は全く私は忘れていた。この記録を見て、そんなことがあったかなあと驚いたのである。ただし第一回の研究会は、どういうわけか、この記録に記載がない。第二回は、明治四十年の一月二十六日午後四時五分前に終ったとある。金子馬治講師の指導の下に、鹿島増蔵君（同君は後に書家になった）が心身平行論なるものの研究を報告している。「第一回よりつづく」と記録にあるから、第一回の研究会にも鹿島君が、この研究の発表を行ったものと見える。私も出席者の名の中にはいっているが、どんな報告であったか全然記憶がない。第三回の研究会は明治四十年二月二十三日午後二時から波多野精一講師臨席の下に乙教室に開くとある。ところで驚くことには、その報告者が私で、題目は「ストア学派の人生観とエピクロス学派の人生観との比較研究」というのである。どんなことを述べたのか、今少しも思い起し得ない。しかし記録にはこう書いてある。

「石橋君は従容《しょうよう》壇上に上り、咳《がい》一咳して新学派の興起せる当時の社会状態より説き起し、該学派の主張が必然的に生ずべき理由を述べ、以下システマチックに項目を分類して、その哲学、心理論、倫理論等を詳説し、終りにストア派はコスモポリタニズムにして、エピクロス派はインディヴィジュアリズムなれども、両者共にフェータリズムにおいて一致すと断ぜり。次いで質問に移り、終って波多野講師の詳細なる批判ありき」

と。

果してこんなことをいったのかどうかも今私には判断する材料はない。しかしとにかくわれわれ学生が、何か知らん、こんな勉強にもつとめていたという証拠にはなろう。

早稲田の諸先生

私が在学時代の早稲田大学の先生で記憶に残る人々をあげると、まず早稲田の三博士と称された高田早苗、天野為之《ためゆき》、坪内雄蔵(逍遥)の三氏があった。高田博士は後には学長(総長という名称は、当時の早稲田大学にはなかった)として、名実ともに早稲田大学の主宰者たる位置にすわったが、私が入学したころには学監という名で、校長は鳩山和夫博士、すなわち今の鳩山一郎氏の父君であった。高田博士が学長と称するにいたったのは明治四十年の春で、同時に総長なるものが出来て大隈重信《おおくましげのぶ》伯がこれに当った。しかし鳩山博士の校長はおそらく名誉的のものに過ぎず、実権はそのころからとくに高田博士にあったことは明白である。なお高田博士はそのころはまだ講義も幾らかしておって、私も高等予科の課目の一つとして、ほんのわずかの時間であったが、憲法の講義を博士から聞いた。鳩山博士も講義をしていたのだろうが、文科の私どもには関係がなかった。私が鳩山博士を見たのは、明治三十九年の秋、米国のエール大学の名誉教授で、当時哲学者として名の聞えたラッド博士が来て、前に記した大講堂で講演をした際に、校長として、その紹介をされた折だけだった。鳩山氏はその際エール大学か、何かのガウンをまとい、英語で紹介の辞を述べた。それから博士も講演をしばらく聞いていたが、その間しきりにアクビをしていたことを覚えている。講演者を何だか小ばかにしているかにも見えた。

天野博士は、のちには東洋経済新報の関係で親しくするにいたったが、学生時代には全く関係がなかった。校庭で何かの会合の折、博士がちょっと演壇に立ったのを見て、あれが天野博士かと思ったくらいのことであった。

坪内博士には、私どもは英語の訳読を教わった。また博士の有名なシェークスピヤの講義には、哲学科の者も出られることになっていたが、私はなまけてほとんど聞かなかった。当時の早稲田大学の文学科は、英文科と哲学科の二つにわかれていたが両者の合併授業が多かった。ところがそのころの早稲田の講師には(予科にはそんなことはなかったが)、他校との兼任の人が多かったのと、教室もまた足りなかったことなどのためであったろう、授業は歯が抜けたように中途に休みが多く、ある講義を聞いて、次の講義を聞くためには、その間むなしく、二時間も三時間も待たねばならないことがしばしばあった。そんなことも坪内博士のシェークスピヤの講義に出にくかった一つの理由であった。しかし思えば惜しいことをしたものである。その当時は、自分の専門以外のものであり、あんな芝居がかった講義をわざわざ聞きに出ずとも、必要ならば、その時自分で本を読めばたくさんだくらいに考えて、なまける口実を作っていたのだが、さて今日にいたるも、シェークスピヤを自分で読むなどいう時はない。

前にも、ちょっと書いたように、私は関東大震災後横浜高等工業学校に頼まれ、しばらく経済学の講義をしていたことがあるが、その際このことを思い起して学生に話した。自分の専門の学問は、後にいくらでも研究が出来るし、また研究せざるを得ない。しかし専門以外のものについてはその機会を得がたい。学校にいる間に、さようの学問はいくぶんでも勉強しておくことが将来のためであると。経済などというものは、重役にでもなってからの問題で、さしづめは入用がないと考える学生があったのに対して、私は自分の経験に省みて、心からかく忠告したのであった。

三博士に次いでの元老級では浮田《うきた》和民《かずたみ》、安部磯雄らの諸氏がいた。安部氏は私の高等予科時代の科長(後に教頭)であった。教室では私どもは英語を教わった。教科書はそのころ有名な『セルフ・ヘルプ』などと並び称された『キャラクター』という本であった。浮田博士には、卒業後懇意に願ったが、在学中は顔を見たこともなかった。その外、後に高田博士のあとを受けて総長になった田中穂積氏、経済学者として早くから名のあった塩沢昌貞《まささだ》氏などもいたが、在学中はただ名を聞くだけで、接触する機会はなかった。

直接私どもに関係のあった文学科の先生では、金子馬治、島村滝太郎(抱月)、藤井健治郎、波多野精一、内ヶ崎作三郎の諸氏がいた。これらはいずれも早稲田大学専任の講師であった。またほかの学校等から兼任で来ていた人には、松本文三郎、吉田賢竜、村上専精、姉崎正治、巌谷《いわや》季雄《すえお》（小波《さざなみ》）、大瀬甚太郎、樋口勘次郎、田中喜一（王堂）らの諸氏があった。

煙山専太郎氏と金子馬治氏

今年（昭和二十六年）の四月ごろ、小雨そぼふる朝であった。一月に秋田の子犬をもらって以来、続けている散歩に東長崎（豊島区）の方面にでて見ると、途中で、ひょっくり煙山専太《けむやませんた》郎《ろう》先生に、お目にかかった。もう七十を、よほど越えたお年と思うが、すこぶる元気で、まだどこかの学校に教えに行かれている様子である。その朝も、たぶん、そのでがけと見え、白いズックのかばんを肩から掛けておられた。雨中にしばらく立ちどまって、ごあいさつをしたことであったが、それから私は、道々、古い先生方のことを考えた。

私が過去において、教えを受けた先生は数多いが、そのうち、今なお健在でいられるのは、たれたれであろう。もっとも古いところでは、幣原坦博士がある。幣原博士が、私の中学の折の校長さんであったことは、前に書いた。

幣原博士を除いては、今確かに健在であると、私の知っているのは、煙山先生だけである。早稲田大学で私が教えを受けた先生は、煙山先生のほかは、たぶんもう、すべて、なくなられているであろう。かくいう私も、まさに七十に近づこうとしているのだから、いたし方もないしだいである。

煙山先生には、高等予科で一年間、西洋史の講義を受けた。非常な勉強家であるという評判で、絶えず図書館の書庫に入り込み、読書をしておられた。なりふりには一切かまわず、たぶん時計屋に修繕にでも出されたのであろう、目ざまし時計をぶら下げて、鶴巻町の通りを歩いているのを見かけたことなどもあった。

こういうわけで、私は、実は教室において先生に接する時間は少なかったのだが、不思議と深い印象を受け、親しみを感じた。後年、友人の関与三郎君の身上について、とくに先生が深く心配をしてくださったことも、直接自分に関した問題ではないが、ありがたく感じた。

昭和二十三、四年中、当時私が神田の駿河台にもっていた事務所で、生方敏郎《うぶかたとしろう》君が肝入《きもい》りをし、折々開いていた文人連の会合にも、先生は、欠かさず出席してくださった。

すでに、なくなられた先生方について、思い出を書き出したら、きりもない。そのうちでとくに、いろいろの意味でお世話になった方をあげると、まず金子馬治氏である。

金子先生は、私の在学時代は、文学科の教務主任であった。文学科というのは、今の早稲田大学の文学部で、教務主任は、今日の部長にあたろう。専門は心理学で、ドイツに留学してヴントの教えを受けてこられた。しかし先生の興味は、心理学よりも、むしろ一般の哲学にあったらしく、私は大学部の三年間と、研究科の一年間と、四年にわたって、心理学の外に、いろいろの講義を先生から受け、また先生のゼミナールにも出席した。講義の中では、ことにカント以後の近代哲学史が、当時もっとも力を注がれたもののようであった。

先生は、また筑水という筆名で、そのころ日本の第一流の総合雑誌であった『太陽』や『中央公論』等に、しばしば論文を出されて、思想評論家として活躍した。大学の教授ではなかったが、やはり早稲田出身の綱島梁川《つなじまりようせん》、長谷川天渓《はせがわてんけい》、また教授中では島村抱月、田中王堂等の諸氏とともに、この方面の花形の一人であった。

金子先生は、後に大学の常務理事を長く勤められたが、事務家としての腕前が、先生にどれほどあったか、私にはわからない。私の知っている先生は、事務的には、あまり温厚にすぎて、押しがきかず、就職の世話などもいたって、へたであったように思う。私は卒業後、しばしば関与三郎、杉森孝次郎の両君と先生のお宅に押しかけ、難題を持ち込んでいったものだが、いつも、はなはだ煮え切らない返事しか得られなかったように記憶する。

大正六年の早稲田騒動の際は、先生は、私が卒業後、大学にとどまりえなかったことに恨みをいだき、こんな騒ぎを起したのであろうと思われたとかで、ある人に、もう少し待ってくれれば、何とかしたものをと慨嘆されたと伝え聞いたが、もちろん、それは先生の思いすごしであった。大学に残りたいという意思が、私になかったとは、決していわぬが、しかし、まさか、そんなことで、あんな騒ぎを起すほど執念深い私でもない。しかし私は、先生がそういったと聞いて、先生が常に私のことも気にかけていたことを知り、ありがたく感じた。だが、このことについては、その後、ついに先生と話しあったことはなかった。

島村抱月氏と田中穂積氏

私の在学時代の文学科は、哲学科と英文科との二つだけであったが、島村抱月氏は、主として英文科の方を教えられた。哲学科に属した私は、島村先生から、たぶん美学の講義を聞いただけではなかったかと思う。とにかく教室における縁は薄かった。

ところが、どういうわけか、卒業後の私は、たいそう島村氏のお世話になった。明治四十一年、私が東京毎日新聞の記者に採用されたのは、先生の推挙によったのである。のみならず、この東京毎日の記者になったことが、後に私を東洋経済新報の記者にする機縁をなした。私が大学では哲学を修めながら、経済を専門にするにいたったことを人は不思議にするけれど、実は私自身全く不思議に感ずるのである。私は経済記者になろうなどとは、かつて夢にも考えなかった。それが、思いがけずも、こうなったのは、島村氏によって東京毎日新聞に行き、田中穂積氏のお世話になるにいたったからであった。むろん島村先生も、そんなことを予想されたわけではないが、結果において、同氏は私を経済記者にしたのであった。

島村氏は、当時の文学科において、最も多く卒業生の面倒を見られた先生ではなかったかと思う。坪内逍遥博士も、非常によく、若い者の世話をされたようであるが、私は坪内先生のところには、全く出入しなかった。その有名なシェークスピヤの講義にも、前に記したごとく、今から考えれば、惜しいことをしたと思うが、出なかった。あの芝居がかった講義ぶり(それが有名だったのだが)が、なまいきのしだいだが、私には興味がなかった。坪内先生はまた、英語の訳読(何をテキストとしたか忘れたが)も持っておられたが、ある時、こういう英語の使い方は、将来諸君が中学の教師になった場合、覚えておかなくてはならぬという意味のことをいわれたので、がっかりした。こっちは大哲学者になるつもりでいるのに、先生は中学の教師を作るつもりでいるのかと、いわゆる幻滅を感じたのである。しかし、これも実は先生の親切な注意で、反感をいだいたのは、私の誤りである。ただし早稲田大学の教育も、そのころから、やや「高遠の理想」を失い、職業教育の弊に堕しつつあったことも事実であったであろう。

親切といえば、島村氏も、まことに親切で、われわれに対し、こまかいことまで注意をされた。私が東京毎日新聞に入社し、そのお礼のため先生のお宅に伺った折、帰りに、玄関まで送って出られた先生は、私が編み上げのくつをはくのを見て、新聞記者には、そのくつはよくないと戒《いまし》められた。編み上げは、はくのに暇がいる。人を訪問した時、帰りに長く主人を玄関に立たせておくことになって、好感を持たれないからだというのである。つまり新聞記者のエチケットの一つを教えられたわけである。帰りしなの玄関で、暇をくうことは、その間にも種を引き出す機会をうるわけで、新聞記者に編み上げのくつ必ずしも悪しからずという説もあるが、しかし、これは、やはり島村氏の説が正しいであろう。とにかく島村先生が、われわれのため、かようなことにまで気を配られたことは、顧みて、まことにありがたく思うのである。

また私は島村氏から、こんな注意も受けた。君、暇があったら、講師室に来ていたまえ、おもしろい話の種が取れるよと。そのころ、早稲田大学の先生は、何科でも、皆一つの講師室を控え室に使った。今の図書館のあるあたりに、前にも記したが、大講堂と称する赤煉瓦《あかれんが》の二階建てがあって、その一階の一部がその講師室になっていた。なるほど行って見ると、いろいろの先生が、かわるがわるはいって来て、互に雑談をする。聞いていると、なかなかおもしろい。私は島村先生に教えられたとおり、折々はいり込んでは、それらの雑談の中から、漫録的の種を拾った。

島村先生のことは、書けば、まだ、たくさんある。芸術座を起したいきさつなどは、ことに大いに記すべきものがあると思うが、しかし、それには私よりも、もっと適当の人があろう。先生は、この芸術座を起して、家庭をも捨て、早稲田大学とも絶縁し、新劇運動に全身を打ち込まれたが、大正七年十一月、当時全国に猛威をふるったスペインかぜに冒されて急に死去された。さみしい最後であった。先日古本屋の店頭で、はからずも先生の論文集を発見し、求めて来たが、その巻頭の写真をながめ、うたた感慨にふけった次第である。

教室で教えを受けたことは少しもなくして、卒業後お世話にあずかったのは、田中穂積氏である。

先生は、明治四十一年十二月から、大学の教授にかねて、東京毎日新聞の主筆に任じ、その経営に当った。私は、前に書いたようにその際、島村先生の紹介で採用され、この新聞の記者になったのである。

不幸にして、先生の、この東京毎日の経営は成功せず、実際に、この新聞のバックをなしていた報知新聞(これも大隈侯の機関紙であった)の幹部と衝突したかで、明治四十二年七月(であったと思う)主筆の位地を退かれた。それとともに、先生に引きつれられて入社した幹部雑輩三十名ほどが一せいに退社した。その雑輩に、私も加わった。幹部の中には関和知、小山東《おやまとう》助《すけ》らの諸氏がいた。後に実業界で名を成した石沢愛三氏もその一人だった。関氏は早稲田の先輩で、後に憲政会の有力幹部として、政界に活躍したが、惜しくも比較的早く死去した。小山氏は東大出の文学士で元来、島田三郎氏の下に、この新聞にいたのだが、田中先生が、これを引き受けるに当って、改めて入社したのである。同氏も後に代議士に出て、憲政会に属し、また早稲田大学の講師をもつとめた。しかし早くから肺結核を病み、このため、やはり比較的若くして死去した。文章もうまく、思想も深く、人格もまた立派な人であった。同氏の見神《けんしん》の実験は、綱島梁川氏のそれとともに有名であった。

先年早稲田大学で編まれた田中先生の伝を見ると、終りの方に、石沢愛三君の東京毎日時代の思い出談が、ちょっぴり出ているだけで、本文には、先生の新聞に関する経歴が一言も書かれていない。田中先生は右の東京毎日以前にも、新聞に関係していたことがあると思う。これを取り落しては、先生の面目の相当大きな部分を無視することになると考えるが、どんなものであろう。

田中王堂氏

私が、古い先生の思い出を語る場合、どうしても省くことのできないのは、田中王堂氏である。私は、先生によって、初めて人生を見る目を開かれた。私の経済学は、全くたれも先生はなく、自分で本を読んで始めたのだが、その際にも王堂先生には有益な指導を受けた。私が最も早く読んだ経済学の本の一つは、トインビーの『インダストリアル・レボリューション』であったが、それは王堂先生の勧めによったのであった。先生の思想は深かったが、学問も広かった。

王堂氏は、本名は喜一で、王堂は号であるが、日本の学校は、たぶん中学を出ただけである。若くして米国に渡り、哲学を修めた。在米期間は八年の長きにわたった。哲学は、シカゴ大学で、主としてデューイー教授について学んだものと聞いた。

したがって、王堂氏には、日本における学閥がなかった。哲学の専門教授として、どこの大学にも容れられなかった。最後は、早稲田大学の教授として終ったが、これとて決して好遇はされなかった。生活にも苦しまれた時期が多かった。

われわれが、早稲田大学で初めて王堂氏の講義を聞くことになったのは、明治三十八年、私が大学部二年の時であったが、当時先生の本職は、東京高等工業学校(浅草蔵前にあった)の教授で、主として英語を教えていたのであった。

しかるに右の年、倫理学を担当していた藤井健治郎氏が、早稲田大学から外国に留学することになったので、その不在中、代って倫理学を講義するため、兼任講師として、王堂氏は早稲田に来たのであった。

王堂氏は明治四十年代から大正年代にかけて思想評論壇に活躍し、その独創的文明批評は一代を風靡《ふうび》する観があった。しかし明治三十八年早稲田に来られたころには、一般にはたれもその名を知る者はなかった。われわれ学生も藤井講師の代りに来る人が高等工業の教授と聞いて、どうせ大した学者ではあるまいと、がっかりしていたようなわけだった。

氏のわれわれに対する講義は、最初二年の級で倫理学史、それから三年で倫理学であった。私はまた三年の時に氏の下にゼミナールを持ち、さらにその後もう一年研究科で、その時の本科三年の学生とともに認識論(氏は知識論といった)を聞いた。ところがその講義がはなはだ難解であった。白皙《はくせき》温顔にして、長い髪と短い三角の顎鬚《あごひげ》をたくわえ、それに赤ネクタイを結んだ氏は、一見していかにも哲学者らしい風彩を具《そな》えていた。また洋罫紙《ようけいし》に大きく英語で数行書いたメモを持ち、考え考え、時には数分間も間を置いて、ぽつりぽつりと語る言葉にも、最初から、ある親しみと深みとを感じた。しかしその説くところは、われわれには、つかまえがたく、わからない。これは一つは確かに氏の言葉のいい回しが、その文章にも現れているごとく、むずかしかったからである。しかし主としては氏の哲学が、簡単にいえば、作用主義に立脚し、従来われわれが無批判に受入れた形而上学的《けいじじょうがく》哲学と鋭く異なっていたからであった。

われわれはやがてそのことに気がついた。そして一年ほどの間には、全学生がこぞって氏を高く評価するにいたったが、それまでというものは、人気はまことに芳《かんば》しくなかった。級中の中にはこういううわさを持って来た者があった。田中講師は数年前(それは正宗白鳥《まさむねはくちょう》氏や近松秋江氏が在学した東京専門学校時代であった)にも講義に来たが、わからないというのでやめさせられたのだそうだと。事実の真偽は知らないが、とにかくそんなうわさが伝わるほど、氏の評判は悪かった。

ところが前に述べたごとく、一年ほどの間にその評判は一転した。ある時こんなことがあった。英語の会話の時間に、この人もそのころの早稲田の学生には忘れ難い、英語会話の担当講師の高杉滝蔵氏だが、今の日本の第一の哲学者はたれかという質問を出した。高杉氏は、学生の返答をうながすために、その当時著名であった元良《もとら》勇次郎氏とか、桑木厳翼《くわきげんよく》氏とかの名をあげたが、これらに対する学生の答はノーであった。そして結局プロフェサー・キイチ・タナカが日本における第一の哲学者だとの答が学生から出たのを聞いて、高杉氏は意外な顔で、それはたれのことかと反問した。氏はまだ田中氏を知らなかったのである。そこで学生が回らぬ英語で、いろいろ説明すると、ああ、あの赤ネクタイの先生かとようやくわかって、大笑いになった。

多くの学生には、依然田中氏の講義は苦手であったが、しかし氏が日本における卓越した哲学者であることを否定する者はひとりもなくなった。私は関与三郎、杉森孝次郎及び大杉潤作の三君とともに、卒業後もとくに田中氏に親近し、なみなみならぬ学恩を被《こうむ》った。もし今日の私の物の考え方に、なにがしかの特徴があるとすれば、主としてそれは王堂哲学の賜物《たまもの》であるといって過言ではない。

王堂氏は、明治四十年代から大正年代にかけて、多くの卓越した論文と著書とを世に送ったが、しかしついに王堂哲学を一の体系にまとめた著述を示す機会がなくして、昭和七年五月、六十六歳をもって世を去った。

これより先、大正三年の末のことであった。私は、王堂氏の哲学をまとめた著述がないことを、はなはだ残念に思い、私が早稲田大学で筆記した氏の講義を基にして著述をされたらばと、たって勧めた。たまたま同窓の友人で小出慈恩という人が遊んでいたので、毎日根岸の先生の宅に通ってもらった。王堂氏は自分では筆を執らず、すべて口述で著作する習慣だったからである。しかし氏は私の好意は認めながら、私の希望にはとうとう従わなかった。たとい万全でなくても、無にはまさるのではないかという私の勧告は、その論文の文字一つにも吟味に吟味を重ねずには済まされぬ王堂氏の気分には、到底受けいれることの出来ないものであった。

昭和七年春、先生が膀胱結石《ぼうこうけっせき》で順天堂病院に入院されたと聞き、杉森孝次郎君と私とは王堂全集を出すことを計画し、王堂氏とかねて縁故の最も深い中央公論社の嶋中雄作君に相談したが、断られた。しかるに平凡社の社長下中弥三郎《しもなかやさぶろう》君が奮って引受けようといってくれたので大いに喜び、両人で順天堂の病室に先生を見舞い、この計画を申し出た。

私どもは必ず承諾してもらえるものと予期したのである。ところが病床に起き直って対座した氏は、こういうのであった。諸君は私の財政困難を察して心配してくれるのであろうが、今この日本の思想界の状況で、私の論文集が売れるとは思えない。したがって装幀《そうてい》その他も決して立派な物は出来ないであろう。そういうみじめな出版はしたくない。私もまだ死ぬつもりはない。死ぬというなら、苦痛でも今から退院して計画中の著述に従事する。出すなら良い物を出したい。だから好意は謝すが、全集のことはやめてもらいたいと。私どもは一言もなく引きさがった。私はかように王堂氏が常に自らを高く標置する態度には、時に同感し得ない場合もあったが、しかしこの病床での氏の意気には、帰るみちみち杉森君と、さすがに王堂だなと語り合った。

王堂氏は、しかし、ついに再起し得なかった。順天堂では手術が出来ず、東京帝大病院の泌尿器科に移り、手術は成功したが、衰弱のために死去した。出版社からも哲学概論の執筆の依頼を受け、かたがた氏は晩年の数年間、全力を哲学大系の著述の準備に注いでいたが、例の万全を期す態度は容易にこれを筆にするまでにいたらしめず、死ぬなら今からでも書くといいながら、そのままに終った。

私は氏の死後、未亡人の田中孝子氏から右の著述のノートと思われるものを借り、たとい断片的にでもまとめる方法はないかと調べて見たが、例の講義の折のノートと同様、ただ心覚えの文字が記してあるだけで、手のつけようがなかった。私はまた、早稲田大学における氏の講義を整理して出版したらばと思い、私自身の筆記した分ばかりでなく、後の年度の分も、当時の学生だった人々から借りて、清書を作った。しかしこれまたなかなかむずかしい仕事で、とつおいつしている間に、その一部の最もよいと思われるものを、戦災で焼いてしまった。私はまだ残った分のある物を出版したいという宿志は失っていないが、それもいつになることかわからない。

その他の諸講師

藤井健治郎氏は後には京都帝大に移ったが、私の学生時代には早稲田の専任講師であった。私が大学部二年の折に、同氏が海外留学に行ったことは、前に記したとおりである。専攻は倫理学であったが、私は本科の一年で、氏からパウルゼンの英訳を使って、哲学概論を教わった。氏は杉森孝次郎君(杉森君は私より一年前の哲学科の卒業生だった)に特に大いに嘱望《しょくぼう》し、藤井氏が京都帝大に移るについて、その交換条件として杉森君を文部省の外国留学生に推薦した。早大から外国に留学までさせた者を官立大学が無理に取って行ったからである。

波多野精一氏は私の在学中にドイツから帰って来た。その折、例の大講堂で、帰朝講演があったことを覚えている。教場では私どもはロージャーズの『スチューデンツ・ヒストリー・オブ・フィロソフィー』を教科書として、哲学史の講義を聞いただけであったと思う。しかし卒業後、杉森君と同期の関与三郎及び私と同期の大杉潤作の両君と牛込薬王寺町の氏の宅にしばしばお邪魔し、また毎週一回ヘーゲルの歴史哲学を右の三人で輪読し、氏の指導を受けたこともあった。ただしこの輪読会は、私が新聞社にはいってからで、私はなまけて出席しないことが多かった。波多野氏も後に京都帝大に去られた。

内ヶ崎作三郎氏は、後に政治家として大いに名を成されたが、私の学生時代には、早稲田の英文科の講師であった。ただし私は高等予科で英語の訳読(教科書はラムの『シェークスピヤ物語』であったと思う)を教わっただけであった。夜具の袖口《そでぐち》のようだとたれかがいったが、全くそんな感じのする唇から、重くるしい東北弁で、英語はそっちのけで、しばしば教場で気《き》焔《えん》を吐いた。悪口をいう学生は、先生勉強をして来ないので、あんなことでごまかすのだといった。私どもが本科の一年の時には、そういうことから英文科の学生が内ヶ崎講師排斥運動をやったこともある。

松本文三郎氏は当時すでに文学博士で、東京帝大の教授であったと思う。私どもは本科一年で初めて西洋哲学史なるものの講義を博士から聞いた。大形のノートを開いて、それを読み上げる調子で講義をされた。

吉田賢竜氏は、松本博士が何かの都合で、学年の中途で早稲田をやめた跡を継いで来任し、西洋哲学史の講義を受け持った。ひどい怪我《けが》でもしたように頭がはげ、一見はなはだ奇怪な様子であったので、初めて氏が教室にはいって来た時には、学生は唖然《あぜん》とし、不謹慎にも失笑した者さえあった。しかし時間を重ねるに従って、その超脱した態度と真面目な講義とに、学生は皆好感を持って、氏を迎えるにいたった。氏は後に広島高等師範の校長になり、退職後も広島市に居住して、同地で死去された。私も広島市に折々行ったので、その際お尋ねしたいと思いながら、ついにその機会を得ずにしまったが、同市における氏の人望はなかなか高かった様子であった。

村上専精博士は真宗の僧で、その学説のため同宗より一時破門されたという人で、仏教の教理の解釈に、新空気を注入した先駆者であった。私どもは、同師から仏教教理開展史というものを聞いた。その風格がいかにも仏教僧らしきおちつきをもちながら、その講義にはいわゆる仏教臭がなく合理的で、またその本筋の講義に混えて語る古人についての引例などもおもしろかった。今でも思い出される講義の一つであった。当時仏教学の泰斗として、村上師以上の評判のあった前田慧雲博士にも、明治四十年の九月から研究科に在学中、『大乗起信論《だいじょうきしんろん》』の講義を聞いたが、率直にいって私は、その独断的態度に感服し得なかった。仏典についての研究の深さはどうであったか知らないが、思想家としては村上師がはるかに上であったのではないかと思う。

姉崎正治博士は当時東京帝大文科の花形教授であって、早稲田にはほんのわずかの時間講義に来たのに過ぎなかった。私どもは博士から宗教学の講義を聞いた。しかしその講義は長く続かず、あるいは中途でやめてしまったのではなかったかと思う。昭和二十四年六月九日上野の精養軒で博士の喜寿の祝賀会があって、私も出席したところ、司会者から指名されてテーブルスピーチに立たされた。それでこの四十余年前の思い出話をちょっとしたのだが、博士は右の宗教学の講義に全然ノートを持って来ない。そして盛んにサンスクリット語などを混えて話すので、聞いているわれわれは講義の筋がたどれず、途方にくれた。ところが先生もまた、折々途方にくれて、ある時などは、どうも昨晩寝なかったので、今日は頭のぐあいが悪いからと、講義を中途でやめたこともあった。しかしそれがなかなかあいきょうがあった。姉崎博士には、早大卒業後いろいろの場合に親しくする機会があって、昭和二十一年の春、初めて私が東京第二区で衆議院議員の選挙に出た時も、山田三良《さぶろう》博士、尾崎行雄氏、羽仁もと子氏らとともに、博士から推薦状をいただいた。ところが博士は私が早稲田で博士の講義を聞いた者だとは、前記の喜寿の祝賀会で私が話すまで気づいておられなかったようであった。その後博士もついに死去された。こうしてわずかに残る先輩がますます減って行くことは、さびしい次第である。

巌谷季雄氏は、明治時代に早く童話の新境地を開拓したおとぎ話のおじさん　漣 山人《さざなみさんじん》(後に小波)だが、実物はすこぶるハイカラの紳士で、私どもは何であったかドイツ語の原著を使って、ドイツ文学史の講義を聞いた。卒業後一、二度御殿山の御宅にうかがったこともあった。

大瀬甚太郎氏は東京高等師範の教授で、私どもは教育学を教わった。また樋口勘次郎氏からは教授法を教わった。当時早稲田大学の文学科の卒業生には、中等教員の無試験検定を受ける資格があって、私も修身と教育の中等教員免状を持っている。その検定を受けるのには、教育学と教授法とをぜひ修めなければならない。こういうわけでこの二つの学科は興味の有無にかかわらず、特殊の重要性をもっていた。

三　文筆生活に入る

特待研究生

明治四十年七月私は早稲田大学文学科哲学科を卒業した。ところが全く思いがけず、私はその卒業試験で首位を占めた。私は今でもそうだが、はなはだ勉強をしない人間である。しかし早稲田大学を卒業する前一年ばかりは、遠方からの通学をやめ、大学のすぐ近くの下宿に住まい、やや専心に学課の勉強に打ち込んだ。自分としては、それによって特に試験の成績を良くしようなどと考えたわけではなく、また試験中もそんなに良い成績を得ていようとは想像していなかった。成績の発表があった朝、学友が私の下宿に飛び込んで来て、おい君が首席だぞと知らされた時には、うそだと思った。

当時早稲田の文学科が英文科と哲学科の二つに分れていたことは前に記したとおりだが、その英文科の方の首席は、中村将為《まさため》(星湖《せいこ》)君であった。中村君はすでに在学中に『早稲田文学』の懸賞小説に一等の栄冠を得、小説家として前途に大なる望みがかけられていた。しかし卒業試験の成績は惜しいことに(何でもあけすけに物をいう内ヶ崎作三郎氏は、そういって残念がっていたそうだが)全体としていくらか私の方が良かったので、すなわち私が文学科の首席ということになったのだそうである。

私はかようにして学生生活の最後のところで、他人も自分も予期しなかった偶然の拾い物をした。いわば運命のいたずらであろう。しかも後にいたって顧みると、これが爾後《じご》の私の一生を決定したのである。私は自分の過去を回想すればするほど、偶然が人生を支配する(少なくも私においては)力の大なることを考えざるを得ない。

早稲田大学にはそのころ特待研究生という制度があった。毎年大学部の各科から、卒業生中の優秀なる者一人ずつを選択し、これに月々二十円(であったと思う)の学資を支給して、さらに一年間研究科で勉強させてくれるのである。多分こうして将来の大学の教師を養成する趣意であったろう。率直に印象を述べると、当時の私は、おそらく田中王堂氏を除き、その他の諸講師のお覚えが大いに良かったとは思わない。しかしとにかく、点数の上で首位を占めたので、この特待研究生にあげられた。私の前年の文学科の特待研究生は関与三郎君、そのまた前年のそれは片上伸《かたがみのぶる》(天弦)君であった。しかしこの制度は私の年度か、あるいは翌年度ぐらいで廃止になった。大学当局者の期待にそう成績をあげ得なかったからであろう。それには私のごときなまけ者の特待研究生が出来たことにも、大いに責任があったのかも知れない。

しかし私としては特待研究生を命ぜられたおかげで、さしづめ生活の問題を考える要なく、また前途も東京においてなんとかやって行けそうな見込みが開けた。私は元々宗教家になる志望であったのだし、卒業すれば直ちにいなかに帰って寺院生活にはいることも必ずしも不可能ではなかった。またもう一つの道は、前に記した教員免状に物をいわせて、どこかの地方の中等学校(当時東京で、私学出の者が中等教員の口を見出すことはほとんど望みがなかったので)の教員になることであった。もし私が偶然首席で卒業せず、したがって特待研究生にならなかったら、おそらく以上の二つのいずれかの道を選んでいたであろう。そのどちらを選んでも私の一生は、爾後私が実際に経て来たものとは全く異なったに違いない。新聞記者とか雑誌記者とかいうことは、卒業当時の私の頭には全くなかった仕事であった。

特待研究生の一年間は、前にも述べたごとく研究科にいて、若干の講義を聞き、また一年の終りに提出しなければならないと考えた論文の構想に相当の苦心をした。しかしなまなか王堂哲学により目を開かれたことが、かえって意あまり筆随《したが》わざる弊を生じ、とつおいつしている間に時間を空費した。そのうちに大学当局の方針も変って、特待研究生なるものに熱意を失い、論文提出はどうでもよいというような話になったので、とうとう何もまとめずにしまった。一年間ただ学資をもらいぱなしで、はなはだ申訳のない次第であった。その代り(というのもおかしいが)学園内に教師としてとどまる望みもなくなったので、一年の期限の切れるとともに、他に職業を求める必要を生じた。大日本文明協会から『世界の宗教』と題する書物を出すことに話が出来たのはそのころであったと思う。

後に改めて書こうと思うが、大正六年に当時大いに新聞を賑わした早稲田騒動なるものが起った。しかもその騒動の首魁《しゅかい》は私だと目された。その折、金子馬治教授は、石橋がこういう騒動を起したのは、彼が大学に残れなかったことを含んでの結果であろうが、もう少し待っていてくれれば何とかしたものを、甚だ遺憾だと述懐された由である。けだし金子氏は、私を学園の教師に留めなかったことを、どれほどか苦にしていたものと思う。勿論それ故に私が早稲田騒動を起したなどいう事は、全然事実に反する推測であったが。

冷遇された私学出身者

私の同級生は、現在それぞれどうしておるか、ほとんど、その消息を知らないが、卒業当時、文学科出のものの職業として一番良かったのは、中等学校の教諭であった。東京では、ほとんど、その口はなかったが、英語の教員の免状のあるもので、地方に行けば、初任給四十円ぐらいにはなったであろう。そのころの四十円は相当なものであった。

しかし地方の中等教員に行った人は、必ずしも幸福ではなかった。当時の日本の中等学校のおもなるものは公立であったが、ここには、高等師範と帝大とが、堅く学閥を作っていた。私学出のわれわれの友人は、月給の安い間は使われるが、少しく位地が進むにいたると、はじから首にされた。私の同級生中には熊木捨治君のごとき、文部省の視学官に進み、高商の校長にもなった異例の人もあるが、しかしこれも実は同君が早稲田大学だけでなく、さらに帝大にはいり直した学歴がものをいって、ここまで行ったのであろう。ずっと後のことは知らず、少なくとも大正六、七年ごろまでの記憶では、純粋の早稲田出で、公立中等学校の校長の位地にあったものは、ひとりもなかった。ただ教頭がひとり出来たといって、われわれは珍しがったことがあるように思うが、しかしこれも記憶ちがいであるかも知れない。

私学出のものが、そのころの日本で、いかに冷遇されたかは、今日の私立大学の卒業生には、たぶん想像もできないことであろう。ただ新聞界と文芸界とは、さすがに腕しだいの社会で、学閥は物をいわなかった。のみならず明治時代には、官学出で、これらの方面に志すものは、いたって少なかったので、もっぱら私学出身者が幅をきかせていた。これに反して官界、教育界、実業界等においては、帝大、東京高師、東京高商等の学閥が断然勢力を張っていて、私学出のものの進出はおさえられた。ただ慶応義塾だけは歴史が古く、また創立者福沢諭吉氏の卓見で、早くから実業界に人材を送っていたので、等しく私学でも、実業界では大きな勢力をもっていた。早稲田大学は、そこへいくと、新聞界と文芸界以外には、どこでも、いっこう引っぱってくれる先輩がなく、はなはだ、みじめなものであった。

初任給のごときも、年限の長い帝大卒業生に比して下に置かれるのは、やむを得ないとしても、会社によっては高商、慶応等よりも一段おとった待遇をされた。その中でも、もっともひどいのは住友で、昇給率まで違うので入社後年をへるに従って、早大卒業生の待遇は、官学出身者に比して悪くなると、ある時、田中穂積氏が(まだ早大の総長になる前だったが)、憤慨していたことがあった。

『世界の宗教』

さて私は何か職業を求めなければならないことになったが、当時われわれ文科出の者が、東京において比較的容易に求めうる仕事といえば、まず原稿かせぎであった。駆け出し者の雑文では、四百字詰一枚せいぜい二、三十銭前後の原稿料であったと記憶するが、それでも少しまとまった翻訳でも引き受ければ、そのころとしては相当の収入になった。

また特に文才のすぐれた者の中には、著名の大家の代作または下書きをして収入を得ていた人もあったらしい。たとえばわが国の海運学者として早く世に知られ、大正六年の騒動まで早稲田大学の教授をしていた伊藤重治郎君は、一時長田《おさだ》秋濤《しゅうとう》や尾崎紅葉の代筆をしていたと、私は同君から聞いた。秋濤の有名な『椿姫』及び紅葉の『鐘楼守』は、実は伊藤君が翻訳したものだそうである。私には無論そんな文才はなかったが、しかしさしづめの方途としては、やはり文筆に衣食の資を求めるより外はなかった。

前に述べた大日本文明協会というのは、大隈重信侯(そのころは伯)を総裁とし、早稲田大学の関係者が組織した協会で、主として海外の名著を翻訳して紹介するのを目的とし、はなはだ多数の書籍を出版した。けだしその目的の中には、これによって早稲田大学卒業者に、ある程度の仕事を与える意図も含まれていたのではないかと思う。書籍の選択等には、もっぱら浮田和民氏が当っていた。

私も同氏から最初ウイリアム・ジェームズの『ヴァライティー・オブ・レリジァス・エキスペリエンス』を翻訳するようにと託されたのであった。しかしこれは後に変更になって、『世界の宗教』という翻訳でない編纂《へんさん》物を引き受けることになった。この案は浮田氏に相談して、私が計画したのであったが、仏教、キリスト教はいうまでもなく、世界のあらゆる宗教を一冊の本にまとめて紹介しようというのである。実に大胆至極の計画で、まじめに考えたら、到底原稿料かせぎなどになる仕事ではない。おまけに私はその後間もなく新聞社にはいることになったので、いよいよかような著述に従事していることは出来なくなり、結局大部分の執筆は共同者の大屋徳城、大杉潤作、小沢一らの諸氏に依頼し、私はただ序論の「宗教の本質」という部分だけを書くことにとどめた。大屋君は明治三十九年、大杉、小沢の両君は私と同期の明治四十年の、いずれも哲学科の卒業生であった。

しかも右の序論も一応は出来上ったが、文章を口語体でない、いわゆる漢文くずしで書き表わすこと(それが文明協会の注文であった)がむずかしく、はなはだ苦しんだ。そのうちに、明治四十二年十二月いよいよ軍隊に入営しなければならず、やむなく小山東助《おやまとうすけ》(鼎浦《ていほ》)氏に依頼して文章を作ってもらった。こういうわけで『世界の宗教』は私が引き受けたのではあったが、私の書いた部分ははなはだ少なく、そのはなはだ少ない部分も小山氏との共同執筆であった。どうしてああも文章に苦しんだか、省みて全く恥ずかしい話である。「然《しか》り而《しこう》して」式の文章に慣れていなかったためでもあろうが、根本は(いま考えて見るに)自分の思想が十分にまとまっていなかったからであろう。しかし小山氏は私の粗稿の趣旨を手際よく敷衍《ふえん》し、申し分のない文章にしてくれた。

小山氏のことは、前にも、ちょっと書いたが、東京帝大社会学科出の文学士で、後に述べるごとく私は東京毎日新聞社で同氏の世話になった。不幸にして小山氏は肺結核を病み、いったんなおって郷里の仙台付近から代議士に出たが、結局その病気で早く世を去った。明治四十四年ころ、氏が病気で茅ヶ崎の南湖院に入院中、見神の経験をしたことは、当時の思想界に大きな話題を供した。私は明治四十五年小山氏のこの見神の経験を記した『久遠の基督教』が出版された際、詳細にこれを『東洋時論』(同年六月号)において批評したことがある。また同氏の死後、大正十二年に氏の文集出版の計画があった際も、私は「小山鼎浦氏の思出」という一文を『東洋経済新報』(同年五月二十六日号)に書いた。その中に記したごとく、小山氏は新聞記者、宗教家、あるいは政治家として一生を過ごしたので、文壇的にはむしろ無名だったが、しかしその文章と思想とは、高山樗牛《ちょぎゅう》、綱島梁川以上であると、当時氏を知る一部の人の間には評価されたものである。

小杉天外氏の『無名通信』

以上の次第で、私はいわば自然の勢いで次第に文筆業に接近して行く経路をとったが、そのころ島村抱月氏は私を小杉天外《こすぎてんがい》氏に紹介し、天外氏が新しく計画していた雑誌の編集に私を推薦してくれた。

当時天外氏は小説界の一方の旗がしらで、品川の御殿山辺に豪壮な邸宅を構えていた。尋ねて行くと奇麗な小間使がなんにんもいて、洋式の応接室に通された。氏の雑誌の計画というのは、たとえば、終戦後の『真相』などの行き方にある程度似たもので(もちろん共産主義ではないが)、小説家的眼光をもって、社会の思い切った暴露的批評をやろうというのであった。したがって記事はすべて無署名にし、雑誌の名も『無名通信』というのであった。またこの雑誌は取次店を通さず、直接全国の小売店に卸す、これが天外氏の構想だった。明治末年の思想動揺期で、若いわれわれには不平不満も鬱積《うっせき》している場合、こういう無遠慮の社会批評が出来る雑誌の出ることは、まことに結構だと思った。

天外氏から、何か私の書いた物を見たいと要求され、短い論文を、その日であったか、あとからであったか、氏の手元に出した。それからしばらく日を置いて来いというので行って見ると、君の書いた物は理屈ぽくて、お経を読むようだと笑われた。しかし編集には頼もうということで採用された。明治四十一年の十月か十一月ころであったと思う。

ところが『無名通信』は天外氏の何かの都合で発刊が延期され、私は明治四十一年十二月、これもまた島村氏の紹介で東京毎日新聞社に入社したので、折角採用されながら、ついに天外氏の下に働く機会は得なかった。ただし『無名通信』発刊後はしばしば原稿を書かせてもらった。またその編集者も私の代りに、私の次の年度の英文科の卒業生で、かつ中学も私と同じ甲府中学の三沢豊君を採用してもらった。『無名通信』はその後幾年続いたか忘れたが、一時は出版界の目をそばだたせる勢いを示した。

私を文筆界に導いた恩人

私はここで繰り返して島村抱月氏について回顧して置きたい。前に述べたごとく、私は明治四十年早稲田大学を卒業するまで、業を文筆界に求めるなどということは夢にも考えていなかった。それがついに、一生を文筆界に過ごすにいたったゆえんは、全く島村氏の手引きによったというてよい。

明治四十四年に私は東洋経済新報に入社したが、ここに私を紹介したのは田中穂積氏であった。しかるにその田中氏を私が知ったのは、後に述べるごとく、同氏が主宰した東京毎日新聞社に勤務したからであり、しかしてその東京毎日新聞社に私を推薦してくれたのは、ほかならぬ島村氏であった。だから島村氏は、ただに私を文筆界に送り出してくれたばかりでなく、また私が(これこそ全く思いもかけない)経済記者たるにいたる機縁を作ってくれたのも、島村氏であった。もし私が爾来経《へ》て来た今日までの行路が、私個人についても、また私と社会との関係についても不幸なものでなかったとすれば(私は他にいっそう幸福な行路があったかどうかを知らない)、実に島村氏は私の最も感謝すべき大恩人のひとりであったといわねばならない。

しかし島村氏は、私に対してのみ特にかく親切であったのではない。私同様、否それ以上に島村氏の恩顧を被った者は、かぞえ切れない数に上ったであろう。正月元日には、島村氏は朝から座敷にすわり込み、酒と煮染《にしめ》を備えて、入り代り立ち代り年始に来る若者を相手に飲みかつ語った。この島村氏の気分は、必ずしも正月元日だけでなく、平常においてもまた示された。だから多くの若者が、自然島村氏に親しみ、出入りした。そして島村氏はまたよくそれらの若者の面倒を見たのである。

私はまた明治四十二年の四月から、島村氏の主宰した『早稲田文学』にも書かせてもらった。そのころこの雑誌には「教学評論」という欄があって、私の前年の哲学科卒業生である杉森孝次郎君(当時は姓を白松といい、南山と号した)が書いていたのだが、右の月から同君と隔月に私に書けというのであった。これなども後進の名を出来るだけ世に出してやろうという配慮であったろう。有名な作曲家中山晋平君が最初に名を成したのは、もし私の記憶に誤りがなければ、カチューシャの歌の作曲であったと思うが、これも芸術座で「復活」を上演する際、島村氏はわざと無名の青年中山氏に作曲させたのであった。

島村氏が女優松井須磨子とともに、恩師坪内博士の文芸協会に反旗を翻《ひるがえ》し、したがってまた早稲田大学とも縁を絶って芸術座を組織したのは、大正二年であった。

私は相馬《そうま》御風《ぎょふう》、中村吉蔵《きちぞう》、中村星湖《せいこ》らの諸君とともに、しばしばその設立当時の相談会に参与した。しかしどうして島村氏がかかる行動を取るにいたったかの内情は、聞いていない。聞いてもいたし方のないことだし、いたし方のないことを問いただすのは、ただ自分の好奇心を満足させる目的のようで、気が引けるからである。

当時世間には、もちろん種々の批評があった。しかし島村氏が妻も子も、名誉も地位も一切捨てて裸になり、ただひとり須磨子を連れて新劇団を興した強い決意とその劇団の成功とは、それらの世評を閉塞させた。須磨子がトルストイの復活劇の中でうたったカチューシャの歌は、大正時代の流行歌として一代を風靡《ふうび》した。

大正七年十一月、当時日本全国に猛威をきわめたスペインかぜに冒《おか》されて島村氏が突然永眠し、次いで須磨子があとを追って自殺するにいたり、また一しきり、抱月・須磨子の問題が世をにぎわしたが、それも間もなく消え去った。ただ私は、田川大吉郎《だいきちろう》氏が島村氏の死を聞いて長大息し、人は早く仕事をして置かなければならないな、といったのを覚えている。

しかしそれにしても島村氏は、どうしてあれだけの決断をするにいたったか。氏は当時年齢四十四歳、早稲田大学の教授として、また当代第一流の文学者として、最高の名誉をになっていたのである。その性格はまた学者はだで思慮深く、ただ感情の動くにまかせて放縦の行動をあえてするような人でなかったことも、明らかであったと思う。それが世評を顧みず、ああいう行動に出たのには、よほど深い理由があったものと考えるより外はない。島村氏とかねて深交のあった田中穂積氏はこの理由を解釈して、ある時私に島村君は気の毒な家庭の事情にあったからと、深く同氏に同情して語ったことがあった。

島村氏は当時日本に流行した自然主義文学の首唱者である。そして自然主義とは、一切の因習を排除し、いわゆる「自然」の生活に返ることを本旨とする主張である。島村氏の行動は、この自然主義の主張を身をもって実践したのだという説もあった。しかしそうにしても、妻子を捨て、一女優と生活することが、どうして島村氏には、因習を絶ち、自然に従う生活と感ぜられたのか。ここになお説明を要するものが残るが、前記した田中氏の談は、この説明を与えたものではあるまいか。

単に芸術上の意見が坪内博士らと異なったというだけなら、島村氏の行動は、もっと違った形をとったはずである。家庭生活の良否がいかに人の一生に重大な結果をもたらすかの、一つの生きた見本と思う。私はそのころ、妻にこのことを語って、もし須磨子が現れるなら、私といえどもいつ島村氏にならぬとは限らぬよと戒めたことであった。

東京毎日新聞

私が明治四十一年に入社した東京毎日新聞は、そのころ日本最古の新聞と自ら誇称していたが、明治の初年に『横浜新聞』として創刊され、後に『横浜毎日新聞』『東京横浜毎日新聞』『毎日新聞』等と改称し、最後に明治三十九年に『東京毎日新聞』と呼ぶにいたった新聞であった。

今の早稲田大学の総長島田孝一氏の厳父で、明治大正時代の政界の重鎮であった島田三郎氏が、早くからこの新聞に関係し、明治四十一年ごろには同氏の所有に属した。詳しい事情は聞いても見なかったが、多分経営難のためであったろう。島田氏はその年この新聞を、政界における氏の先輩である大隈重信伯に譲った。資金は報知新聞から出たと聞いた。

『報知新聞』はかねて大隈伯の新聞として知られていたが、当時日本一の発行部数を有するといわれ、隆々たる勢いであった。それだけに『報知新聞』はいわゆる床屋新聞で、知識階級の間には読者が少なかった。大隈伯はこれを遺憾としたのであろう。『東京毎日新聞』が元来上品な新聞であった伝統の上に立ち、東京におけるロンドン『タイムズ』を作る意図であると、当時私は田中穂積氏から聞かされた。

こういうわけで大隈伯は、島田氏から東京毎日を継承するとともに、社長に武富時敏《たけとみときとし》、主筆に田中穂積氏をすえた。しかし武富氏は、ついに一度もわれわれに顔を見せたことがなかった。実際の中心は田中氏であった。営業は三木善八氏の下に報知新聞で活躍していた頼母木《たのもぎ》桂吉《けいきち》氏が兼任で当った。つまり、経営権は報知新聞が握っていたわけである。頼母木氏は後に東京から代議士に出て、逓信《ていしん》大臣をつとめ、東京市長にもなった人だが、新聞人としては小僧上りで、苦労人であった。私は編集室の炉辺で、しばしば頼母木氏から新聞経営についての興味ある話を聞いた。

田中氏の下の編集陣には関和知、小山東助、倉辻白蛇、高須芳次郎(梅渓)などいう人がいた。関和知氏は編集局長であった。小山東助氏は、社説を書くとともに一面の編集を担当した。

私はその一面に、折々論文を書かせてもらった。そのころの新聞は四ページが建前で、一面は社説をトップに掲げ、その他は思想物、文芸物、小説等で埋めるのが普通であった。一番上品な面であった。政治経済記事は二面、社会記事は三面、四面は相場記事に広告、こんな仕組みであったように思う。

倉辻氏は副編集局長のような位地にあった。新聞記者界の老強者で、私は氏から月賦の洋服代をまじめに払っていることを笑われ、冗談ではあるが、当時の新聞記者気質の一部を初めて見せられた気がした。

高須梅渓氏は少し遅れて入社したが、社会部長を勤めた。氏は後には地味な学者として、文学博士にもなったが、当時は文士として著名だった。

以上四人のうち、小山氏の外は皆早稲田出の先輩であった。田中氏は早稲田の俊秀を集めて、この新聞を作るのだといっていたが、編集陣はほとんど全部早稲田出身者であった。

前に記したごとく、私は学校時代には全く田中穂積氏を知らなかったが、島村抱月氏の推薦でこの新聞にはいることになった。島村氏の紹介状を持って、初めて牛込弁天町の田中氏邸を尋ねた際に、私は氏から君は新聞社にはいって、何で記事を書くつもりかと聞かれて、めんくらった。氏の説明によると、新聞は足で書かなければならない、しかるに従来は新聞を頭で書いた。それだからよい新聞が出来ないということであった。足で書くという言葉を、この時私は初めて聞いた。私にとってはよい教訓であった。同時に日本の新聞はそのころから皆足で書く新聞になった。これは大いなる進歩であった。しかし余りに足ばかりで書く新聞がまた決して理想的の新聞でないことも、その後の実際が証明したと思う。

東京毎日新聞社は、そのころ銀座にあった。後のカフェー・ライオンの場所であった。東京日日新聞がその向かい側の角にあったと思う。建物は木造洋館で、二階の上に小さな三階がついていた。新聞社は明治四十二年の春、報知新聞社の隣に新しい社屋が出来て移転したが、銀座の元の建物は、そのままで化粧をし直しカフェー・ライオンになった。今のライオン・ビヤホールである。ただし現在の建物は、戦災後新しく出来たもので、昔の形は残っていない。

新しい陣容で新聞を引き継いだのは明治四十一年の十二月、しかも暮に迫ってからであった。二階が編集室で、机の上には巻紙の形に巻いた原稿紙と、硯箱、墨、筆等が備えてあった。毛筆で原稿を書いたのである。小山氏のごとき老記者は、昔の人が巻紙を手に持ち手紙を書くようにして、論説を書いていた。万年筆こそまだない時代だが、原稿はインキとペンで平らな原稿紙に書くものと心得ていた私は驚いた。しかしこの古風な編集局風景は、この時代でももはや東京毎日だけであったかも知れない。間もなく、硯と筆は取り除かれて、インキとペンに変った。原稿紙も巻紙式ではなくなった。

新聞雑誌の文体

近ごろ『新聞集成明治編年史』を見ている間に、私は明治四十一年十二月八日の『東京朝日』に次の記事が出ていることを知った。

「官庁の公文書に、洋製の墨汁(インキ)を使用することは、明治九年の太政官達に禁止されありしが、昨日閣令を以て右の達を廃止し、インキを使うも差支なき事となれり。」

官庁はどうせ世間よりおくれるものだが、それにしてもインキを使うことが初めて閣令で許されたという記事が、そのころ、おかしくもなく読者に読まれた時代であったことが、これでわかる。

新聞の文章も右の『朝日』の記事に見るとおり、当事は一般に漢文くずしの文章体が用いられていた。いわゆる口語体の文章は、小説、文芸評論、思想評論等に用いられていたに過ぎなかった。

私の主宰していた『東洋経済新報』の文章が、いつから口語体に変ったかを見るに、大正二年の七月からであった。しかしその際でも、巻頭の「金融市場」と「社説」の両欄は、依然漢文調子の文章体を続けた。雑誌全体がすべて口語体に改まったのは、それから一年半後の大正四年一月からであった。

どうしてこういうことをしたかというに、当時文体のこの改革に対して社内に有力な反対があったからである。多年「然り而して」調子の文章で読者に親しまれて来た雑誌をにわかに口語体に変えることが、販売上に不良の影響を及ぼしはせぬかという心配から、その反対が主として営業部から起ったのである。そこで最初は巻頭の社説までを除いて口語体にすることに妥協し、次いで先きの反対者にも、一年半の経験で不安がなくなったのを見て、全体を口語体に変えたわけである。しかしこれでも『東洋経済新報』は、政治経済に関する刊行物中では最も早く文体を改めた方であった。大正二年七月五日の『東洋経済新報』(第六三八号)の巻頭には、誌面の改良について一ページ大の社告が出ているが、その改良の一項として文体変更のことを述べ、次のごとく記している。

「……もし夫《そ》れ財界要報以下の文章を断然言文一致体となしたることに至っては、これ我が社同人の窃《ひそか》に確信の存する処にして、実に社会文明の大勢に憑依《ひょうい》せるものなり。けだし本邦の文章が早晩言文一致体に統一せらるべきは何人《なんびと》も否定し能《あた》わざる処、而して文学の方面においては既にこの文体の確立せるものあるにかかわらず、経済政治の方面においては因習の久しき、未だ多く用ゆる者を見ず、しかれども我社はこのさい断じてここにこの大勢に憑依し、財界要報以下にこれを用いたり。けだし大方の諒とせらるべきを信ず。云々」

右の社告は私が書いたものだが、これによって当時『東洋経済新報』の文章のこの変更が相当急進的な処置であって、したがって一面これを誇るとともに、いささか世間の思わくを心配していたことが、わかるのである。ただし東洋経済新報社が、その姉妹雑誌として明治四十三年五月から創刊した『東洋時論』は、最初から口語体の文章を使った。

新聞記者の駆け出し

東京毎日新聞では、私は最初社会部に入れられた。明治四十一年の暮である。そして何の問題であったか忘れたが、同僚とふたりでまず吉原にやられたのには閉口した。幸いに同僚にいささか勇気があったのに励まされ、任務はどうやら遂行したが、いやな思いをしたことを覚えている。

次の任務は、正月の紙面のため大隈重信伯の話を取って来いというのであった。ところが何と、それが正月のお飾りについての話を聞くのだというので、またうんざりした。天下の大政治家をつかまえて、正月のお飾りについてお話をとは、あまりにばかばかしくて、聞くのが恥ずかしい。しかし社命なればいたし方がない。電話で都合を聞いて、早稲田まで出かけた。

自動車はまだない時代であった。しかし人力車でも社から出してもらえばよかったのかも知れないが、そんな気転もまだきかない。雨だか雪だかで、非常などろ道であったが、あしだと和服で、はかまをハネだらけにして行った。

ところが行って見ると、伯は待っていたといわぬばかりに私を応接間に通し、快く迎えてくれた。正月の飾りについてというと、うんあれかとばかり、だいだいはこうで、裏白はうんぬんと、ことも細かにその曰く因縁をとうとうと述べたてた。あるいはあらかじめ編集局から依頼してあったのかも知れないが、これにはまた私は驚いた。もちろんつまらぬ質問を持ってきたというような顔色は少しもなかった。任務は完全に果し得た。

しかし私はそれにしても、こうしたばかばかしい話を大隈伯に頼みに行ったことの不愉快さは消えなかった。私は他の部に移りたいと願った。社内にもまた、私を社会部におくことは不適当だという声があったらしい。年が変るとともに、二面に移され、文部省の係になった。ここでも最初は全く見当がつかず弱ったが、幸いに中学時代の旧師の幣原坦博士がたまたま東京に帰って、視学官室におられたので、早速文部省にお尋ねしたりして、だんだん問題の所在もわかるようになり、かなり愉快に活動した。

東京毎日在社中私が扱った最も大きな問題は、明治四十二年の二月末から五月末まで続いた高商騒動であった。これはかねて商大への昇格を期待し、その準備として専攻部まで設けていた一ツ橋の高商が、文部省の方針で希望が達せられなくなり、校長の松崎蔵之助氏（同氏は東京帝大出身であった）も文部省に同調したことから起った騒動で、教授は辞職する、学生は総退学を決議する、その間に、一部の校舎から火が出て焼けたり、文部大臣の小松原英太郎氏に短刀を郵送する者があったりして、事態は次第に悪化した。

高商騒動と東都学生雄弁会

これに対して、文部省はただ狼狽《ろうばい》するばかりでほどこすすべを知らず、全く憂慮すべき有様であった。

この時何社のたれであったか忘れたが、一緒にこの問題を取り扱っていた若い記者のひとりが、まじめに事態を心配して、何とかわれわれもこの収拾のため尽力しようではないかと、私のところにやって来た。私は直ちに賛成した。そしてその方法としては、中野武営《ぶえい》氏を動かし、彼に調停の労を取らせるのが最も有効だろうということに相談が一決した。ふたりは早速中野氏を訪問し、その決起を勧説した。中野氏は当時財界の長老で、東京商業会議所の会頭であった。彼はわれわれの勧説に対し、新聞記者の諸君がそうもまじめに心配してくれるかと喜び、努力を誓った。

高商騒動は、それから数日後、中野武営、渋沢栄一らの諸氏の調停によって収まった。大学昇格の件は、これらの人々が実現に努力するというのであった。中野氏がこの問題に動いた裏面には、こういうエピソードもあったのである。

東京毎日時代に命ぜられ、私が主として当った仕事として思い出される一つは、明治四十二年の春、二日間にわたって神田の基督教青年会館を借りて開いた東都学生連合雄弁会である。田中穂積氏は自身がすこぶる雄弁家で、弁舌に大いに興味を持っていたところから思いついたのでもあろうが、右は学生層に東京毎日を宣伝する確かによい企画であった。一校から二名ずつの選手を出してもらい、十一校ほど集まったかと思う。今その際の記念写真が私の手元に残っているが、古いことで名のわからぬ人が多い。ただその中に前田多門(東京帝大)、加藤正人(慶応)、吉野信次(第一高等学校)、吉植庄亮《よしうえしょうりょう》(第一高等学校)らの諸君がいることはおもしろい。

ロンドン『タイムズ』の夢

新陣容の東京毎日新聞は、しかし長くは続かなかった。明治四十二年春の議会中、大隈伯配下の進歩党(後の民政党)内に犬養毅《いぬかいつよし》と他の幹部との争いが起り、ついに党の分裂を来すにいたったが、その影響は、等しく大隈伯配下の東京毎日新聞の社内にも及んだ。犬養派の記者と非犬養派の記者とが、たがいに自派に有利な記事を出し合っていがみ合った。武富社長は非犬養派であったから、その点からいうと、新聞は非犬養派であったわけだが、しかし武富社長にはいうまでもなく、田中主筆にも、この場合、社内の思想を一本にまとめるだけの力はなかったらしい。まことに、はなはだおもしろからぬ空気が醸成された。

おまけにはなはだ困ったことには、この新聞が、東京におけるロンドン『タイムズ』どころか、いっこうにおもしろい新聞にならず、したがって経営が困難だったことである。

私どもが初めて銀座の社屋に乗り込んだころ、すでに小さな輪転機は一台あったが、毎日それが動きはじめたなと思うと、すぐに止まってしまった。それほど東京毎日新聞の発行部数はわずかだった。銀座から移転して後のことは覚えがないが(多分報知の工場で印刷をしていたのであったろう)、おそらく発行部数はあまりふえていなかったであろう。報知新聞としては金食いで困っていたに違いない。

そこに有力な記者の中から、こんなダラシのない編集でどうすると、弾劾《だんがい》する人(その名は今思い出せないが)が現われた。前に述べた政治的いがみ合いのとばっちりではなかったかと思う。どんな話合いがあったか知らないが、報知新聞の幹部は右の弾劾を受けいれたものと見え、田中主筆は会議からもどると社員を集め、悲痛な告別の辞を述べて、退社を声明した。こうなっては、田中氏を今まで助けて来た幹部社員はもちろん田中氏に殉ずるほかはない。社内はにわかに大動揺を起した。

もっとも右は幹部の話で、私ども末輩までが同じ行動を取ることは、実ははなはだおこがましい次第である。また私どもに向かっては、小山氏その他から、ぜひとどまるようにとの勧告もあった(小山氏自身は幹部の一人として退社組だったが)。しかし私はそれよりまえ徴兵に合格し、年末には入営しなければならなかったし、また引き連れて来てくれた田中氏が去った後、たれに使われるのかもわからぬ社に残留する気持はなく、退社した。その際、報知新聞から来た営業部の主任格の一先輩が、君、文部大臣になるには、新聞社にいなければならないよ、と親切に私を留めてくれた言葉を覚えている。というわけは、そのころの新聞記者が、新聞を踏み台にして政界に乗り出す野心を多くいだいていたことを、右の言葉は示しているからである。特に文部大臣というたのは、私が文科出で、文部省の係りであったからであろうが、その人は私もまた政界に志をいだく青年と見たのである。私自身には、そんな野心は毛筋ほどもなかったのだが。

田中氏とともに私どもが東京毎日新聞を去ったのは、明治四十二年の夏、多分七月末か八月の初めころであったろう。一緒に退いたのは、当時記念に撮影した写真によって数えると、関、小山両氏を加えて、二十八名であった。あるいは、写真にもれている人もあったかも知れない。私の新聞記者生活はこうしてわずか七、八カ月で終った。しかし私としては、この間にいろいろの勉強をした。社告を書くことも、田中氏から命ぜられて、初めてここでやらされた。編集と組版工場との関係というようなことも、ここで見て覚えた。その他数々のことが、後に東洋経済新報の経営に当って役立った。人生にはどんな経験でも、むだはないものである。

四　軍隊生活

歩兵第三連隊に入営

東京毎日新聞をやめてから軍隊に入営するまでの四カ月ばかりは、新聞社からもらったいくらかの退職手当と『無名通信』等への雑文書きとで暮した。その間に、前に記した『世界の宗教』の序論を書いた。

住居は前から下宿していた牛込早稲田町の早稲田館であった。この下宿には、除隊後もまたもどって来て、大正元年の十一月結婚し、本所錦糸町《ほんじょきんし》の車大工の二階に間借住居を始めるまで継続してやっかいになった。この錦糸町の貸間は、後に彫刻家として著名になった戸張孤雁《とばりこがん》君が捜してきてくれたのであった。早稲田館は、隣が長谷川元帥《げんすい》の屋敷で、場所も静かで、かつ主人がさっぱりした善い人物であったので、住み心地が好かった。私がいた下宿のうちで、一番長く世話になった家であった。

私はこの下宿から、明治四十二年十二月一日麻布竜土町にあった歩兵第三連隊に入営した。

関与三郎君と大杉潤作君とが兵営まで送ってきた。寒い朝であった。そのころ多くの新入営者は、「祝入営何々君」など記した幟《のぼり》を幾旒《いくりゅう》も立て、親類やら町内の者のにぎやかな行列に送られてくるのが慣例だったが、私の入営はまことに簡単至極であった。しかしこれは私が軍隊を、こう気軽なところと考えていたからのことではない。

先年、『毎日新聞』に出ていた石川達三氏の「風にそよぐ葦」という小説の中に、インテリの一応召兵が思想上の誤解を受け、読むにも忍びぬ残酷な取り扱いを受ける場面がある。戦争中特に軍隊内の気分も荒れている際には、あるいはこんなこともないとはいえない。私が入営したころも軍隊内のおそろしい新兵虐待のうわさが世に流布されていた。

実際明治三十七年、八年の日露戦役から、明治四十年に二年現役制が実施されるころまでは、一つは戦争の影響と、一つは三年兵がいたためとで、新兵は相当ひどい目にあったらしい。当時公然と口には出来なかったが、一般に兵役につくことがきらわれ、所々に隠れて徴兵のがれの神様さえもあったゆえんである。

私の中学時代の同窓で、後に外国語学校を優秀な成績で卒業した者があったが、この友人は体重を減らして不合格になろうとし、過激な減食か、絶食をしたために見事徴兵は免れたが、病気になって死んだと伝えられた。わざと近視の眼鏡を用いて、目を悪くするなどという手は、ざらに行われた。しかし検査官も、十分そのくらいのことは心得ていて、目の検査は特に厳重だった。

私は明治四十一年の夏まで、早稲田大学に在籍したので徴兵延期を続け、明治四十二年に数え年二十六歳で検査を受けた。検査地は東京の下谷であった。もちろん私も何とか免れたいと願ったが、といって減食するほどの勇気もなく、甲種合格を申渡された。検査場で司令官から合格の祝辞を述べられた時には、めでたいどころの次第ではなかった。そこでやむなく、一年志願をした。

一年志願というのは、日清戦争前からあった古い制度で、簡易に下級の予備将校を作る目的で出来たものと思う。中学またはそれ以上の学校の卒業生で、一年間の経費百八円(一カ月九円の割)を納付する者には特別の教育を授け、一年の後伍長または軍曹までに進めて除隊させる。軍曹になった者は、さらに翌年見習士官として三カ月の演習召集を受け、その終末試験に合格した者を予備少尉に任ずるのである。だからもし少尉にならないつもりなら、現役は一年ですむ。少尉になっても一年三カ月だ。普通の兵で行くよりも在営期間は短いし、在営中の待遇ももちろん普通の兵よりはよい。だから中等以上の学校卒業生で、兵役にかかる者は皆これを志願した。

また同じく一年志願兵でも兵科によって苦楽が違い、中にも一番楽なのは主計であった。しかしこれには法律または経済を専門にする三年以上の学校を終了した者でなければならないという制限があったので、文科出の私には志願の資格がなかった。この一年志願兵の制度は、後に改められて幹部候補生制度になったのである。

右の次第で、私ももちろん軍隊はおそろしいところと心得て、びくびくながら入営した。営門に到着し、それぞれの手続を終り、配属された第二中隊第三班の兵舎に導かれて、支給の軍服と着換え、着て来た着物は両友人に持って帰ってもらったのだが、その際の私は、大杉君の言によると、まことにかわいそうに見えたそうである。それもそのはず、私としても全くひとりで鬼の住家に残される気持であった。

社会主義者と誤らる

ところが、ここに少しく思いのほかのことに出会った。それは軍服に着換えるため、配属された班に初めてはいって行った折、入口に柔和な人相をした軍曹がいて、私が石橋だと聞くと、ああそうですか、私がこの班の班長の塚越軍曹です、よろしくお願いしますと、腰をかがめて丁寧にあいさつをしたことである。軍隊にはいってからは、すべて権柄《けんぺい》ずくで、頭からやられるものと想像して来た私には、この班長の態度は全く意外であった。

それから数日後の夜であった。食後新兵係の少尉——この人は鈴木醇といって、その後久しく懇意にした——が中隊の将校室まで私に来てくれと、中隊当番の兵卒を迎えによこした。何のことかと、びくびくものでまかり出ると、まあかけたまえ、さぞ不自由でしょう、今従卒に外からもち菓子を買わせたから、これでも酒保《しゅほ》のものよりよかろうと思って(私はまだその折は酒保に顔を出すほど隊内の様子に慣れていなかったのだが)呼んだのである、という。

その年、歩兵第三連隊にはいった一年志願兵は皆で十二、三人であったかと思うが、そのうち四、五人が第二中隊に属した。しかもその四、五人中、私が最年長者でもなければ、また経歴からいっても、通常の標準から見れば一番の上でもなかった。東京帝大の法科を出て、第百銀行の行員であった人もあれば、慶応出身の人もいた。しかるにどうして私だけにそうした好意を示すのか、真意がのみ込めなかった。のみならず鈴木少尉は私に英語を教えてもらいたいということで、それからしばらく毎晩のように士官室に招かれた。

右の理由は、数カ月後、私が伍長に昇進し、中隊の将校とも懇意になるにいたって、はっきりわかった。当時われわれの中隊の中隊長は現職のまま陸軍大学に入学していて、武田寿という古参の中尉が代理をしていたが、この武田中尉がまた、まことに好い人で、後にはしばしば一緒に飲み歩くほど親しくした。そして彼は、なぜ鈴木少尉が、私の入営当時もち菓子をごちそうしたかの理由を教えてくれたのである。それによると、実はあれは、それとなく君を監視するためだったのだよ、ということであった。

私が早稲田出で、しかも新聞記者であったというところから、これはてっきり社会主義者に違いない、こう連隊では推察した。そこで実は石橋を、どの中隊に配属するかが問題になったが、第二中隊の柴田特務曹長が、連隊切ってのやかましやであるので、ここに置くがよかろうと評定一決して、私は第二中隊に入れられた。しかして中隊の幹部は、絶えず私を監視していたわけである。なるほど柴田特務曹長は確かにやかましやで、兵隊には恐れられていたが、しかしこの人もすこぶる物わかりのよい、練達の準士官で、私は軍隊を去って後も、長くつき合った。が、とにかく武田中尉の話で、私は一切の疑問を氷解すると共に、おかげで大いに助かったわけですねと大笑した次第であった。

共産主義が問題になったのは、第一次世界大戦後のことで、明治時代にはそんな名前のあることさえも知られていなかった。たとえば『新聞集成明治編年史』を見ても、その中に共産主義とか、共産党という文字はない。『索引政治経済大年表』に共産党の名が出てくるのは大正十年からである。明治年間にはその代り、社会主義が、後の共産主義のごとくに恐れられた。政府は目を光らせて社会主義者の取締りをした。軍隊がこれを恐れたことはいうまでもない。

また実際社会主義者と称するやからが詰らぬ行動をして軍隊をてこずらせたことも折々あった。私が入営する一、二年前には社会主義者の脱営なるものが、どこかの連隊に起った。そこで特に社会主義者で入営する者には、厳重の監視をするということに陸軍は定めていた。私の前の年には白柳《しらやなぎ》秀湖《しゅうこ》君(同君はやはり早稲田の文学科で、私と同期の卒業生であった)が歩兵第三連隊にはいって、私と同様の監視を受けた。

しかし当時の少なくも歩兵第三連隊の幹部は、石川達三氏の小説にあるように、暴力で兵卒の思想をため直そうなどというばかな手段は取らなかった。白柳君の時代の歩三の連隊長は田中義一《ぎいち》大佐(後の大将、政友会総裁)で、わざわざ大隈伯を連隊に招待して演説をさせるほどの政治性を早くから持っていた軍人だったから、白柳君も大いに好遇されて帰ったという評判であった。私の時には連隊長は替っていて、田中氏ほどに融通《ゆうずう》のきく人ではなかったが、しかしいわゆる社会主義者(私は事実社会主義者ではなかったが)に対する監視法は、前任者の遺法を襲って、決して無理な圧迫は加えなかった。こういうわけで私は在営中思わぬ好遇を受けたのである。

新兵シクシク夜かわやに泣く

しかしかような特別の事情がなくても、当時の軍隊は世間で評判するような、野蛮なものでは(少なくも歩三で私の知る限りでは)決してなかった。伍長以上の下士及び将校で、兵卒を虐待したというような者を、私は在営中一度も見なかったのはもちろん、聞いたこともなかった。もしあったら、彼らは厳罰に処せられたであろう。軍規はそれほど厳しかった。

ただ、やっかいなのは上等兵以下の二年兵(当時はすでに三年兵はなかった)であった。彼らも後輩の新兵がはいって来るまでは、やはり初年兵で、苦しい目にあっているので、その折には、おれたちが古兵になったら、決してこんなまねはしないなどと殊勝《しゅしょう》なことをいっているのだが、さていよいよ古兵になって見ると、たちまち同じまねを繰り返すのである。とはいえ、私の知っている限り、新兵虐待と称すべきほどの問題は絶えてなかった。

新兵として最もつらかったことは、たとえば班内の掃除、整頓、演習から帰って来てからの銃の手入、くつみがき、下着その他のせんたく等を、下士や上等兵のはいうまでもなく、一般古兵の分までも、あわせて行なわなければならなかったことであろう。

このため彼らには休む暇はなかった。朝も起床ラッパの鳴る前から、こっそり起きて掃除にかかった。また食事当番といって、大隊の炊事場から食事を受取って来て、これを各自の食器に分配し、食堂に並べるのも新兵の役目だった。

これらの仕事は、隊の規律としては、古兵ももちろんやらなければならないのだが、事実は古兵はほとんど手を出さず、一切を新兵に押しつけた。そしてそのやり方が悪ければ、新兵はどなられ、場合によってはビンタの一つ二つを食う。仕事そのものの負担よりは、気苦労がはなはだしい。ここに新兵のつらさがあったと思う。

入営してまだ間もないころであった。ある夜ひとりの上等兵(それは平常はおとなしく、むしろかわいい顔をした青年だったが)が、点呼後新兵を集めて何かやかましくいっているから聞いていると、今日夕食の時に、たくわんのよい所を皆新兵が食ってしまい、しっぽばかりを古兵に残して置いたのは怪しからぬと、こごとをいっているのであった。

協同生活の礼儀をわきまえぬ新兵どもは、炊事場から食事をもって来るなり、たくわんのよい部分を争って食ってしまい、勤務のため遅れて古兵が食堂にいった時には、実際しっぽばかりが残っていたものと見える。食物のことで、こういうこごとをいわれ、あるいはビンタの制裁までが加えられるとなると、新兵として情ないに違いない。

しかし考えて見れば、これは新兵側にも心得違いがあるわけで、一概に古兵側を責められないなと思った。いわゆる新兵虐待と称せられたことの中には、こうした例もあったのである。鞭声粛々《べんせいしゆくしゆく》の詩をもじって「新兵シクシク夜厠《かわや》に泣く」という文句が隊内で口ずさまれていたが、実際新兵の多くは、そんな実況であったろうと思う。しかしそれは前にもいったごとく、いわゆる虐待を受けてではなく、慣れない軍隊生活に気ばかり使い、郷愁を感じてのためであったと思われる。

食事のごときも、私自身にはいたずらに分量のみ多くて脂肪が足りず、調理も粗末で、まずかった。しかしある時軍医にそのことを話したら、それは君の口がぜいたくなので、一般の兵には、あれで今まで家では食べていなかったごちそうなのだということであった。

なるほど兵隊の話を聞いていると、隊に来てから油気を余り食わされるので、出来物が出来て困るなどいっている者がいた。腫物《はれもの》が出るのは、無論食物のためではないが、彼らはそれほど軍隊の食事に満足していたのである。ただし分量はかえって彼らには不足であったようである。

将校下士馬兵卒

われわれ一年志願兵は、それぞれの班に配属されていたが、一種の特権階級で、雑役から免除されていたので、自分の武器その他の身の回りの始末さえすればよろしく、したがって右に記したようないやな目にあわずに済んだ。しかしいずれにせよ窮屈なことは事実であるから、いろいろ苦情をいう者もあった。中にも若いインテリ志願兵の気持に割り切れないものは、軍隊の厳しい階級制度であった。葉書一枚もろくに書けない田吾作兵隊が、古兵だとか、星が一つ多いとかいって、われわれに敬礼を強《し》い、権柄ずくで臨んで来る。しゃくにさわってたまらぬわけである。

ある時ひとりの志願兵がどこから聞いて来たのか、軍隊には、「将校下士馬兵卒」という言葉があるそうだ、兵卒が馬より下だとは実に不都合な次第だと憤慨していた。その後武田中尉にその実否を確めたところ、日露戦争ころ一時そんな言葉があったということであった。

戦線に出すまでに、将校は中等学校卒業以上の者を少なくも一年余、下士は高等小学校卒業生をこれまた二年ぐらい訓練しなければ用をなさない。馬もまた数カ月の調教を要する。しかし兵卒は召集して銃の打ち方をちょっと教えれば、数日の間にも役に立つ。そこで軍隊としては将校を最も大切にしないと補給がむずかしく、これに次いで下士、馬、兵卒の順序となる。右の言葉はこの意味を現わしたものであるとの説明であった。しかし今はそんなことはいわないよと、武田中尉はいささか困ったような顔付をした。前に記したごとく、社会主義をしきりに苦にしていた時代であって、将校としては、こんな言葉が兵卒の間に知れ渡り、その反感を誘発することを好まなかったのであろう。

しかし私は、一年志願兵が憤慨したり、武田中尉が困った顔をしたのに反して、この言葉をおもしろいと思った。十八世紀以来の西洋の天賦人権論の影響で、人には本来そんな権利が自らそなわっているように錯覚しているが、それはまちがいで、いわゆる人権が尊重されるのは、これを尊重することが社会生活上必要であり、価値があるからに外ならない。その必要がなく、価値がないところには、いかなるものも尊重はされない。軍隊は戦争をすることを目的とする機関であるから、ここにおいては一切の価値判断が、この目的に照して行われるのが当然で、もしもこれに反し、補給の容易な兵卒を大事にし、馬を殺し、下士を殺し、将校を殺して顧みなかったら、その軍隊は潰滅《かいめつ》するだろうし、その結果は兵卒を大事にすることにもならないのである。

こう考えれば、将校下士馬兵卒という言葉は、戦争と軍隊とを肯定する限り、全く正しい哲学で、非民主的でも、野蛮でもない。恥ずべき点はないのである。兵隊は葉書一枚の令状で直ちに補充が出来るという意味で、日露戦争ころ下士などが兵隊に向かい、「貴様らは一銭五厘だぞ」(葉書は一銭五厘であったから)とどなり散らしたことがあったというのも、右と同じ理論によるのである。私はこう説明して、同僚の一年志願兵に話したことがあった。
しかし右の私の説明は、これを裏返せば反軍的にもなる。戦争を肯定し、軍隊の存在を許す限り、兵卒すなわち一般民衆は、人権どころか、馬ほどの価値も認められないぞと、それは教えるものだからである。私は太平洋戦争中、『中部日本新聞』から執筆を依頼された際、実はその含みで「将校下士馬兵卒」と題する短い論文を書いてやったことがあるが、それはさすがに大本営報道部から「不許可」という大きな判を押されて返された。またそれには赤インキで「軍として不可の意見」とも記してあった。検閲を受けずに、新聞に掲載してくれればよかったと思ったが、しかし新聞社では私の論文を見て危険を感じたのであろう。報道部に事前検閲を求めて、不許可となったのである。

漫画的軍隊生活

無論以上のごとくにいうても、軍隊は私にも決して楽な所ではなかった。労働に慣れない私は、入営の折十五貫近くあった体重がたちまち十二貫台に減り、ついに在営中回復しなかった。風邪から気管支カタルになり、相当長い間病室にもいた。幸いに大尉相当官の軍医で内科に堪能《たんのう》の秋葉という人がいて、特別に面倒を見てくれた。規定からいうと、一週間以上の療養を要する病人は、衛戍《えいじゅ》病院に送るのだが、そこに行っても、ろくな治療は出来ない、営内の病室で、私が直してやろうと、薬も軍隊では使わぬものを営外からわざわざ取り寄せ、親切な療治をしてくれた。大隊や中隊でもそれを黙認してくれた。これは今でも私は、ありがたかったと感謝している。

私が一番困ったのは、せんたく物を干して置くと、それがなくなったり、くつを浴場で盗まれたりしたことであった。物干場《ぶつかんじょう》には当番があって、兵隊がかわるがわる監視をしているのだが、それでもしばしば紛失する。大して悪意があるわけではないが、古い悪いのと、新しい良いのとを取り換えて行くのである。いずれも他班または他中隊の古兵のしわざである。だから大隊中の者が集まる浴場(浴場は大隊に一つずつあった)のごときには、支給された被服のうち、出来るだけ悪いのをつけてゆくのである。まだ入営して間もないころであった。ある時私は新しい短靴《たんか》を、うっかりはいて浴場に行った。途中で気がついたが、三階の班までもどってはきかえるのが面倒だったので、入浴中目を放さずにくつだなを監視していることにした。しかるに驚いたことに、ちょっとうつむいて頭を洗い、急いで頭をあげて見た時には、もうそのくつの姿はなかった。ほんの数秒の間である。たれか、機会をねらっていたとみえる。

私は困り切って班に帰り、隣の寝台の二年兵にくつのことを話すと、彼は慰め顔に、いいよ、志願兵、そのうちにおれが捜してきてやろうと引き受けてくれた。数日たつと、果してその二年兵は、前のと比較して良ければとて、悪くない短靴を一足持って来た。どこか他の中隊からカッパらってきたのである。

しかしそのカッパらわれた者は、また同じように、代りをたれからか、カッパらうに違いないから、カッパらいはかくして無限に連続するのである。

おかしなことには、班内のたとえばほうきとか、ちり取りとかいう備品が折々紛失する。せんたく物やくつの紛失と同性質のものらしい。ところが軍隊では、それぞれの備品の数が定まっているから、その数が足りないと手落ちになる。そこで何かが足りないと、おいたれか捜して来いということになる。その結果は、逆に定数よりも余計になることが往々にして起る。いわゆる捜しに行く者が幾人もいるので、必要以上に集まってしまうのである。

ところが備品は、定数より多くてもまた班の手落ちになる。軍隊には折々師団長以下の部隊長が舎内検閲を行うことがある。その折、備品が不足していても、余っていてもよろしくない。そこで余った時には大騒ぎをして、これを天井裏などに隠す。けれども多年の習慣だから検閲官も心得ていて、その天井裏をあけて見ろなどという。当の兵隊は検閲に欠点が現われたとなると、その折はとにかく、あとで班長や上等兵から油を絞られるので真剣だが、はたで見ているると、憎みも出来ない漫画である。しかしとにかく、こうして員数を多くも少なくもなくそろえておかなければならぬという検閲があるので、規律は保たれるのだなと深く感じた。連隊長以上の舎内検閲がある際には大騒ぎで、ずいぶんつまらなく労力を空費するものだと思ったが、しかし後にはやはり、そこに無用の用のあることを発見した。

演習も、普通の健康さえそなえていれば、決して耐え難い労働ではなかった。兵卒を軽んずるどころか、実にささいの点にまで将校は注意を払い、無理は決してさせなかった。

見直した軍隊

夏の行軍にはしばしば日射病で倒れる者が出るが(不思議と頭の悪い兵隊がこれにかかった)、指揮官の将校は病人を多く出すと、自分の成績に影響するとかで、これを非常に恐れ、上衣のボタンをはずせの、どうのと、苦心さんたんしていることがよくわかった。

私は前にも記したとおり、体重十二貫台にやせ細ったが、それでも何貫目かの武装を負い、麻布から習志野《ならしの》まで往復行軍もすれば、また秋季の機動演習には伍長として、分隊長の職務を完全に果した。

以上の次第で、私は軍隊を見直した。完全に見直すまでには半年くらいの時間を要したと思うが、入営直後の印象も私には悪くなかった。班長が丁寧なあいさつをしたとか、新兵係の将校からお茶に呼ばれたとかいうことのためではない。実際軍隊の生活に感心したのである。多数の人間が集まる場所は乱雑で、不潔であるのが、少なくも日本の常態だが、軍隊には乱雑と不潔とはどこのすみずみを捜しても見当らなかった。私は第一に便所が清潔をきわめているのに感服した。また大便所にはいる時は、ズボンの帯革《たいかく》を便所の戸にかけて置く(戸はしおり戸のように上部がすいていて、そこから外に帯革を垂れ下げて置くのである)。これが「使用中」

の標示である。だから帯革の垂れていない便所には安心してはいることが出来るし、帯革さえ下げて置けば安心して用がたせた。私には大いにこれが気に入った。

ちょうど入営してから一週間くらいであった。大隊長はわれわれ志願兵を集めて、入営後の感想を書いて、何日までに出せと命じた。他の志願兵は何を書いたか、いろいろ苦情を述べた者もあったらしいが、私はきわめて簡単に数行だけ書いた。趣旨は入営早々でまだ真実のことはわからない。しかしただ今までの感想では、世間に伝わるところと全く違い、秩序が正しく、清潔で、はなはだよろしいというのであった。

ところがそれを出してから数日後、われわれはまた集められて、大隊長から講評を聞かされたが、意外のことに彼は私が心にもないうそを書いていると思ったらしい。所感はこれだけではあるまいと、苦い顔をして私をにらんだ。返してくれた私の感想文の上にも、朱筆で、これだけではないはずだという意味の批評が書き入れてあった。あとで思えば、彼はてっきり社会主義者とはやのみ込みをしていた私から、軍隊礼賛の言を得て、信じ得なかったのである。

当時少佐であったこの大隊長は、町田勝五郎という人で、教導団出身の特進将校(すなわち陸軍士官学校の教育を受けていない将校)であると聞いたが、なかなかしっかりした人物であった。ガミガミこごとをいうので、多くの者に恐れられたが、その言には傾聴すべきものが少なくなかった。私はこの大隊長が好きであった。後には彼もまた私を理解して、一、二年後、第一大隊にまた一年志願兵がはいった時、私を例にあげて訓戒をしたという話である。

正規の士官学校出でないにかかわらず、やがて町田氏は大佐まで進み、どこか地方の連隊長をしばらく勤めていた。軍隊から見ても、やはり優秀の人であったのであろう。私は明治四十四年に見習士官として、重ねて町田大隊のやっかいになったが、それ以後は町田氏と再び面会する機会はなかった。しかし年賀状のやりとりだけは、氏の死去するまで続けていた。

高所恐怖症

私が軍隊で最も困ったのは、機械体操であった。前にも記したとおり、子供の折、私は水泳や木登りを家庭でやかましく禁ぜられ、ついにそういう遊びをせずにしまった。それで今でも水にはいればかなづちだし、機械体操の類は全く出来ない。のみならず高い所に登るとほとんど病的と思われるほど、身体の不安定を感じて、おそろしい。そのくせ中学時代には柔道も撃剣も試み、ことに撃剣は筋がよいとも師範にほめられ、相当にやったものだが、機械体操となるとからきし意気地がなく、下から手の届く高さの台からさえ飛び下りかねて閉口した。

軍隊では、幸いにして、めったに機械体操はやらせなかった。しかしそれでも時には梁木《りょうぼく》渡りぐらいの練習はあった。一度は士官候補生と一年志願兵とだけを集めて、特に旅団長の仙波太郎少将(当時有名な戦術家で、退役後衆議院議員にもなった人)が、機械体操の検閲を行ったこともあった。その時は十二階段と称して、階段の十二ある高い台から、その階段の方向に飛び下りる課目があって、人の悪い柴田特務曹長のごときは、あしたは一年志願兵がつるが舞い下りるようなかっこうをして飛び下りるだろうなどと喜んでいた有様であった。十二階段の天辺《てっぺん》から飛ばされては、一年志願兵一同困ったことと思うが、特に私は青くなった。震えて飛べないなどという醜態を演じたくないし、といって飛べる自信は全くなかった。

しかしいよいよその当日現場に臨んで見ると、士官候補生はいずれも十二階段の天辺から飛ばされたが、一年志願兵の番になると、連隊長(若見虎治という大佐であった)が声をかけて、志願兵は十二階段では高すぎると注意した。係りの将校が、はいそれでは十段というと、いやまだ高いというわけで、結局七段か六段ぐらいの所から飛ぶことになった。それでも私にとっては容易のことでなかったが、しかし目がまわるようなこともなく、どうやら飛び下りだけは出来た。

こんな有様で、高い所に対する恐怖症には自分ながら困ったので、何とか治療する方法はないかと、ある日曜の朝、福来友吉文学博士を訪問した。同氏は東京帝大の心理学教授で、催眠術の研究者として有名だった。私は催眠術が私の恐怖症に効果はないかと博士に相談したのである。すると博士は試験をして見ましょうということで、私を直立させ、四、五尺の長さの棒を両手に一本ずつ、水平にかつ平行する形に持たせ、そして私の目は博士が正面に差出した指に集中するように命じた。

それがいかなる試験であったかは、その折には私にはわからなかった。しかし博士はその結果、大体有効だと思うから、五十嵐光竜師に紹介しましょう。私は自分では術を施さないからということであった。五十嵐師はそのころ浅草の某寺院で、さかんに催眠術の治療を行っていた、これまた有名な人であった。

福来博士の診断に大いに意を強くした私は、博士の紹介をもらって、早速つぎの休日にそのお寺に五十嵐師を尋ねた。なかなかの繁盛で、患者をずらりと並べていすに掛けさせ、順次に術を施して行くのである。その中には母親に付き添われた子供で、寝小便の癖を直してもらいたいなどいうのがいた。

私もいすの一つに腰をかけ、順番を待っていると、やがて五十嵐師は回って来て、私に目をつぶらせ、それだんだん高くなるとか、何とか暗示をかけてくれるのだが、私の意識ははなはだはっきりとして、周囲の話声も聞え、一向催眠状態にはいったらしくない。それでよいのかと五十嵐師に尋ねると、さしつかえないというので、二、三度通ってみたが、どうも自分の腑《ふ》に落ちず、失礼とは思ったが、やめてしまった。高所恐怖症も結局直らなかった。

思うに私のごとき理屈で育った者には、簡単な暗示で注意力を集中することがむずかしく、メスメリズムは役に立たないらしい。

ところでここにおもしろいことが起った。ある時私は班中で一番頭の悪い、ぼんやりした兵隊をつかまえて、両手に木銃を一本ずつ持たせ、福来博士が私にやったと同様の試験をして見たところ、全く意外にもすばらしい結果を示した。最初平行に持たせた二本の木銃は、たちまち先端が両方から近づいて、カチンと音を立てて中央であたるのである。これは理屈のある現象で、正面に差し出された指頭に目を注ぎ、注意が完全に集中すれば、手も自らそれに従って動くはずである。福来博士が私を試験した時は、こうまではっきりした反応は現われなかったが、やはり何ほどか両手の棒が動いたのであろう。

私のこの実験は、いつの間にか隊内の評判になっていたものらしい。次の年の九月に見習士官で三カ月の勤務に行って見ると、私と同中隊の某中尉は、どこかでさらに複雑な催眠術の方法を教わって来て、これを将校集会所の当番兵に盛んに試みていた。その自慢話によると、将校集会所の上等兵に暗示を与え、営内のどこをどう回って、何々を持って来いと命じたら、そのとおりに行動したというのである。

そこである日、私はその上等兵に実否を確めると、彼は笑って、どうも○○中尉殿は催眠術に夢中になって、うるさくて仕様がないので、掛ったふりをして、いうとおりにしたのです、との答であった。それが真実であったらしい。将校集会所勤務の上等兵になるくらいの頭のある者には、へたな催眠術はかからないのである。

訂正二つ

去る九月二日号(『東洋経済新報』昭和二十五年)の本稿(一〇〇ページ)に「今のカフェー・ライオンは新しい建物だが、その形は元のそれに似ているように思う」と書いたのは、私が最近の銀座をよく見ていなかったからであった。元のそれに似ていたのは、大正十二年の大震火災の跡に出来た建物で、現在のは全く異っていることを、ある読者からの注意で知った。名前も今は、銀座ライオンといい、エビスのビヤー・ホールになっている。これは、わざわざ出かけて行って確めた。位置は銀座四丁目の角である。

次ぎに九月九日号の高商騒動の条(一〇五ページ)に、新築校舎が焼けたと書いたのも記憶ちがいで、焼けたのは古いレンガ造りの校舎だったそうである。これは当時一ツ橋の上級学生で、自ら騒動の中心におり、火事の現場にも、すぐ駆けつけたという武井大助氏からの手紙だからまちがいはあるまい。但し私も火事の現場は見たのだが。

以上二つ、ちょっと訂正いたしておきます。

軍隊の哲学

軍隊がその存在の理由を肯定する限り、決して不合理の社会でないことは、前記した将校下士馬兵卒の言でもわかったが、さらに感服したのは、そのころ陸軍で用いていた「野外要務令」すなわち戦闘の基本法則を記した教科書の綱領であった。それにはかように記してあった。

「各機関ノ将校ハ専ラ心力ヲ職責ノ在ル所ニ竭《つく》シ、他ノ補助ニ依頼セズ、確然自立シテ其《その》任務ヲ全クスベシ、大小ノ機関各々此心ヲ以テ心トセバ、全軍ノ協同一致始メテ得テ期スベキナリ。」
「凡《およ》ソ命令ニハ服従ヲ要ス、然レドモ其実施ニハ独断ヲ要スル場合尠《すくな》カラズ、此服従ト独断トハ正ニ相反スルモノノ如シト雖《いえど》モ、其実ハ則《すなわ》チ然ラズ。」

いわゆる独断専行という言葉は、この綱領から出たのであるが、私はこれほど要領よく、団体と、これを構成する個人または個々の機関との有機的関係を道破した文字を他に見たことがない。軍隊が個人を無視したなどということは、全然のまちがいで、実は軍隊ほど真剣に個人の価値を認めたところはないのである。このことについて私は大正二、三年ころ一文を草したことがあって、それがたまたま手元に残っていたから、昭和十七年に出した『人生と経済』と題する論文集に採録しておいた。

このことは軍隊の教育の上にも認められた。たとえば新兵が入営すると、同時にそれぞれの市町村役場から身上調査表というものが来るが、それにはその者の経歴、特技、性情、嗜好《しこう》等がこと細かく記入されていた。彼らの教育の責任者である中隊長以下の将校は、これを参考として各新兵の個性と能力とを観察し、これに応じた教育と任務とを与えるように指導されていた。明治四十四年、私が見習士官で在営した際の第一師団長は、後に陸軍大臣になった木越安綱中将であったが、特にその個性の問題について、連隊の将校を集めて訓示を与えていたことを覚えている。

また、その折の第一師団第二旅団(これに歩兵第三連隊は属していた)の旅団長は松川敏胤という少将だったが、この人は、ある時、やはり連隊の将校を集めて機械化の限度ということを話していた。軍の力は、結局は、人の力にまつということであった。

松川少将は、明治初期の日本陸軍建設時代に、ドイツから陸軍大学の教官として招かれた有名なメッケルの弟子のひとりで、前にちょっと記した仙波少将などとともに、当時わが国の戦術家の権威として知られていた。日露戦争の際の日本の陸海軍は、単に勇敢であったばかりでなく、その軍規がはなはだ厳正であったことをもって世界の称賛を博したが、やはりそのころは上級幹部によい軍人がいたものと見える。

なお後年にいたり、この松川将軍の令息(松川七郎)が偶然にも東洋経済新報社に入社し、また柴田特務曹長の令息も久しく同社におった。世の中は広いようで狭いというが、いずれも私の軍隊時代敬意を表した人々の子息であるだけに、なつかしく感じた次第であった。

軍隊は以上のごとく、正しい意味の団体主義、したがって正しい意味の個人主義をその哲学としていたが、実際にはもちろん、それがすべて正しく行なわれていたとはいえない。ここにすなわち新兵虐待のごとき事実も起って来たのである。

役場から来る各入営者の身上調査表のごときも随分でたらめで、当てにならない様子であった。ある新兵の身上調査表の嗜好の欄に「紫」と書いてある。何のことか分らなかったが、それはその新兵の馴染《なじみ》の娼妓《しょうぎ》の源氏名であったなどという笑話もあった。しかし一見機械的に見られる軍隊が、個人の価値をかく真剣に認めていたことは注目すべき事実であって、もちろんそれは単なる人道主義や天賦人権論から出たことではない。強力なる団体は、これを構成する個人の個性を最大限に生かして初めて組織される。この実用上の必要が、軍隊をして右の方針を取らしめたものと思う。もちろんこれは日本の軍隊だけの発明ではない。前に引用した「野外要務令」の文章も、ドイツのそれの翻訳であると聞いた。

戦争に対する恐怖

私はこうして軍隊でいろいろ教えられ、苦しい中にも、思いの外に愉快な一年を経過して、明治四十三年十一月末軍曹に進級し、除隊した。翌年は九月から見習士官として三カ月召集を受け、これまた無事に勤務して、終末試験も好成績で通過した。少尉の任官辞令をもらったのは、大正二年一月であった。

しかし私が軍隊に興味を感じたのは、それを一種の社会の縮図と見、また一種の教育機関として観察してのことであった。軍隊が本来の目的とした戦争そのものに対しては、不断に嫌悪の情をいだいていていた。

第一私は戦争を恐怖した。ある時である。富士のふもとで歩兵の実弾演習をしたことがあった。兵卒にかたどった等身大の標的を数百メートルの前方に散兵の形に装置し、これに向かって攻撃前進しっつ射撃するのである。

もちろん先方からは弾丸は来ない。だからこちらは幾らでも落ちついて射撃が出来る、命中成績をよくするために、指揮官は兵卒によくねらえ、よくねらえというにもかかわらず、あとで標的を調べて見ると、いくらも弾丸は当っていない。なるほどこれで戦争は出来るのだなと感じた。

しかし私は試みに、一度この標的の下にある看視壕《かんしごう》にはいって見た。その折、撃ったのはわずか一千発程度の小銃弾に過ぎなかった。しかし、それが頭上をうなって通過し、あるいは付近の樹木その他に当ってはね返る音響は、身の毛のよだつ、すごさであった。もしこれが実戦で、この弾雨の中に飛び出さねばならぬとすれば、私には到底出来そうもないと思った。その後の私の戦争反対論には、理屈の外に、実はこの実弾演習の実感が強く影響していたと思う。

第一次世界戦争の際、わが国には欧州出兵論があって、その請願運動を起した人もあった。その運動には当時の帝制ロシアから、何がしかの力も加わっていたようであった。私はこれに対して大正四年一月初号の『東洋経済新報』に「狂せるか欧州出兵論」と題する反対論を掲げたが、幸いにこの運動は物にならず、青島への出兵と、若干の海軍が地中海方面に出動した外は、大規模に兵を動かすことなしにすんだ。

しかし私は、この欧州出兵運動について、おもしろい事実を一つ発見した。ある時二、三十人の者が集まってこの問題を論じた際、多数は出兵論であった。そこで私は最後に、一体諸君の中に欧州出兵の場合、自ら出征しなければならない人はだれかと聞いて見た。しかるに、予期したことではあるが、その中には私の外、軍籍にある者はひとりもなかった。すなわち彼らはいかなる戦争が起っても(当時の戦争の状況では)自分は安全の者ばかりであって、いわば他人のごぼうで御斎《おとき》をする主張をしているのに外ならなかった。私はこのことを指摘して、とにかく私だけが諸君の犠牲になって、戦争に行って死ぬのはいやだといったら、彼らは一言もなかった。

自分が戦争に行くのがこわいから、あるいは自分の子供や身内を戦争で死なすのはいやだから、戦争に反対だなどという議論は、もちろんそれだけでは議論にならない。しかしもし世の人が皆戦争をさように身近かに考えたら、軽率な戦争論は跡を絶つに違いないと、当時私は痛切に感じた。その後そのことをしばしば筆にしたり、口にしたりした。『東洋経済新報』にも、この趣旨の論文が幾つも載っているはずである。これも私が軍隊で得た一つの教訓であった。

五　大正六年の早稲田騒動

愉快でない記録

ここで私は、少しく後に起った事で、且つはなはだ愉快でない回想ではあるが、大正六年の早稲田大学の騒動について記しておこうと思う。

世の中の紛争は、多くの場合そんなものであるごとく、この早稲田大学の騒動も、当時は日々の新聞紙に大きく取り扱われた社会的大問題であったが、実質を洗えば、同大学の幹部の間の感情の衝突が起した事にすぎなかった。しかし、かかる実情は私も後に至って気付いたのであって、表面に働いた当時の我々にして見れば、全く正義の戦であったのである。

ところが私は、この騒動に、のっぴきならぬ事情から首領の位置に据えられ、全責任を負う立場を取った。そこで、いつかはこれが真相を公表して、当時一部の校友等の間に抱かれた誤解をも一掃する義務があると考え、この問題に関する書類は、会計簿の端に至るまで丁寧に保存していた。しかしこれらの書類は、昭和二十年〔三月十日〕の戦災で、すっかり焼いてしまった。幸いに最近一老友から、当時私どもが関係者間に配布した『早大学長問題顚末《てんまつ》書』と、私どもの反対派であった大学の当事者が維持員の連名を以て発表した『学長問題経過概要』とを送ってくれたので、それらを元とし、記憶をたどって、はなはだ愉快でない年来の宿願を果す次第である。

事件の発端　大正六年六月の十九日か二十日ごろであったろう。当時牛込天神町にあった東洋経済新報社に、早大学長秘書の佐藤正君が尋ねて来た。その話によると、この八月に天野為之博士の学長の任期が終るが、それと共に再び高田早苗博士を復活させる隠謀が行われている。そのため市島謙吉、坪内雄蔵及び浮田和民の三長老が、二十一日の午前におもな教授を、またその午後は在京評議員を召集して、それらの人々を説得する手はずになっているから、何とかこの隠謀を阻止することに協力して貰いたいというのであった。

佐藤正君は明治四十二年の哲学科出身で、後には代議士にも出た人だが、大正四年八月天野為之博士が学長に就任すると共に、その学長秘書になった。最近知ったことだが、天野博士の女婿《じょせい》の浅川栄次郎君(当時早稲田大学の教授であった)が推薦したのだそうである。

また右に市島謙吉というのは、後に市島春城《しゅんじょう》の筆名をもって随筆等を発表し、一部に文名をうたわれたこともある才人で、坪内雄蔵(逍遥)博士等と共に、東京専門学校時代からの古い幹部の一人であった。

私は元来、天野為之博士とは大学時代に全く縁故がなく、東洋経済新報に勤めるに至って後も、博士は、すでにこの雑誌の経営には関係せず、正月の年賀に博士邸に行って面会した程度のことであった。従って私は、天野博士が果して早稲田大学の学長として適任であるかどうかもわからず、また東洋経済新報社の恩人なればとて、それ故是非とも天野博士を早稲田大学の学長に推さねばならぬなどいう私的感情は毛頭抱いていなかった。しかし前記の佐藤君の報告を聞いて、ただ一つ直ちに私の心中に浮んだ感想があった。それは高田早苗博士の学長復活には絶対に賛成しがたいということであった。高田博士は大正四年八月、大隈内閣の改造に際して文部大臣の位地につくため学長を辞し、その跡を多年の協働者である天野博士に譲ったのである。しかるに今大隈内閣が倒れ、文部大臣をやめたからとてたちまちまた天野博士を退け、再び自分が学長の位地に戻るというのは、はなはだ手前勝手の仕打ちである。

のみならず、早稲田大学は長く高田博士の専制の下にあって、ために種々の弊害も生じているらしい。すでに早稲田大学には若手で、例えば金子馬治とか、塩沢昌貞とか、田中穂積とかいう自校出身の人材も相当に出来ていることであるから、たとい創立の功労者であるにしても、元来他校の出身者である高田、天野、坪内の如き元老は引退し更始一新するがよろしいとは、私のかねて抱いていた意見であった。

そこに佐藤君が前記の話しを持って来たので、私はいささか憤慨した。天野博士を推す推さぬは別問題として、とにかく三浦氏とも相談して、出来る限り教授と評議員とに話しをして見ようといって別れた。

しかし問題は、すでに一両日の後に迫っているので、多くの人にこの話しを持ってまわる余裕はなかった。私は教授では永井柳太郎、波多野精一の両氏、評議員では当時朝日新聞の編集局長をしていた松山忠二郎氏を訪問して、佐藤君のもたらした情報を伝えた。同じく評議員でその頃東京の弁護士界に勢力のあった若林成昭氏、代議士の斎藤隆夫氏等にも連絡したが、これらは多分三浦鉄太郎氏から話したのであったろう。佐藤君はどれほどの運動をしたか知らないが、私としては実は、はなはだ動かなかった。のみならず、永井、波多野、松山の三氏にも、前述のとおりの理由で、あえて天野博士を支持してくれとは頼まなかった。三氏もまたいずれ会合に出席して十分事情を聞き、善処しようというだけであった。勿論私はこの結果が、後に実際に起ったとおりの大騒動になろうとは、夢にも想像しなかった。

根強い天野排斥

ところが、いよいよ六月二十一日に教授会と評議員会とが開かれた結果は、意外な風波瀾を起した。それは、これらの席上で、市島謙吉氏と坪内博士とが不謹慎にも天野博士を無能呼ばわりし、その人身攻撃を行ったからであった。けだし両氏としては、そこまで言わなければ、何故天野を退け、高田を戻さなければならないかの説明が出来なかったわけであろう。

しかし突然召集され、何も知らずに出席した多くの教授と評議員とは、これを聞いて、かえって奇異の念を懐いた。質問は我々が予《あらかじ》め話して置かなかった人々からも盛んに行われ、会議は召集者の計画に反し、逆に天野学長擁護の空気を醸成して、うやむやの間に散会した。

また、これより前、憲政会の代議士中の早稲田出身者からも、高田博士の大学復帰は、単に大学のため取らざるところであるのみならず、政治的背信行為であるとの強硬な反対論が、高田博士直接にと、大隈侯とに提出された。もしこれらの空気を高田博士と、その周囲の人々とが深く察して、善処したなら、問題は容易にこれを解決し得たはずであった。また最初の様子では、実際その望みがありそうにも見えた。

政界からの抗議に接した高田博士は、これに対して天野君がやってくれるなら、自分はしいて学長に復帰するつもりはないと答えた。また七月初旬には大隈侯の仲介で、高田、天野、坪内三博士が話し合い、問題処理の方法もきまった。それは、かねて学内の要求であった校規の民主的改正を行うこと、従ってその改正後には、学長は当然教授および校友より成る何等かの機関の選挙によって定められること、新校規実施までは天野博士が学長として留任すること、というのであった。そしてこの決定は、正式に維持員会の議にかけられて、その承認も受けた。もしこれが、この通りに実行されたら、何の事も無かったのである。

ところが、いわゆる高田派即ち天野排斥派は、右の決定に不満であった。当時恩賜館組と称された一部の若手教授中の天野排斥派の数氏(その首導者は大山郁夫《いくお》氏であったと言われる)と、これに同調した維持員(大学当局の発表によれば、殆どその全員であったらしい)とは、たとえ校規改正までとはいえ、一日も天野学長の下には立ち難いと称して、大隈総長に辞表を出した。次いで維持員である坪内博士、名誉学長である高田博士も、かくては紛糾を収拾して、総長の寄託にそうことが出来ぬと称して、辞表を出した。何の事はない、天野博士に対して総ストライキが決行されたのである。

もちろんこれらの人々の弁明によれば、何故かかる行動に出たかの理由が幾つかあげられている。しかしその理由なるものは、天野学長の校友会における演説が不穏当だったとか、維持員会において、天野学長が「政治的色彩を帯びる一種の民本主義を唱道し、全然大隈総長寄附行為の趣旨を無視して……終身維持員の廃止をさえ主張した」とか、「天野博士の周囲には種種なる人々集りて、或は校規改正の美名の下に、或は情弊打破の標榜の下に、頻《しき》りに野心を満さんと謀れるが如き形跡著しきもの」があるとか(大正六年九月早稲田大学発表『学長問題経過概要』)いうだけで、はなはだたわいのないものであった。

そんな事なら(そしてそれが事実なら)天野博士と話し合っても解決が出来る問題だし、少なくもまず博士の反省を求める手続を取ってから、最後の処置を考えて、おそくないはずであった。しかるに彼らはいきなり辞表を出して、大隈侯を脅した。どこまでも天野博士を排斥し、高田博士を立てたいと願った。これは、強行政策であったと思われる。

しかし、それには天野博士にも、ある意味において責任があった。天野博士は確かに早稲田大学から高田博士と大隈侯との勢力を駆逐しなければならぬと考えていたのである。校規の、いわゆる民本的改革とは、天野博士にすれば、そこに目的があり、その含みで主張したのであった。また、それであればこそ、天野派として行動した我々には、天野博士に共鳴するところがあったのである。しかし高田博士およびその側近者から見れば、もちろんこれは飛んでもない事である。彼らが絶対に天野博士を許し得なかった所以である。また大隈侯としても、侯およびその子孫の特権として保持した終身維持員の廃止をさえ、天野博士が主張すると聞いては、心に愉快を感ずるわけがない。

高田、坪内両博士から辞表を出された大隈侯は天野博士を招き、大学の平和のためという理由で、学長の辞職を勧告した。ていよく詰腹を切らせる計画だったのである。しかし博士は、その手に乗らなかった。高田博士等の辞表提出に脅迫されて辞職することは、いかに大隈侯の勧告でも受け入れがたいというて拒絶した。これが大正六年七月下旬の事であった。

東洋経済新報の立場

以上の内部の紛糾が新聞に現れ、世に伝わると共に、評議員以外の校友や、学生の間にも、いろいろの動きが起って来た。新聞は概して、天野博士に対して同情的であった。また問題の経過を聞く者は、たれでも高田博士と、その周囲の人々の行動を、もっともだとは思わないので、多くの校友と学生とは、佐藤正君や、私の周囲に集って来た。

それらの校友の中には、後の代議士西岡竹次郎君とか、野球の投手として有名だった河野安通志君とかいう闘士もいた。中野正剛《せいごう》君なども、しばしば顔を出した。大学の付近の矢来倶楽部とか、当時麴町区内幸町にあった早稲田倶楽部等で、しばしば会合が催され、演説会も開かれた。

かくて紛糾が続いている間に、私は天野博士と深い関係のある東洋経済新報の者であるという事と、他に人のなかった事とのために、自然に、いわゆる天野派の総大将のごとき位地に押し上げられ、ついにケレンスキーというアダ名までつけられた。当時ロシアにケレンスキー革命が行われ、そして我々の運動は早稲田大学の革命を企図するものだという意味であったろう。

前にも述べたごとく、最初私はほんの数人の教授と評議員とに話しを通ずるだけのつもりであって、簡単に問題を考えていたのである。ところが、それが思いがけない騒動に転化し、実は、はなはだ心外であった。しかし、こうなっては、周囲に集って来た人たちに対しても、後へは引けない立場になった。事の大小はあるが、明治十年の乱の西郷隆盛の立場も察せられる気持がした。

ただ私はその間においても、我々の目的とするところは、あくまでも母校の民主化と、その改善とであって、天野博士個人のために戦うのではないという建前を押し通した。その事は、演説においても繰りかえして述べた。

しかし、この私の声明は、当時の世の中の人、ことに反対派である高田博士等には、おそらく正直に信ぜられなかったであろう。天野は自分の育てた東洋経済新報を使い、また東洋経済新報は天野に対する個人的情義から、この運動を起し、狂奔しているのだと思ったに違いない。世の習いからすれば、それが普通の推測である。

しかし東洋経済新報には、この時ばかりではないが、もう少し理屈っぽく、また良心的の者が集っていた。これは新聞雑誌社としては当然の事で、個人的情義によって言動を左右されるようなことでは、言論報道の役目は勤まらない。三浦銕太郎氏は私と違い、早稲田大学(東京専門学校)の学生として、また続いて東洋経済新報の記者として、天野博士の直接の薫陶を受けた人であるが(そして当時の会社では、すでにその唯一の人であった)、にもかかわらず、事態に対する氏の判断は、むしろ私以上に冷静で、かつ慎重であった。

もし我々が、天野博士との特別の関係に動かされた点があったとすれば、評論の立場を越えて事件の渦中に投じたことだが、これは前に記したごとく、四囲の事情から、やむなくそこまで引きずられたわけであり、また正義のためには必要な行動を取ることも、決して評論家の任務に反するものではないとの信念によったのであった。

もちろん天野博士からは、この運動について、何の依頼も、さしずも受けたことはなく、我我もまた、後にいろいろの調停者が現れて、そのため博士と相談する必要の起るまで、博士をたずねて、その意向を聞くというようなことはしなかった。天野博士は、この事件中、内心はとにかく、表面においては一貫して超然たる態度を示した。これには後に述べるごとく理由があったと思うが、しかし当時においては、天野博士に同情する者を、しばしば失望させた。せっかく心配して、何とか言うて行っても、一向話しに乗る熱意を、博士は示さなかったからである。

調停の失敗

さて七月下旬に、天野博士が大隈侯の勧告を拒絶してからは、事件は全く暗礁に乗り上げた。何せよ、早稲田大学の問題で、大隈侯が乗り出すのは、最後の切り札が出されることである。高田博士等は、そのつもりで大隈侯を動かしたのであろうし、大隈侯もまた、自分が言葉をかければ、天野は一も二もなく屈服すると信じたに相違ない。しかるに天野博士は、侯の説得に応じなかった。最後の切り札は無効に終った。高田博士一党も大隈侯も、恐らく意外に感じたであろう。天野博士罷免の議も出たそうだが、さすがにそれは容易に実行し得なかった。

八月に入って間もなく、かねて召集されていた全国評議員会が開かれ、その選出した数名の委員が調停に立った。しかしその調停委員も、高田、天野両博士の板挟みにあって、処置がつかず、手を引いた。次いで教授中の安部磯雄その他の先輩二、三氏が奔走したが、これまた不調に終った。その他、多くの人々が、いろいろ心配してくれたが、いずれも無効であった。

後に東京地下鉄道を創業した早川徳次君は、私の中学時代からの友人であったが、私に事件の解決を求める誠意があるなら血判をしろということで、それを持って、意気込んで高田博士の処に出掛けて行ったが、それきり返事がなかった。どうしたかと、あとで聞いたら、断られたということであった。西田天香《てんこう》氏も、そのころ教授の中桐確太郎《なかぎりかくたろう》氏と共に、私の宅を尋ねて来てくださった。私も真実、事件の解決を早く計りたいと切願し、その手がかりを求めるのに苦心した。私がこれを頼んだ人々の中には、山田英太郎、昆田文次郎、野間五造、斎藤隆夫、若林成昭、宮川鉄次郎等の諸氏がいた。いずれも校友中の先輩であった。

しかし今考えるに、これらの人々の努力が無益であったのは、元来この事件が、いかなる人の調停も奔走も、到底成功すべきはずのない性質を持っていたからに外ならなかった。その当時は、私もはっきりとは気がつかなかったが、この騒動は、早稲田大学の成立の歴史に基いた、いわば宿命的騒動であったのである。

当時私どもは、早稲田大学を、いかなるものと考えていたかというに、もとより天下の公器、何人も私すべきものではないと信じていた。だからこそ、たとい創立の恩人であっても、高田とか、大隈とかいう人々が、勝手の振る舞いをするのはけしからぬと、憤慨したのである。また我々は、天野博士や坪内博士も、高田博士と同格の創立の功労者であり、もとより大学の柱石であると信じたのである。我々ばかりでなく、世間では一般に、かく信じて疑わなかった。しかしこれは間違いであった。少なくとも高田博士はそうは思っていなかったに違いない。

ここに高田博士と我々との間に、根本的な考えの食い違いがあり、また事件の調停の成り立たなかった理由が伏在した。

高田・天野両博士の関係

私は早稲田大学の歴史について、別段深い事は知らないが、この騒動の当時、坪内博士は、ある人に次ぎの意味の言をもらしていたそうである。早稲田大学は元来高田の事業として、高田が育てて来たのであって、いわば高田の物である。しかるにケレンスキー等は(と博士は言うた由である)この事を知らず、早稲田大学を公有物であるかのごとく誤解して、こんな騒動を起したのだと。私は坪内博士のこの言を、近年に至って伝聞したのだが、成るほど早稲田大学は、そういうものであったかと、初めて一切の疑問が解けた気持がしたのである。

早稲田大学(明治三十五年までは東京専門学校)が、大隈重信侯の理想に出で、その出資で創立された学校であることは、間違いのない事実であろう。その創立に当っての大隈侯の主なる相談相手は小野梓《あずさ》氏であったと思われる。小野氏は、明治十九年に若くして病に倒れたが、当時の日本の民主主義陣営の最もすぐれた闘士で、また理論家であった。高田、天野の両氏は、市島謙吉、山田一郎、岡山兼吉、砂川雄峻《かつとし》、山田喜之助等の学友と共に、東京大学在学中から小野氏の門に出入したところから、大隈侯にも紹介された。その時代の大学生、または学士といえば大した尊敬を受けたもので、大隈侯もまた、これらの青年に大いに期待したものと思われる。

こういう関係で、高田、天野、市島等の人々は、大隈、小野合作の改進党の結成にも、また東京専門学校の創立にも参画した。それはいずれも、天野氏らが大学を卒業したのと同じ明治十五年であった。

こういうわけであったから、早稲田大学における高田、天野両氏の位地は、もちろん全く同格であった。ところが、それがいつの間にか、坪内博士の言のごとく変化して、早稲田大学は高田博士の物になった。その理由については、こうもあろうかとの推測を、先ごろ本誌(東洋経済新報)に載せてもらった「天野為之伝」に書いておいた(昭和二十五年七月一日、八日、十五日、二十二日号)。

高田、天野、坪内三氏の間柄は、表面的には早稲田の三博士とか、三尊とかいわれ、完全な協力者と信ぜられていたが、事実は右のごとく、必ずしもそうではなかった。高田博士が専権を振い、天野、坪内両博士は、年と共に、しだいに経営の中心から離れていったのである。

こういう関係は、感情的にもおのずから疎隔《そかく》を来たす原因となる。天野博士が大学とは別に早稲田実業学校を自分の学校として経営し、坪内博士がまた大学の事業とは離れて、自宅に劇の研究機関を設け、あるいは劇団を作ろうとしたことのごときも、当時は別段不思議とも世間は感じていなかったようだが、実は大いに意味深長であったと思われる。

だから、高田博士が大正四年に学長を天野博士に譲ったことは、文部大臣に就任するためのやむを得ない処置ではあったが、しかし、果して永久に譲るつもりであったかどうかは疑問である。大正六年の事件の初めに、市島謙吉氏が口にした天野評から推測しても、天野博士に対する高田博士一派の信任は、前々からすでに決して厚いものではなかったと思われる。

天野博士の心境

高田博士一派の天野観が以上の通りであったのに対して、天野博士はどうであったかというに、これまた前々から平かでなかった証拠は、ちょっとしたことだが『東洋経済新報』(大正二年九月二十五日号)に載っている次ぎの一文によっても察せられる。この年、島村抱月氏が坪内博士と分れて芸術座を起し、その第一回公演を行った際「芸術座の旗揚げ」と題し、牛中山人の筆名で書いたものである。そのころ博士は毎号の『東洋経済新報』に、この筆名で「漫言」なるものを書いていた。これは、その一つである。

「山人は元来すこぶる野暮の人物であって、芸術座の連中の技倆などは更に相分らぬ。……唯だ山人がこのさい恐悦の余り一言禁ずる能わざる次第は、とかく日本においては元老の勢力が盛んで、ややもすれば後進を圧迫する弊がある。而して世人もまた老人と壮年の喧嘩の場合には多く老人の肩を持つ癖がある。……過般文芸協会対抱月のゴタゴタ騒ぎの場合にもまたその趣があった。……その後抱月の様子を見るに俗論を一排し、思い切って芸術座の創立に尽力し、ここに目出度初舞台を開く事と成ったのは山人のすこぶる喜ぶ所である。……八百長妥協の流行する煮え切れない世の中に、彼れ抱月は能くも勇を奮うて旗を揚げた者である。山人は大にその意気に感服する。……」

そうして最後にこの漫言は、抱月の離反で、坪内博士が文芸協会を解散したのは、おかしな事だと批評して結んでいる。

私は当時これを読んで、天野博士の気持がわからなかった。島村氏は坪内博士の文芸協会に対してはもちろん、早稲田大学からも追ん出た(あるいは追い出された)反逆児である。筆名ではあっても、天野博士であることを、ほとんど知らないもののない文章で、よくこんな事が言えたものと思ったのである。

しかしそれは、その頃私がまだ早稲田大学の内情を知らなかったからであった。今この文章を読んで見ると、天野博士がかねて大学内のいわゆる「元老の勢力の盛ん」なることにいかに不快を感じていたかが分るのである。

けれども博士は、そうであるからとて、自ら立って、その元老と勢力争いをするごとき人ではなかった。こういう点で、博士は折々深刻の批評はしても、実行的には消極的であった。ある意味においては利己的であったと言えるかも知れない。自分は自分で早稲田実業学校を経営し、超然としておった。大正六年の学長問題の際の博士の態度もそれであった。天野博士には初めから、続けて学長の位地につく意志がなかった。もし博士にその意志があったら、高田博士と折合う道もあったし、その機会もあったのである。しかし博士は、その二年間の学長の経験で、早稲田大学は高田博士の物であると、今更の事ではないが、認識を重ねて深くしたらしい。現在の理事および維持員等の構成が変らぬ限り、たれが学長であっても、実権は依然高田博士にあり、どうにもならぬと感じたのである。

そこで博士は六月中、事件がまだ表面化しない前、早くも見切をつけていた。当時博士が高田博士に辞意を表明したというのはそれである。こういう場合に、天野博士は至って潔癖で、あきらめが早く、ある位地にれんれんとするなどいうことの出来ない人であった。東洋経済新報を退いたのは、もちろん早稲田実業学校の経営に専念するためであったが、しかし退くとなるとさっぱりしたもので、後に少しの未練も残さなかった。早稲田大学も、一応学長にはなったものの、高田にこう執着があるなら、おれはそんな所に割り込んで、ゴタゴタするのはいやだというのが、けだし天野博士の心境であった。

しかしその天野博士も、学長更迭《こうてつ》の理由として、高田派から天野の無能が宣伝されたり、評議員から辞任の勧告をされたりしては、自分とて本当に任せてくれるなら、もちろん、やって見せる確信はある、と言わざるを得なかった。そこで高田派では、天野は初め辞意を表明しながら、後でこれを翻《ひるがえ》したと非難した。けれども私は、天野博士がこの非難の如く果して真に辞意を翻していたかどうか、今でも疑問にしている。もし真に翻したのなら博士の態度はもっと妥協的であったと思うのである。

前に述べた如く、事件の初期には、世の同情は天野博士に集中した。しかるに評議員、次いで先輩教授の調停が不成功に終ると、天野も余りにガンコすぎるという非難が起り、新聞にも段々不利益の記事が現れて来た。これは一つは高田派の宣伝の結果であったが、また実際天野博士にも、周囲の我々からさえ、ガンコに過ぎると思われる態度があった。もちろん博士がガンコであったのは、調停案そのものが、いずれも高田博士の息のかかったもので、天野博士にはそのまま飲めなかったからではあるが、しかしそれにしても、博士の心に学長になりたい意志があったら、すげなくこれを拒絶して、ガンコなどいう非難を受けることはしなかったであろう。

大学の占領

さて以上のあり様で、紛糾が続いている間に八月も過ぎんとし、暑中休暇で帰省中の学生は続々戻って来た。新学年の開始は目の前に迫った。大学当事者としては、もはや、ぐずぐずしてはいられなかったからであろう。維持員会は天野博士を除外して開会し、金子馬治氏等六名を理事に任じ、当分学長を置かずに、校務をこれら新理事に任せると決議した。しかし、それだけならまだよかったが、同時に天野派と認められた伊藤重治郎、井上忻治、永井柳太郎、原口竹次郎等の教授の免職と、六名の学生の放校とを発表した。

永井君のごときは、実は私から援助を依頼したこともあったが、多年大隈侯の特別の恩顧を蒙っている義理あい上困るということで、いわば中立の態度を取っていたのだが、どういうわけか、免職組中に入れられた。

高田派たる大学当局が、こう強硬の態度に出て、ケガ人まで作るに至っては、天野派も黙っていられない。殊に早くから我々の周囲に集り、天野党として活動した学生や、若い校友の憤慨は一通りでなかった。高田派攻撃の火の手は一層燃え上った。

九月十一日の夜、我々は早稲田劇場で、高田派弾劾演説会を開いた。会場は立錐《りっすい》の余地なく学生で満ちた。相次ぐ演説と校歌の合唱とは、時間の進むに従って満堂を興奮させた。ここに思いがけない事件が起った。

それはこの演説会が終った瞬間、これも興奮せる一人の若き校友が、諸君、これから大講堂に行って、更に演説を続けようと叫んだことからである。声に応じて、満場の学生は立ち上り、校歌を合唱しながら一せいに大学構内に乗り込んだ。そして大講堂に侵入して、主催者なしの演説会を開いた。それは勢いにあおられて、とっさの間に起った事で、止めようにも、どうにもならなかった。しかし、さすがに学生の連中で、秩序は至って整然として、乱暴のごときはいささかも行われなかった。

ただその夜、大学の事務室等に宿直していた事務員と、たまたま残っていた理事の一部の人たちはこのあり様に驚いた。そして内部から窓を破って逃げ出すという騒ぎを演じたために、かえって硝子《ガラス》などを破損した。

のみならず、私が報告を受けて驚いたのは、右の結果、大学構内には理事はもちろん、一人の職員もいなくなったことである。このため侵入者たる我々は期せずして大学内の警備の責任を負わされたことになり、やむを得ず、要所要所に立ち番を立て、あるいは構内の巡視を行うに至った。学生の中には、こういう事に、よく気のつく者がいた。当時高田派では、暴徒が大学を占領したと、我々を非難したが、実際は右の通りで、占領したのではなく、占領させられたのであった。

前にも述べた如く、九月十一日夜の演説会が、こんな騒ぎになろうとは、我々の全く予期しなかったことであったし、また決して望むところでもなかった。しかし勢いというものはひどいもので、その夜大講堂で熱し切った学生の興奮状態を見ていた理工科の一教授は、石が逆に流れるとは、この事かと思ったとあとで私に語っていた。この勢いは一、二の者が声をからしたとて止め得るものではない。我々は、こうして幾日間であったか、大講堂の建物を本部として、心ならずも大学を占領した。その間大学当局から退去の要求も受けなかった。

しかし退去の要求は受けなかったが、その代りに警視庁が、我々首謀者を逮捕に来るという風説が飛んだ。これは恐らく大学側から出た風説で、また実際かれらは我々の逮捕を要求していたのかも知れない。我々の方からは、大学当局に連絡を求めていたのだし、もともと知らない仲でもないのだから、交渉は幾らでも出来たのだが、大学当局は大隈邸に立て籠《こも》って門戸を閉し、我々を暴徒と称して、交渉に応じようとはしなかった。

しかし警視庁の態度は、はなはだ慎重で、大学内の事は大学内で治めてもらいたい、警察が干渉することは好ましくない、という方針で終始した。後に読売新聞社長として名を成した正《しょう》力《りき》松太郎氏が、当時警視庁の監察官で、この事件に当っていた。私も、その折正力氏に面会したが、その態度は、すこぶる丁寧で我々を威嚇《いかく》するが如きそぶりは些《いささ》かもなかった。近ごろ正力氏に会って聞いた所によれば、大隈邸には三百人もの巡査をひそめて置いたのだそうだが、氏はこれを使わなかった。早稲田の学生には感謝してもらってもよいよ、という氏の話しであった。

ところがかような警視庁の態度は、大学当局から見ると、はなはだ奇怪に映じたらしい。政府はそのころ寺内(正毅《まさたけ》)内閣で、内務大臣は後藤新平男であった。そこでこの騒動を後藤が利用しようとしているとか、背後には山県有朋、伊東巳代治《みよじ》等の魔手が動いているとか、我々の思いもかけない風説が盛んにばらまかれた。三木武吉君が、我々の大学占領中突然私を尋ねて来て、やはり後藤男うんぬんの風説を伝えて、善処を促してくれたこともあった。

しかし我々としては、善処したいにも、その方法がなかった。前にも述べた通り、大学当局は全然我々と連絡する意志を示さず、退去の要求さえしてこないのだから、我々は占領した大学を引き渡す相手を失った形に陥っていた。のみならず我々は、大学の民主化、天野学長の留任、免職教授の復職、放校学生の復学等を要求し、その書面も提出しているのであるから、それに何とか返事をもらわない限り、たとえ間違って起った事とはいえ、今さら無意味に大学構内から引き上げる訳にはいかない。

いわんや逮捕するなどと脅かされては若者ぞろいの我々にはいよいよ引き上げにくい。しかるに大学側は、連日大隈邸に集って評議をこらしているらしいが、一向何の手も打ってこない。けだし、あちらも困っていたのであろう。しかし、こちらも実は、日を重ねるに従って疲れては来るし、秩序の維持にも困難を増す、費用もかさむ、誠に困っていたのである。

天野派の惨敗

ところが何日目であったか、情報が入って来た。それは大隈侯邸における評定の結果は、事態到底収拾すべからざるにつき、断然廃校に決するに至ったというのであった。これはどれほど真実であったかわからない。しかし真に廃校と決定されたとすれば、我々の立場はない。何となれば、我々は学校を改善しようとして戦っているのに、その我々の運動が、学校をつぶす結果を生んだのでは、理非はとにかく、学生にも、校友にも、世間にも、申し訳がない。私は、この時つくづく私学と官学との差が意外の点にあることを発見した。

明治四十二年新聞記者として私が実見した一ッ橋高商事件は、公平に見て、学生と教授との主張に十分の道理があったとは思えない。しかるに、それにもかかわらず、文部省は、かれらのストライキに会って惨敗した。これは考えて見れば、官立学校は文部省の一存で、その存廃を決し得ないからであった。もし文部省が、そう、わがままを学生や教授が言い張るなら、その学校をつぶすと発表し、これにどこからも横ヤリの出る懸念がなかったら、一ッ橋騒動も早大騒動と同様の落着を見たかも知れない。しかるに私学は、その経営者が廃校と決すれば、これを阻止する力はどこにもない。我々は、ここに無条件降伏を余儀なくされた。

しかし本当の事をいうと、この降伏は、実は我々の力が、その時全く尽きていたから行われたのであった。大学占領以来は、警備に当る学生に対し、握り飯のたき出しをしていたが、そういう費用の出場所もなかった。また、いわば寄り集りの学生を率いて、何時までもこんな事を続けていたら、内部崩壊を来たす危険もあった。どうしてこの結末をつけるかと、ひそかに私は苦心していたところに、前記の報道が入ったので、これを機会に、はやる同志を説得し、この処置に出たわけであった。西岡竹次郎君などは、大いにこれに不満であった。つまり我々は大学当局の持久戦（実際には、かれらの無策から起ったことであろうが）に負けたのである。

我々はかく決定すると共に、野間五造、昆田文次郎等の先輩校友に、改めて今後の調停を依頼し、学内を清掃して引き払った。野間氏はその際大学にやって来て、今後の事は自分たちで一切引き受けるからと、学生を集めて演説をした。

しかし大学当局は、昆田氏や野間氏の尽力にかかわらず、結局免職教授と放校学生との復学は許さず、かつ天野博士の名を早稲田大学の一切の歴史から削り去った。今でも早稲田大学には、天野博士の写真が一枚もかかっていない。

あと始末で一番苦心したのは、放校された六名の学生の処置であった。しかし、幸いにしてこれは、主として昆田文次郎氏の尽力で、他の私立大学に転学せしめ、あるいは就職の世話をした。後年小説家として大いに売り出した尾崎士郎君もその一人で、同君は東洋経済新報社に引き取った。昆田氏は当時古河財閥の大番頭で、温厚篤実の実業人であった。私は今でも、同氏のこの時の厚意に深く感謝しているものである。

大正六年の早稲田騒動は、以上のごとくして、改革派たる我々の敗北に帰した。その最も大なる理由は、前にも述べた通り、天野博士に全く早稲田大学の学長たる意志がなかったことにあった。もし博士にその野心があったら、我々は確かに勝ったに違いなく、また騒動もあんなに長くは続かなかったであろう。

この騒動は、何せよ六月末から九月末まで続き、随分多くの人が動いて、花々しかったので、さぞかし金が掛かったろうと想像された。

運動資金の出所

前に記したごとく、我々の背後に、大隈侯の勢力をくじかんとする政治的隠謀が潜んでいるという風評の流布されたのも、一はこの資金が、どこから出たかの疑いに根ざしたようであった。しかし、事実は、ほとんど金は使っていなかったというてよい。事件の最初は、全くお互いの手前弁当で動いていた。学生も、もちろん同様であった。しかし問題が段々混雑し、皆の集る事務所を必要としたり、多数の手紙を出したり、印刷物を作ったり、集会あるいは演説会を、しばしば催さねばならなくなるにつれ、まんざら資金がなくては困るようになった。

そこで三浦鉄太郎氏とも話し合い、浅川栄次郎君（今の早稲田実業学校校長）に相談をもちかけた。浅川君は、当時早稲田大学の商科の教授であったが、この騒動には少しも関係しなかった。しかし天野博士の女婿であり、かつ近親中には金持ちもあったから、何とか心配してくれるであろうという見当であった。同君としては迷惑の話しであったに相違ない。しかし同君は快く引受けて、数日中に私の希望しただけ調達してくれた。前に記したごとく、私は当時の記録を一切焼いてしまったので、その金額ははっきりしなかったが、最近同君に確めて千円であることを知った。また同君の話しで、その後もう一度千円出してもらったこともわかった。

それから事件が終りに近づいたころ、私から頼んだのではなかったが、天野博士が五百円（と思う）出してくれた。約三カ月にわたる運動に、特に他から出してもらった資金は、以上の二千五百円だけであった。だから印刷物等も全校友に送るだけの費用がなく、運動上不利を被ったことを覚えている。後藤新平から金が出たの何のというのは、全く根も葉もない流説にすぎなかった。

もっとも佐藤君は、出身が宮城県で、後藤新平男とは、かねて親交があったらしい。我々の運動と後藤男とを結びつけて世間で風評した一つの理由であったかも知れない。しかし佐藤君が後藤男に動かされていたなどいう事実は、もちろん絶対になかった。我々はあくまで早稲田大学の改革を目指して闘ったのであって、全く無邪気なものであった。

また天野博士に学長を続ける野心がなかったと想像されることは、繰りかえし述べた通りだが、他の我々の同志の中にも、この騒動で早稲田大学に入りこもうとか、その権力を握ろうとか考えていた者は一人もなかった。高田派では、前にも引用した文書でもいうているごとく、天野博士の周囲には大学乗り取りを意図する野心家がいると唱えたが（あるいは真実そう思ったのかも知れないが）、天野博士の周囲というても、精々《せいぜい》が佐藤正、伊藤重治郎、原口竹次郎、西岡竹次郎、それに私ぐらいのもので、そのたれを見ても、高田派で言うような野心を抱くものがあったとは思われない。天野派の陣営なるものは、真に薄弱至極であった。考えて見れば、天野博士に野心がなかったばかりでなく、その周囲の者にもまた野心がなかったことが、我々の運動を一本調子の書生運動たらしめ、いたずらに世間を騒がせただけで、惨敗するに至った理由であった。顧みて恥入るしだいである。

しかし校規の、いわゆる民主的改革だけは、この騒動を機会として行われ、今日の早稲田大学の組織が出来た。この点においては、我々は全く惨敗したわけでもなかった。

六　筆舌の歩み

東洋経済新報社に入る

私は明治四十三年十一月末に軍隊を出ると、田中穂積氏の紹介で、その翌年一月、東洋経済新報社にはいった。

私が入社したころの東洋経済新報社は、牛込天神町六番地にあった。当時どういうわけか有名だった矢来の交番の筋向かいで、牛込見付から神楽坂を上り、真直ぐに早稲田方面に通ずる道路に面していた。建物はペンキ塗りの木造二階の洋館で、道路に沿うて門があり、門と館との間の空地には、桜と梅との大きな古木が一本ずつ、左右に立って茂っていた。春には見事に花が開いた。建物も土地も社の所有で、地所は百坪足らずであったと思う。

建物は玄関をはいると、ただちに営業室で、その奥が、六畳の畳敷食堂、小使室、台所などになっていた。この食堂では昼食の折、各自持参の弁当を食べながら、漫談の花が常に咲いた。二階は二室に仕切られ、道路に面した表の方の大きな室が編集室、裏側の小石川台を見晴らす方の小さな室が応接兼会議室に用いられていた。そのころ『東洋経済新報』は、毎月三回、五ノ日発行であったので、編集会議が毎旬ここで開かれた。

　なお右の建物はその後大正十年に改造し、正面の空地をなくして、地所一杯の三階木造建にした。それから昭和六年、今の日本橋に新社屋（日本橋本石町三の二、現在は日本銀行本店新館敷地内）を建築し、移転するにいたって、隣家の酒商亀屋の希望で売却し、以後同家が引続き店舗として使っていたが、昭和二十年戦災で焼失した。

　東洋経済新報は明治二十八年町田忠治《ちゅうじ》氏によって始められ、同氏が日本銀行に入り、さらに副支配役として大阪に赴任するにいたり、当時東京専門学校すなわち後の早稲田大学の教授天野為之《ためゆき》氏に譲られた。それが明治三十年の初めであった。私が入社した明治四十四年にはすでに天野博士もやめられて、植松考昭《ひろあき》氏が三代目の主幹であった。組織は合名会社で、その社員は植松考昭、三浦銕太郎《てつたろう》、松下知陽の三氏、しかして三浦氏はいわば副主幹（そういう名称はなかったが）の位地におり、松下氏は営業主任の役を担当した。植松、三浦両氏は、いずれも東京専門学校で天野博士の教授を受け、かつ卒業後は東洋経済新報で親しく博士に薫陶された直弟子《じきでし》、松下氏は町田氏時代からの業務人であった。天野博士は明治四十年、それらの後進に当社を譲り、自身は専ら早稲田実業学校の経営に没頭されたのであった。

　合名社員すなわち幹部三名の外の社員は、編集が七名、営業が三名、外に住み込みの小使夫婦二名と給仕二名の十四名、幹部を合わせて総員十七名という小じんまりしたもので、私は今でも、のちに図示するとおり、編集室の机の配置を、はっきり思い浮べることができる。しかもこの小人数で、毎月三回の『東洋経済新報』と、後に述べる月刊の『東洋時論』とを出していた。また臨時出版物として、私が入社した前後に、『明治金融史』と『明治財政史綱』とが発行された。いずれも社内の執筆に成った立派な本で、ことに前者は当時いわゆる洛陽《らくよう》の紙価を高める売れ行きを見た。第一次大戦後三浦氏によって書き改められ、『金融六十年史』として発行されたのは、この書である。

片山潜氏

つぎに図示した編集室内の人名をみて、多くの人の注意を引くのは片山潜《せん》氏がいることであろう。片山氏は後にソ連におもむき、その最期にはソ連から国葬の礼を受けた。しかし東洋経済新報社における氏は、率直にいって、そんな大物ではなかった。氏は長くアメリカにいて、そこで、いわゆる皿洗いをして勉強した人で、英語は達者であったらしいが、不思議と日本文ははなはだ、つたなかった。私も氏の書いた物に随分手を入れたことがある。知識は広く、『東洋経済新報』及び『東洋時論』には劇、音楽、美術、建築等の批評をしばしば書いた。その外には主として社会問題の論文を署名、あるいは「深甫」という筆名で、また折には社説欄に無署名で書いた。われわれは氏から直接社会主義についての議論を聞いたことはなかったが、その人物は温厚、その思想はすこぶる穏健着実で、少しも危険視すべき点はなかった。神田三崎町の氏の住宅はキングスレー館と称し、夫人に幼稚園を経営させていたけだし当時の片山氏の思想はキリスト教社会主義に属していたものと思われる。

しかるに氏に対する官憲の圧迫ははなはだしく、東洋経済新報社にはいったのも、他に身の置場がないのを見かねての植松、三浦氏の好意に出たものと聞いた。明治四十五年一月、東京市の電車ストライキを扇動したという罪をこうむり収監され、同年秋出獄後またしばらく東洋

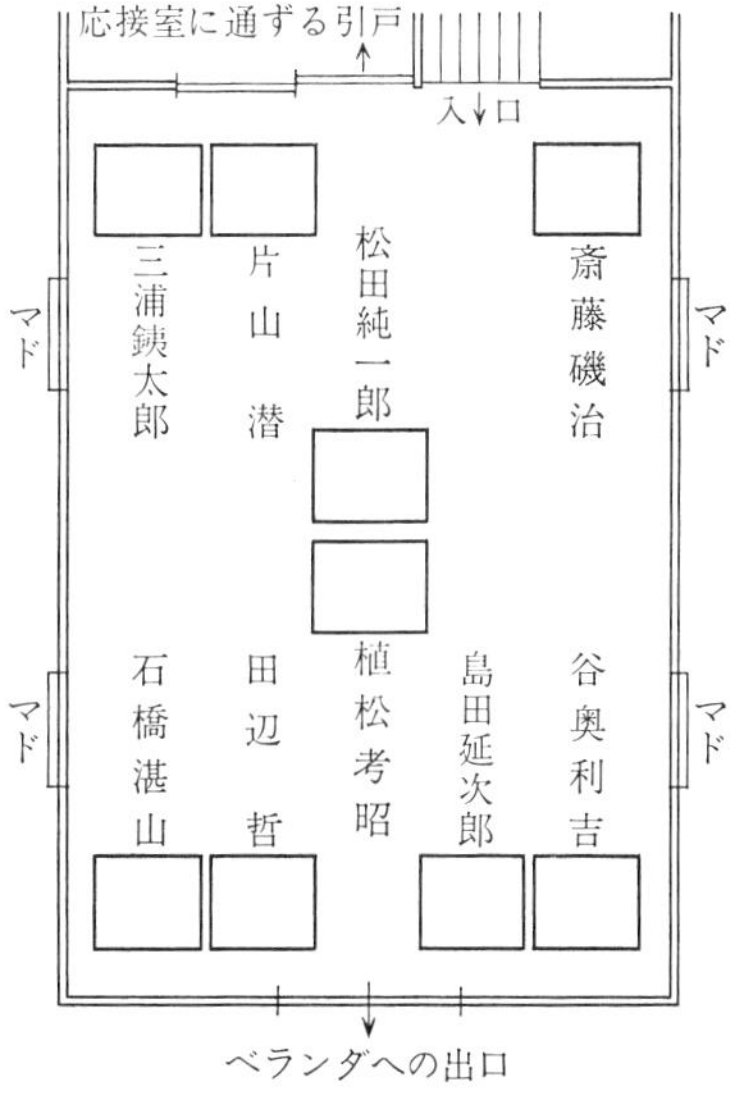

明治44年1月ころの編集室(2階)

経済新報にもどっていたが、大正三年九月渡米し、そこで露国のボルシェビキと連絡ができ、その用務を帯びて南米等を巡回した後、ソ連に入国した。私は三浦氏ともしばしば語ったことであるが、片山氏を共産党に追いやったのは、全く日本の官憲であった。在米中及びソ連に入国してからも、片山氏はしばしば三浦氏及び私に手紙や葉書をくれ、われわれもまた氏との連絡を絶たなかった。ソ連との文書の往復はロンドン在住の某氏〔横浜正金銀行ロンドン支店長加納久朗氏〕を通じて行った。ソ連をぜひ見に来いとの勧誘も受けた。ところが、その片山氏の音信は、もし氏の署名を除いて他人に見せたら、一体どんな愛国者、あるいは時にはどんなジンゴイストが書いたものか、と疑わしめるものが往々にしてあった。世の中には、片山氏がいたために、東洋経済新報は社会主義化したといった人があったと聞いたが、もしほんとうにそんな評判があったとすれば、それは全然事実に反する想像であった。少なくも当時の東洋経済新報社内においては、片山氏よりも私などの方が、かえって過激の思想の持主であったであろう。

片山氏に対する日本政府の圧迫は、同氏がソ連に去ってから後までも続いた。といって、直接片山氏に手をかけるわけにはいかなかったが、日本に残した同氏の夫人に対してである。夫人は、女子高等師範学校かの卒業生で、声楽家の原信子さんの、たぶん姉さんであったろう。〔実際は姉さんの娘〕片山氏は、まだ若かりしころの信子さんの声楽家としての前途に大いに嘱望し、どれほどであったか知らぬが、いろいろと面倒を見ていたようであった。

片山氏が去って後の夫人は、地方で女学校の教師をしていた。私は、実は、そんなことを少しも知っていなかったが、ある時突然、夫人は、私を東洋経済新報社に尋ねて来て、こういうことを訴えた。それは折角、学校に就職しても、潜氏の妻だとわかると、首にされる。そのため、まことに困っている。どうせ、片山氏とは、もはや実際上文通もないのだから、何とか、法律上離婚をする方法はあるまいかというのである。私は、いかにも、お気の毒なことだと感じた。よろしい、早速心配してみましょうと、引き受けた。

ところが、幸いのことに、片山氏の戸籍は神田区にあって、その区長は、かねて片山氏とも親しかった山県鉄蔵氏であった。そこで同氏を区役所に尋ね、何とかなるまいかと相談したところ、これまた直ちに引き受けてくれた。しかし、それにしても、片山氏から、離婚に異議がないという意思表示を、手紙でも何でも、してもらえないかとのことであったので、例のロンドンの友人を通し、私は事情を片山氏に申し送った。その文通に、どれほどの時日を要したか、おぼえぬが、片山氏から返事があり、その中に、ペンで、「離婚を承諾す、片山潜」と記した紙片を入れて来た。私は、その紙片を山県区長に示し、手続きは一切山県氏がやってくれて、夫人の希望どおり、法律上の離婚ができた。それが大正十二年の四月であった。

私は、こうして、しばしば片山氏と手紙のやり取りをしたが、しかし、その後『東洋経済新報』も、過激な議論を書くというので、官憲から目をつけられているらしいので、万一家宅捜索でも受けては、やっかいだと思い、片山氏からの手紙は一切焼いてしまった。しかし、近ごろ、古手紙類を調べて見たら、右の離婚を承諾すという紙片と、二、三枚の葉書が残っていることを発見した。

明治から、大正、昭和にかけての日本政府の、自由主義、社会主義ないし共産主義に対する圧迫は、ひどいものであった。近ごろ、大いに特審局を拡張し、公職追放制度も続けるかに伝えられるが、はなはだ危険なことだと思っている。

『東洋時論』　さて私はかように東洋経済新報社に入社したが、しかしそれは『東洋経済新報』の記者としてではなく、当時同社で、別に出していた月刊の『東洋時論』を編集するためであった。明治四十年代の日本は思想の激動期で、文学界には自然主義が非常の勢いをもって流行し、思想界にも、政治界にも個人主義、自由主義の思潮が澎湃《ほうはい》として興った。元来個人主義者であり、自由主義者であり、早くから普通選挙を主張していた植松、三浦の両氏は、世のこの風潮に際して、経済専門の『東洋経済新報』だけの発行に満足し得ず、明治四十三年五月、三浦氏主宰の下に社会評論を主とする『東洋時論』を創刊した。元来私は早稲田大学で哲学を修めた者で、経済のケの字も当時は知っていなかったので、もし東洋経済新報社が『東洋時論』を発行していなかったら、私は絶対に当社に就職することはなかったに違いない。

したがってまた、私はおそらく一生経済学に親しむ機会を持たなかったかも知れない。されば私自身が、今の私と違っていたことはもちろん、東洋経済新報社もまた、今のそれとは面目を異にしていたであろう。よかったか、悪かったかはわからぬが、思えばまことに偶然の回《めぐ》り合わせであった。

私を東洋経済新報社に紹介したのは、すでに記したごとく田中穂積博士であった。田中氏と植松、三浦両氏とは、東京専門学校の同窓で、親しき友人であった。また私は明治四十一年末から四十二年の夏まで、田中氏が主筆であった東京毎日新聞に記者として、同氏の知遇を受けたことも前に記した。かようの関係から、私は明治四十三年の秋、一年志願兵の勤務を終り、早稲田の下宿に帰ると間もなく、田中氏を訪問した。その時田中氏から推薦されたのが、すなわち東洋経済新報社であった。実は自分の友人で、社会評論雑誌を近ごろ始めた人がある、その編集者の世話を頼まれているが、行かないかとの話であった。そして三浦氏あての手紙であったか、名刺であったかをもらった。明治四十三年の十二月中のことであったと思う。三浦氏はそのころ東洋経済新報社の直ぐ左隣に住まっていた。そこで早速尋ねると、幸いに直ぐ採用された。月給は二十円、しかし一応植松氏に相談して、確答するとのことであった。

それからどうしたかは忘れたが、前に記したごとく、翌年一月いよいよ入社することに決定した。ただし月給は十八円に減らされた。これは他の社員との振り合い上、しばらく我慢しろとの植松氏の意見によったものと聞かされた。物価も安かったに違いないが、月十八円では下宿住まいのひとり暮しでも、少々足りなかった。しかし当時東京におけるわれわれの給料は一体に低く、東京毎日新聞では月給二十円、外に車代十円くらいをもらっていたかと記憶するが、これは相当好運の方であったであろう。

『東洋時論』は、前に記したごとく、社会評論、思想評論を目的とし、その社説は主として三浦、植松の両氏と、後には私が加わって執筆した。個人主義、自由主義を、まっこうに振りかざしての論陣は、もとより当時の政府の気に入るはずなく、私の入社前発売禁止も二度ほど受けた。しかも売れ行きはおもしろくなく、社の経済には相当の重荷であった。当時は月刊で三千部の発行があれば一応引き合うといわれていたが、『東洋時論』は到底その数には達しなかった。しかし私は懸命にその編集に従事した。雑誌は内容、体裁ともに相当によくなったと自信した。もっとも私は、明治四十四年の九月から十一月まで三カ月、見習士官として再び入営しなければならなかったので、ほんとうに仕事に精根が出せたのは、その後であった。

ところが、そこに不幸にも植松主幹病没という事件が起った。大正元年九月、あたかも明治天皇大葬の折であった。

元来東洋経済新報社が、二つの雑誌を、しかも一つは旬刊で、かつそのほとんどすべてを社内で執筆しなければならない性質のものでありながら、前に記したとおりの小人数で経営し得たのは、もちろん植松、三浦両氏の勉強によったのであるが、とりわけ植松氏の絶倫の精力に負うところが大であったと思われる。植松氏は古く一度肺を病んだことがあったというが、私が入社したころの氏は、やせてこそおれ、いたって健康で、三浦氏の方がかえって腸が悪く、病弱であった。年齢は、植松氏が死去した時三十七歳、三浦氏は二歳上であった。しかし東洋経済新報社に入社したのは、逆に植松氏の方が一年早かった。植松氏の文字は、工場でも特にその係りの職工を置いたほど特徴があり、読みにくいものであったが、それで大いに原稿を書く。その合間には、どこかの会合に出かける。それからまた口述して原稿を書かせる。前に図示した編集室で植松氏と向かい合って机を置いた松田氏は、主としてその口述を筆記する役目であった。いかに若くはあったといえ、全く大した精力であった。その植松氏が思いがけずなくなったのだから、相棒の三浦氏が、あとの経営について苦慮したことは当然であった。

三浦氏はこの危機打開のため天野博士にも援助を求めて、『東洋経済新報』の筆陣の充実を計り、『東洋時論』は廃刊の決心をした。私もこれに賛成した。私は一体『東洋時論』で行おうとする社会評論は、『東洋経済新報』にもまた必要なものであって、あえて二つの雑誌を発行するには及ばないと信じていた。『東洋時論』はこうして大正元年十月号限りで『東洋経済新報』に併合し、私もまた『東洋経済新報』記者として新たな門出をした。二十九歳の折であった。

初めて読んだ経済学書

さて私は、もともと宗教家として働くつもりで、ために学校でも哲学科を選んだ。東洋経済新報社に入社したのも、『東洋時論』の編集のためであって、経済記者としてではなかった。私は今でも有髪の僧のつもりであって、職業は別の世界に求めたとはいえ、宗教家たるの志は、いまだこれを捨てたことはない。

しかしいよいよ東洋経済新報社に来て見ると、元来が経済を専門とする雑誌社であるから、幾ら自分は『東洋時論』の受持だといっても、経済の話がわからなくてはおもしろくない。いわんや経済は自分としても一通り知って置いてよい学問だから、この際どんな物か勉強して見ようという気になった。その手初めに、植松主幹の勧めで読んだのが、天野為之博士の『経済学綱要』であった。けれどもこれは、良い先生がいて、講義の筋書に用いるのには適当の教科書であるかも知れぬが、哲学書生の私には、あまりに簡単にすぎてかえって理解が出来ず、興味をもち得なかった。東洋経済新報社に入社した明治四十四年は、その九月から再び軍隊に行かなければならなかったし、なにやかやと落ちつかず、経済学の勉強も右の程度で進まなかったと思う。

次に私が読んだのは、セリグマンの『経済学原論』であった。この本は、そのころ早稲田大学等で教科書に用いていたもので、私はなにか自分の考えにぴったり来る経済学の書物はないかと、古本屋を捜して、選択したのであった。マーシャルの原論の小さくしたものも、当時教科書として諸所で用いられ、古本屋に沢山あったが、しかしそのころの私には、第一に最初に書かれてある経済の定義が、マーシャルよりもセリグマンの方が良いように思われた。マーシャルも後には大いに読みふけったが、右の次第でセリグマンの原論は、相当部厚のものであるが、その第一行から比較的すらすらと私の頭にはいってくれた。いつから始めたかは忘れたが、大正元年結婚して後、本所の錦糸堀の近所にしばらく二階借りをし、そこから牛込の天神町に通勤する電車の中で読み終ったと記憶する。そのころのこの区間の東京市電は錦糸堀と江戸川とが終点であったから、私は往復とも終点で乗車し、乗換えもなし、また今日ほど電車は混雑しなかったので、本を読むのにははなはだ好都合であった。

　セリグマンの原論と前後して、第三に読んだのはトインビーの『十八世紀産業革命史』であった。これは田中王堂氏に推奨されて選んだのであった。この本の初めには、要領よくしるされた近代経済学説史も付いていて、経済学に入門したての私には、はなはだ有益であった。その後続いて、いろいろの本を読んだが、以上の三つは、私の経済学を始めた最初のものとして、長く忘れ得ない書籍である。

　立派な経済学者であり、日本銀行の総裁であり、晩年は枢密顧問官の要職についた故深井《ふかい》英《えい》五《ご》氏も、経済学は中年から自修した人で、その最初の自修書の一つは『東洋経済新報』であったと、氏自身語っている。氏はそのころ『東洋経済新報』を、その広告の端にいたるまで一字残さず毎号読んだということだ。深井氏らしい真面目な勉強ぶりである。性来なまけ者である私には、そんなまねはできないが、しかし私は深井氏が一字残さず読んだという『東洋経済新報』に記者として、『東洋時論』の廃刊以後は専心従事することになったのである。深井氏が経済学を自修するにいたった動機は、たしか松方正義《まさよし》公の幕下に推薦され、公の仕事の手伝いをするために、その必要を生じたからであったと、氏から聞いた覚えがある。いわば全く偶然のことからであった。私の場合もまた同様で、『東洋時論』が縁となり偶然にも東洋経済新報社にはいったので、セリグマンも読む気になった。それにしても、初めは実は哲学の勉強のかたわらに、一通り知って置こうという程度でかかったのであったが、思いのほかに興味を引かれ、とうとうこれを専門にするにいたった。

明治四十四年の普選問題

哲学書生であり、学校卒業後は新聞や雑誌に思想評論を書くこともしていた私には、経済と違い、政治はそうむずかしい題目ではなかった。しかしこれも具体的に実際問題を取り扱うことは、東洋経済新報社に来て初めての経験であった。しかもその第一に接触したのが普通選挙問題であったことは思い出が深い。それは明治四十四年三月十一日、議員提出の普通選挙法案が衆議院を通過し、同十五日貴族院で否決されるという事件が起ったからである。

日本に、いつから普通選挙要求の運動が起ったかは、確かなことは知らない。『索引政治経済大年表』には、明治三十年五月普通選挙運動起るとあり、また明治三十四年には田川大吉郎、矢野文雄の諸氏が普選同盟会を設立したと記している。また明治四十四年四月号の『東洋時論』の社説には、この法案が衆議院に提出されて以来、同院の議に付せらるること八回にして、通過したとあるから、衆議院の議題に供せられるにいたったのも、明治三十七年ごろからのことであろう。

しかし当時、この運動は、きわめて少数の民主主義者によって行われたにとどまり、実際の政治界ないし一般社会からはほとんど問題にされず、あるいは危険思想視されていた。明治四十四年二月十五日号の『東洋経済新報』に「普通選挙案の消息如何」と題して掲げられた社説は、多分植松考昭氏の筆に成ったものと思うが、当時の事情をうかがわしめるに足りる。すなわちそれには次のごとくしるされている。

「如何に官僚政治の跋扈《ばっこ》を慨し、政党政治の不振を嘆じ、将《は》た憲政の進歩退歩を云々するも、全国一千万の壮年男子中、選挙権を有する者、僅々《きんきん》百六十万に過ぎざる如き、今日の選挙法の仕組のままにては、夫《そ》れ何《な》にかせん。故に憲政についていうべき者あらば、何を措《お》いても先ずこの選挙法を改め、選挙権の範囲を十分に推し広げ、少くも六、七百万人の選挙民を相手とするを得せしめての後の事なり。吾輩はこの主意において夙《つと》に選挙権拡張の急務なるを説き、これを誌上に主張したること幾回なるを知らず、しかるに世の人の政治に冷淡なるか、将た憲法に忠ならざるか、吾輩のこの主張、今に至ってなお遂《つい》に世人の耳に入らず。

しかれども天いまだ吾を捨てず、世の識者の中には少数ながら、吾輩と意見を等うする者あり、而して毎年の議会に必ずその案の提出を見、議席に多少の論戦の花を咲かさざるなきは、吾輩の心私《ひそ》かに意を強からしむる所なり。しかるに今年の議会は如何。前年前々年の会期に、普通選挙案を提《ひっさ》げて議場に奮起を試みたる勇士の面々席にあらざるや否や。今に至るまでこの案についていまだ杳《よう》として何らの意見を聞くなきは勇気挫《くじ》けたるか、決心餒《う》えたるか、吾輩の懸念に堪えざる所なり……。

我同盟国たる英国においては、婦人すらなお選挙権を得るの必要を認め、これがために身を牢獄に繫《つな》がるるを辞せざる者さえあり。しかるに我日本には堂々たる有髯《ゆうぜん》の男子にしてなお選挙権を有せざる者多く、しかも一人のこれを自覚して起ってこれを要求する者なきに至りては、如何にも腑甲斐《ふがい》なきの極みにして、かくてはせっかくの憲法も果して何の効あるや。吾輩は帝国憲政のためにせつにその無気力を慨せざるを得ざるなり。」

『東洋経済新報』のかかる主張が相当有力に影響したと思われるが、普選案は明治四十四年春の議会に重ねて有志議員によって提出された。しかもそれが前に記したとおり衆議院を通過した。これには政府はもちろん、当の衆議院さえ驚いた。実は各党とも、年々の恒例くらいにばかにしていて、うっかり通してしまったというのである。そんな法案が貴族院を通過するはずがない。

政府委員の安広伴一郎氏は、貴族院での質問に答え、政府はこの案に絶対的に反対であることを明らかにし、普通選挙は一時欧州に流行した天賦人権論に基くもので、きわめて杜撰《ずさん》危険、日本の国体のいれざる思想であるというた。安広氏は当時第二次桂内閣の法制局長官であった。また貴族院議員で有名な法律学者穂積八束《ほづみやつか》博士は「今日のみならず、将来においても、この案は貴族院の門に入るべからずとの制札を掛け、全会一致否決を望む」という有名な文句を述べて反対した。かくて普選案は貴族院で否決された。しかし衆議院も、前に述べたとおり、まじめにこれを通したのでなかったから、両院の間に問題も起さなかった。

尾崎行雄氏の普選反対論

そのころ私は『東洋時論』の記者として、東京市役所に尾崎行雄《ゆきお》氏を訪問し、普選についての氏の意見をたたいた。尾崎氏は当時東京市長であった。私は無論氏から大いに普選促進論を聞き、雑誌の材料にするつもりで尋ねたのであった。

しかるに全く意外にも、私は氏から普選反対論を聞かされた。自分の雑誌が普選論の急先鋒《せんぽう》であることを大いに誇りとし、かつここにこそ、その最も有力な支持者が得られるものと予期して出かけた私は、全く二の句がつげなかった。しかし氏がその折、話してくれた普選反対の理由は、今日から考えると、決して軽蔑《けいべつ》すべきでなく、十分玩味《がんみ》する価値のあるものであった。それは、こうであった。

英国のごとく、国民に訓練があり、秩序を重んずるところでは、普選も害はないであろう。たとえば英国では、軒を並べて二つのレストランがあって、その一つは紳士が出入し、他は労働者をとくいとするものなら、労働者は紳士の集まるレストランに割り込んで行くような無作法は決してしない。しかるに日本の一般大衆には、そうした礼儀が少しもない。こういう国で、いたずらに大衆に権利だけを与える時は、社会の秩序が保てない危険がある。言葉は異なったかも知れないが、意味は以上のとおりであったと思う。

当時私は、ジェー・エス・ミルとか、ハックスレーなどの説を読んで、金科玉条としていた折なので、尾崎さんの右の意見には承服し得なかった。選挙権を大衆に与えることは、権利を与えると同時に、彼らを政治的に教育し、訓練する手段である。いくらかの弊害はあるにしても、これを恐れていたら、いつまで待っても、社会の進歩は望み得ない。私はこういう考えから、後にはまた大いに労働組合の公認論をも唱えた。しかし今になって省みると、尾崎さんの説も決して誤りであるとはいえない。普通選挙の実施に、当時尾崎さんが心配したような危険があったろうとは思えないが(それは実際昭和三年から普通選挙が行われた成績に見てもわかる)、しかし、訓練なき民衆に、にわかに権利のみが拡張される危険ということは十分考えうることである。

後年、尾崎氏は、その『咢堂自伝《がくどう》』の中に、この問題について、こう書いている。

「私(尾崎氏)の記憶では、真先に普通選挙を唱えたのは松本君平、岡崎邦輔、日向輝武の諸君であった。私も逸《いち》早くこれを叫んだが、法律にせよとはいわなかった。私は先ず普通選挙を求むる人間を作れ、しかる後与えよと、政治教育の必要を力説したのである。それは私が多年選挙に関係した経験から択《えら》んだ安全の道――議会政治のためにも、普通選挙それ自身のためにも最良の順序であると考えたのである。」と。

尾崎氏の真意はそうであったのであろう。

大正八年の普選示威行列

普選運動は、明治四十四年以後、しばらく影をひそめた。理想を追う普選よりも、当面の問題として、さらにいっそう重大な事件が、次から次と引き続いて起ったからである。

明治四十五年には明治天皇が崩御《ほうぎょ》されて、大正天皇が即位され、急に外遊から引き返した桂太郎公爵が内大臣に就任した。

同年十二月には二師団増設問題で、陸軍のボイコットを受け、西園寺内閣が倒れたのみならず、いったん宮中入りした桂太郎が再び現れて、第三次桂内閣を組織した。

世論はこの政変に憤然として、軍閥官僚の非立憲を攻撃し、憲政擁護運動を展開した。桂は自ら党首となって、新政党立憲同志会（後に憲政会となり、さらに民政党となった）を組織し、政党内閣たるの体を整えんとしたが、ついに世論の反対をおさえ得ず、大正二年二月東京に暴動の発生するにいたって辞職した。

ついで山本権兵衛海軍大将が、これまた世の非難を押し切って、政友会と妥協し、強引に内閣を組織したが、翌三年三月シーメンス事件（海軍将校の収賄事件）が暴露し、議会において島田三郎、尾崎行雄ら、野党の猛者《もさ》の攻撃を受けて辞職した。

山本内閣に続いて登場した大隈内閣は、大隈伯（後の侯）の経歴から見て、純然たる政党内閣と認められ、世論もようやく満足した。ところがその大正三年にはまた第一次世界戦争という大事件が起った。

以上のごとく、明治四十四年以後においても、日本の民主主義運動はすこぶる活発に行われた。しかしそれは普選要求の形は取らず、憲政擁護という旗印で、軍閥官僚排撃の活動が行われた。『東洋経済新報』は、この活動にもちろん絶えず声援を送った。また私個人としては、大正元年十二月組織された憲政作振会の運動に若干の援助をした。憲政作振会は、やがて非常の勢いをもって燃え上った憲政擁護運動のさきがけをなした青年の団体で、中野正剛《せいごう》君のごときも、まだ学校卒業早々で、これに参加して来たひとりであった。

普選運動が再び表面に現れたのは、大正八年の春の議会中であった。詳細のことは忘れたが、この時には、犬養毅を党首とした国民党の代議士中に、熱心な普選主張者があって、議会外の同志の者と相呼応して、この運動を展開したのであった。私は当時『東洋経済新報』の仕事が忙しく、かような街頭運動に参加することは実は好まなかったが、しかし前々からの関係もあって引張り出された。普通選挙期成同盟会なるものが、数寄屋《すきや》橋付近の小さなレストランの二階に設けられ、三月一日には、日比谷の音楽堂前広場で国民大会を開き、そこから直ちに示威行列を行って、銀座を通過し、二重橋前で万歳を三唱して散会した。会衆数万といわれたが、なかなか盛大のものであった。長野県出身で、中村太八郎《たはちろう》という人があり、立派な人物であったが、この人が主としてこの折の議会外の運動を計画しさしずした。警視庁は、右の示威行列には強硬に反対したが、中村君もまた強硬に突張って、ついにこれを実行した。日本において示威行列すなわちデモンストレーションなるものが街頭で行われたのは、これが最初であるといわれた。

また日比谷では演説会場で五事の御誓文を読み上げたが、かかる場合にこの御誓文が用いられる例もこの時が最初であったろう。議会内では、前記の国民党代議士が普選案を提出し、院外の運動と相俟《あいま》って奮闘、これ努めたが、各党ともに党議をもって普選に反対し、国民党はついに普選派議員数名を党議に服さないという理由で除名するにいたった。新聞のごときも一般に普選に反対もしなかったが、冷やかだった。

世人から憲政の神様とまで敬《うやま》われた尾崎、犬養両氏が、実は普選(それも男子だけの)の反対者だったとは、今日知っている人は少ないであろう。当時の私は、前にも述べたごとく、選挙権を与えることこそ、政治教育の最良の方法であって、選挙権を与えずに、まず大衆に政治教育を施すなどということは、到底不可能であるし、そんな理由で、普通選挙制の実施を拒むのは、結局、保守主義者の逃げ口上だと信じていた。されば大正二年三月五日号の『東洋経済新報』では、当時憲政擁護運動で、尾崎、犬養両氏が普選も唱えないで憲政の神様と呼ばれていることを片腹痛く感じ「犬養、尾崎両氏に与う」という社説で、相当手ひどく両氏を攻撃したものであった。

おそすぎた普選の実行

大正八年の普選運動は、その時はただ騒いだだけで、何の効果もなかったようだが、しかし世の注意をこの問題に引く機会には十分なった様子である。『咢堂自伝』によれば、尾崎さんもこのころより普選即行論者になった。欧州戦後の社会不安から、日本にも議院政治を否定し、直接行動を主張する者がだんだん多くなって来る形勢があるのを見て、思案を凝《こら》した結果、ついに普通選挙を実施する外に、これを防ぐ方法はないと考えるにいたったと、尾崎さんは語っている。当時そんなに議会政治否定論者が多かったか、どうかは、今私に記憶がないが、社会に一大動揺期が来ていたことは確かである。ここに着目して断然普選実行の陣頭に立つ決意をしたことは、さすがに尾崎さんであった。

大正九年以後、普通選挙要求の運動は、尾崎さんのごとき有力な指導者を得て、すこぶるさかんになった。議会にもまた憲政会及び国民党等から、年々選挙権拡張案が提出された。

しかし、大正十二年九月再び山本権兵衛内閣が現れるまで、引き続いて政府党であり、かつ衆議院に多数を占めた政友会が、常に選挙権の拡張に反対であったため、これらの法案は衆議院を通らなかった。政友会をも含めて日本の政党がこぞって普選を主張するにいたったのは、大正十三年一月山本内閣のあとを受け、重ねて官僚内閣である清浦内閣が出現したのに対し、いわゆる第二次護憲運動が起された時である。この運動の旗印の一は普選の実施であった。そして内面的にはいろいろのいきさつもあったが、大正十四年三月普選はいわゆる護憲三派内閣のもとに、政府提出の衆議院議員選挙法改正法律案として両院を通過した。ただしそれが衆議院議員選挙に実際に施行されたのは、昭和三年二月の選挙からであった。それまで総選挙がなかったからである。

以上が日本に男子普選、すなわち納税制限なしに、一定年齢以上の男子がすべて選挙権を有する制度が行われるにいたったまでの大体の経過である。明治四十四年、私が初めて東洋経済新報社でこの問題に接した時から数えても、その法律通過までに十四年の歳月を要した。問題は、たかが何円かの直接国税の納税資格を選挙権の制限から取り除くだけのことである。世の中の改革（改革は常に何らかの特権の廃止を意味する）が、いかにわずかのことでも、容易でないかが思われるのである。必ずしもひとり日本においてだけでない。同様の例は内外の歴史に数限りなく存するのである。もっとも、かく社会の変化がのろいということも、人間生活の上に必ずしも意味のない現象ではない。生活の変化を望みながら、しかもその安全を求める人間の根本性に根ざしているのであろう。

しかし日本の普通選挙は、あまりにもおくれて行われた。大正十四年にその法律が議会を通った時には、最早これに対してわれわれは感激を失っていた。何だ、今ごろになってようやく男子普選かと、いささか鼻であしらう気分であった。せめて大正八、九年ごろ、諸政党が尾崎さんと同様に、時勢の変化を早く察し、普選実行の決意をいだいたら、日本の民主主義はその時代にもっと固まり、したがって昭和六年以後軍閥官僚が再びその勢力を盛り返すがごとき不幸を防ぎ得たかも知れない。

しかるに当時の諸政党は、いずれも民主政治を口にし、また実際その確立の必要も認めていたと思われるが、当面の政権争奪に目がくらみ、互に相排撃して普選の実行をもはばみ、反民主勢力に乗ぜられるすきを作った。

民主化への障害

日本が民主主義政治の形体を国是《こくぜ》として採用することを明確に定めたのは、明治元年三月の五事の御誓文であった。これは決してあだおろそかに定めたことではなく、当時の日本は、この方針による外に、国内を統一し、明治維新を遂行する方法がなかったのである。

しかるに以来八十年、日本の民主政治は十分の成功を収め得ず、ついに今日の事態に立ちいたった。

それにはもちろん、そうあるべき世界史的理由があった。明治元年すなわち一八六八年以後の世界において、日本が置かれた環境は、民主主義の発達に決して好適の状態にはなかった。

しかし同時に国内事情としては、日本の政治家ことに政党政治家が、政治の目的を政権の争奪に置き、これがためには手段を選ばず、過烈の政争を繰り返したことが、日本の民主化を致命的に妨げた原因であった。彼らの心構えは根本的に民主的でなかった。

その源流を尋ねれば、けだし彼らが元来中国の政治思想に養われた人々であったことであろう。中国の政治理想は王(すなわち理想的独裁者)たることであって、民主主義ではないからである。いわゆる王道は、仁義に基く善政を敷くことを要求するが、しかしそれはたとえば牛飼が、牛を大切にしなければならぬと教えられるのと等しい。王の位地を保ち、王の利益を保護する手段として考えられた思想である。しかるに王道を敷くのには、まず王の位地を獲得しなければならない。それには力を用いる要がある。けだし中国に覇道《はどう》なるものが生まれた理由だ。明治以来の日本の政治が、形体は一応民主化されながら、本質において政権争奪の修羅場《しゅらじょうか》化したのは、すなわちこの覇道政治に堕したものといえる。

明治維新は、主として薩長土肥等の諸藩の青年武士によって行われたのだが、彼らはもちろん前述の中国思想の持主であった。彼らは明治維新をもって民主主義革命とは考えず、彼らの武力で徳川幕府を倒し、王政の下に、覇権を彼らの手に掌握したものと心得た。だから彼らの中には、ずっと後にいたっても、もしこの政権がほしいのなら、槍先《やりさき》で来いと豪語した者があったと伝えられた。明治維新は、一般国民の要求によって起された変革ではなく、少なくもその形体においては、旧来の支配階級間の分裂闘争として行われたのであるから、この闘争の勝利者ないしその後継者が、右のごとくに考えたことも、必ずしもまちがっていたとはいえない。明治から大正にかけて、大なる勢力を振ったいわゆる藩閥政治家は、いずれもそれであった。彼らは善政を心懸けた。国運興隆のために粉骨砕身した。しかし民主主義には常に猛烈に反対した。これは彼らのおいたちからいうと、いたし方がない運命であった。

政党のおいたち

ところが日本の政党はまた右の藩閥政治家と同じ基盤から発生した。すなわち日本の政党の創設者は、ともに明治維新の元勲で、そのおいたちは、他の藩閥政治家と何ら異なるものでなかった。板垣退助と大隈重信とが、それである。ただ板垣と大隈とは、明治政府の二大藩閥であった薩長閥に属さなかったため、権力の位地から追い出された。彼らとその一味とは、この形勢に対処する手段として、政党を組織した。彼らはかくてここに新たな基盤を求め、薩長藩閥と戦う態勢を整えたのである。政党は必然民主主義運動を伴わなければならない。日本の政党ももちろんその方向をたどった。しかしそれは方便であって、彼らの目的は前記のごとく、薩長閥を倒し、政権を獲得することにあった。換言すれば日本の政党は民衆が民衆のために起したのでなく、政治家が民衆を利用する方法としてくふうしたのであった。

世の中には、しかし嘘《うそ》から出た実《まこと》ということわざがある。もし日本の政党政治家が、あくまでその初一念を貫ぬき、藩閥打倒に努力してくれたら、たとい彼らの動機はどこにあったにしても、日本の民主政治は、この間に必然大いに発達する機会を得たであろうと思う。

しかるに不幸にして彼らは藩閥打倒の初一念を捨てた。のみならず藩閥と妥協結託して、政権に近づく方法を発明した。

明治三十三年伊藤博文は政友会を組織し、一時政党政治家に転向したが、その政友会は、旧自由党（当時憲政党といった）が、伊藤に身売りして出来たのであった。また大正二年には桂太郎が立憲同志会を作ったが、これまた国民党の一部の身売りによって出来たのであった。さらに大正十四年には田中義一が、政友会の総裁になったが、同じくそれは政友会の身売りであった。そのほか、政党と藩閥との苟合《こうごう》妥協の歴史を書けば、一冊の本になる。およそ明治三十年ころから日本の政治史は、政党と藩閥との苟合妥協史（時おり両者は反発したが）であったといえるであろう。

右はもちろん一面から論ずれば、議会ないし政党の勢力が伸長し、これに藩閥が降伏したのだともいうことが出来る。この見地から、大正の初め『東洋経済新報』及び『東洋時論』は明治時代を評論し、その第一の特徴は民主主義の発達にあると論じた。また私はある時、陸軍省の医務局長室で、当時その局長であった森鷗外博士にこの議論をして、なるほどなと感服されたこともあった。しかし日本のそのころの世論は、これに反しただ明治時代の帝国主義的発展を賛美していた。

明治時代の特色論

以上の次第で、私は明治天皇崩御の直後「明治時代の意義」と題し、『東洋時論』(大正元年九月号)に次のごとく記した。

「多くの人は明治時代の最大特色を以て、その帝国主義的発展であるというかも知れない。……しかし僕は明治年代をこう見たくない。而してその最大事業は、政治、法律、社会の万般の制度及び思想に、デモクラチックの改革を行ったことに在ると考えたい。軍艦をふやし、師団を増設し、而して幾度かの大戦争をし、版図を拡張したということは、過去五十年の時勢が、日本を駆って已むを得ず採らしめた処の偶然の出来事である。一時的の政策である。

一時的の政策、偶然の出来事は、時勢が変れば、それと共にその意義を失ってしまう。しかし明治元年に発せられた世に有名な五事の御誓文を初めとして、それ以後、明治八年の元老大審両院開設の詔勅《しょうちょく》、明治十四年の国会開設の詔勅等において、幾たびか繰返して宣せられた公論政治、衆議政治即ちデモクラシーの大主義は、今後益々その適用の範囲の拡張せられ、その光輝の発揮せらるることありとも、決して時勢の変によってその意義を失ってしまうようのことはない。

而してもし明治年代が永く人類の歴史の上に記念せらるるとすれば、実にこの点においてでなければならぬ。しかも我が国民の上下は果してこの点においてどれほど深く明治時代の意義を意識し、而してこれを完成する覚悟をもっておるであろうか。」

しかして私は以上の文に続けて「愚なるかな神宮建設の議」と題して、明治神宮の建設に反対し、次のごとく論じたのである。

「或一部から多大の希望を嘱されて東京市長の椅子を占めた阪谷芳郎《さかたによしお》男は、その就任最初の第一の事業として、日枝《ひえ》神社へ御詣《おまい》りをした。それから第二の事業として明治神宮の建設に奔走しておる。そうして、その第一の事業も、なかなか世間の賞讃を博したが、第二の事業は、また素晴らしい勢で、今やほとんど東京全市の政治家、実業家、学者、官吏、それらモッブの翼賛するところとなっておるようである。

しかしながら阪谷男よ、それからその他の人々よ、卿《けい》らの考えは何でそのように小さいのであるか。卿らは僅かに東京の一地に一つの神社ぐらいを立てて、それで、先帝陛下と、先帝陛下によって代表せられたる明治年代とを記念することが出来ると思っておるのか。卿らは何ぞ日本全国を挙げて明治神宮とすることを考えないのか。何ぞ世界人心の奥底に明治神宮を打ち建つることを考えないのか。

真に、先帝とその時代とを記念せんと欲せば、吾人《ごじん》は先ず何をおいても、先帝陛下の打立てられた事業を完成することを考えなければならぬはずである。憲政はどうである。産業はどうである。民の福利はどうである。これらのものは果して今、先帝陛下の御意志通りになっているか。しかるにこれらのものは棄て置いて、一木造石造の神社建設に夢中になって運動しまわる。これを一私人の家に譬《たと》えて見れば、あたかも親父が死んだからといって、幾日も幾日も家業を休んで、石塔建立《こんりゅう》の相談を親類縁者中に持って歩いているようなものだ。その間に折角親父が丹精して盛り立てて置いた家業が衰えねば幸である。現に或一部には、このどさくさまぎれに、宮中府中の混同などいう騒ぎも始っておるではないか。」

右に宮中府中の混同うんぬんと述べたのは、桂公の内大臣就任をさしたのである。しかして以上の文はさらに「明治賞金を作れ」という見出を入れて、次のごとく続いている。

「しかしそれでもなお何か纏《まとま》った一つの形ちを具えた或物を残して、先帝陛下を記念したいというならば、僕は一地に固定してしまうようなけち臭い一木造石造の神社などいうものを建てずと「明治賞金」を作れと奨《すす》めたい。ダイナマイトの発明者アルフレッド・ノーベルがもしその遺産を彼の記念碑や何かに費してしまったとしたならばどうであろう。彼は疾《と》っくの昔に世人から忘れられてしまったに違いない。しかし彼はその資産を世界文明のために賞金として遺した。而して彼は眇《びょう》たる一介の科学者でありながら、永遠に世界の人心に記念せらるべき人となった。

いわんや一国の元首、しかも前古未曾《みぞう》有の大なる東西文明接触の時期に際して、その接触点たりし日本に元首であられた陛下、その陛下の記念として「明治賞金」を設定す、その世界の人心を新たにし、その平和、その文明に貢献する力の幾何《いくばく》なるや、ほとんど計り知るべからざるものがある。而してこはおそらく、もし何らか記念物を作るとすれば、先帝陛下の御意志とも、もっともよく合致したものだろうと考える。」

以上ははなはだ長たらしい抜書になった。しかし、もし大正の初め、今から三十七年前、私がここに述べたごとく、明治神宮の代りに明治賞金を作るほどの気持を日本国民が持ったなら、太平洋戦争は決して起らなかったであろうし、日本は今日の状態に陥らなかったに相違ない。

明治時代を日本の民主主義発達期と見ることは、もちろん決して誤りではない。少なくも、その逆でなかったことは明らかである。いわんや大正の初めには、前に述べたごとく、軍閥及び藩閥打倒の護憲運動が澎湃《ほうはい》として起った。もしこの際日本の議会政治家がほんとうに民主主義の精神に徹底し、あくまで護憲運動の線に沿うて努力したら、事実日本の民主政治は、ここに確立しうる望みがあったと思う。

政党間のどろ合戦

しかるに残念ながら、日本の議会政治家の心懸けは、前に述べたとおり違っていた。大正二年の憲政擁護運動に躍《おど》った民衆は、まじめに桂内閣の非立憲に憤慨し、憲政確立のためと信じて騒いだのだが、しかしこの運動を指導した議会政治家は、これをただ政権獲得の手段に供したのに過ぎなかった。だから、彼らの一部分（後に憲政会の連中）は、桂公の勧誘にしたがって、その下に、にわか作りの立憲同志会を組織し、また桂内閣倒潰《とうかい》後は、政友会が山本権兵衛海軍大将と妥協して、原敬らが入閣し、藩閥内閣を支持した。まじめに護憲運動に奔走した民衆は切歯《せっし》扼腕《やくわん》したが、おいてきぼりをくった。大正初頭の折角の民主主義運動は、かくしてほとんど竜頭蛇尾《りゅうとうだび》に終った。

しかし藩閥との妥協苟合《こうごう》よりも、わが議会政治家が犯したもっと大きな過失は、彼ら政党間のどろ合戦を繰り返し、ために自ら政党と議会との権威を失墜したことであった。このどろ試合は政党の力が強くなり、政権に近づく望みが増すに従って激しくなった。彼らは互に相排斥して、政権の獲得に努めた。しかもその方法は、堂々と政策で争うのではなく、一方においては藩閥軍閥をだき込み、他方では暴露戦術で他党の非違をあばき、揚げ足を取るというやり方で、その結果はしばしば議会を乱闘場化した。大正六年七月二十五日の『東洋経済新報』を見ると、多分私が書いたものと思うが、「懲罰事犯に依る言論の圧迫」という社説がある。当時憲政会の代議士であった斎藤隆夫《たかお》氏が、衆議院で政府与党の政友会のため、演説中途で懲罰に付されたことを論じたものである。この時も議場は相当の騒ぎを演じた。しかも斎藤氏を懲罰に付した理由は何かといえば、同氏が自分の演説を妨害する議員に対し、「ワイワイ連中」というたのが、議員を侮辱するものだというのであった。そして斎藤氏の演説を中途で止めさせた。前記の社説はこれを憤慨し「彼ら党人の良心はかくまでも麻痺《まひ》し終れるか。吾輩はその面上に唾《つば》するもなお飽き足らない。」と記しているが、同様の例は、その前にも後にも、どれだけあったか、数えきれない。

昭和二年の恐慌

衆議院の議場におけるばかばかしい闘争は、一般の国民の心理に議会軽蔑の念を植え付け、民主主義の反対者によい口実を与えたが、そのほか、政党間の無思慮のどろ試合が、国政に重大な誤りを犯さしめたことも少なくない。

たとえば昭和二年の大金融恐慌は、それより先、筆に口に私が警告していたところで、もとよりそうあるべき根本事情が存したのではあったが、しかしそれがあのような銀行取付《とりつけ》の形で爆発したのは、当時の在野党が、これを倒閣運動に利用し、有ること、無いことを議会の内外で宣伝し、銀行に対する信用を傷つけたからであった。実際当時の事情をまじめに考えたら、台湾銀行を閉店させるというごときことは、とんでもないまちがいであったにかかわらず、在野党は枢密院を動かして、あえてこれを行った。彼らは若槻《わかつき》内閣を倒すために、経済界を犠牲に供した。しかして目的どおり内閣は倒したが、替って立った政友会の田中内閣は、組閣早々、全国的モラトリアムを施行せざるを得ない大騒動を巻き起したのである。昭和二年四月二十三日の『東洋経済新報』は、すでに印刷中であったところに、この騒動が起ったので(十五銀行の休業は四月二十一日、モラトリアムの実行は二十二日)「大恐慌遂に来る」という付録二ページをはさみ、次のごとく論じた。

「……記者は三月初め衆議院において震災手形処理法が実業同志会及政友会に依り頻《しき》りに非難攻撃を受けていた際、もしもこの案を一政商の救済に過ぎずとなして否決するにおいては、その財界に及ぼす影響や恐るべきものあるべきを警告した。しかるに実業同志会及政友会は数において衆議院に敗れ、この法案を通過したりといえども、しかも彼らが企てたる無謀の攻撃は、無知なる世論の後援を受け、鈴木商店を潰《つぶ》し、台湾銀行を傷つけ、ほとんど該案通過の功能を無に帰した。がもしも実業同志会及政友会の策動が、以上に止ったらば、怪我《けが》はあるいはまだ少なかったであろう。しかるに彼らはまた若槻内閣が台銀救済のため立案した二億円補償の勅令発布に反対した。而して枢密院は、この反対に提灯をつけて否決した。而して遂にこの大恐慌を起したのである。

思うに彼らがかくの如く愚なる所作を演じたのには二つの原因が想像せられる。第一は彼らの経済的知識の浅薄なることである。……第二は彼らの政権欲である。……先に朴烈《ぼくれつ》事件等の愚なる問題を掲げて若槻内閣を攻撃し、失敗したる彼らは、これに代る好個の題目として震災手形及台銀事件を選んだ。……」

右に実業同志会というのは、武藤山治《むとうさんじ》氏の党であった。

皇室を政争に利用

また右に朴烈事件とあるのは、通称朴烈、本名朴準植という朝鮮人(この人は今次の終戦後釈放されて、在日朝鮮人の一方の旗頭になっているはずである)と、その内縁の妻金子文子とに関する怪事件で、これを政友会が若槻内閣打倒の材料に使ったのである。

これよりさきに、大正十二年、朴烈夫妻は当時の皇太子、すなわち今の陛下の成婚式に際し、爆弾を投じて弑逆《しぎゃく》を行う企てをしたという嫌疑で検挙され、裁判の結果ついに死刑を宣告されたが、特別の恩命が下って無期懲役に処された。それが大正十五年四月であった。朴烈夫妻が果してどんな企てをしたのか、それにも当時われわれは疑問をいだいたが、とにかく事件はそれで片づいたのである。

ところが大正十五年七月、右朴烈夫妻が、予審調室で抱擁して狂態を尽した怪写真なるものが、諸方面に散布され、またその九月には市ヶ谷刑務所の看守二名が、右に関連して刑務所の内情を暴露した摘発書を各方面に配布した。朴烈夫妻の写真というのは、大正十四年五月市ヶ谷刑務所の予審調室で、係りの予審判事が撮影して朴烈に与え、朴烈から人を通じて外に持ち出されたものと伝えられた。『森恪伝《もりかく》』によると、この写真はまず北一輝らの手に入り、北から当時政友会の筆頭幹事であった森に渡され、政治問題化されたのであると記している。二名の看守も森によって動かされ、暴露文書を発表したのであった。

いわゆる狂態を尽した写真なるものは、どんなものであったか。私は当時これを見なかったと記憶する。しかしそれがたといどんな不都合の写真であったにしても、その撮影が行われたのは護憲三派内閣時代、しかも、政友会の小川平吉が法相の際の出来事であった。これをもって若槻内閣を責めるのは、筋違いといわねばならない。

いわんやことは一予審判事の行為にすぎない。悪ければ、その判事を処罰すれば足ることで、内閣がこれによって進退を論ぜられるべき問題ではない。しかし政権争奪のためには、いかなる理不尽も顧みない彼らは、この問題がいわゆる大逆犯人、すなわち皇室に関係をもつ事件であることを利用し、内閣を窮地に陥《おとし》れんと図ったのである。当時政友会が綱紀粛正調査会なるものを設けて行った決議は、彼らの意図をよく示している。すなわちこの決議は朴烈夫妻のこの事件を明治時代の幸徳事件に比し「かかる大逆事犯に減刑を奏請せる政府の処置は不当も甚だしく……我国体擁護からもかつまた朝鮮統治からするも、その責任を匡《ただ》すべきである」とし、また「凡そ在監囚の待遇は一視平等なるべく、断じて差別を許さぬ。しかるに皇室に対する大罪人に対し不可解の優遇を為し」と論じ、しかして「特に本件の如き我国体の大本に影響する重大事に関しては、国民と共に厳重に政府の挙動を監視し、最善の方途に出ずべきこと」と結んでいる。明治時代、藩閥政治家はしばしば衮竜《こんりゅう》の袖《そで》に隠れたと議会政治家から非難されたが、後には政党もまたかくのごとく、しばしば皇室を不当に利用し、政争の具に供した。

政争国を滅ぼす

朴烈事件は、さすがに当時の政友会総裁田中義一や、政友本党の総裁床次《とこなみ》竹二郎は、困った問題だと思ったのであろう。両党の策士は連合して、昭和二年春の議会に内閣不信任案を提出する計画を進めたが、田中と床次とは、ひそかに若槻首相と妥協し、両党の右の計画をおさえた。しかし一時は、はなはだ容易ならぬ騒ぎで、心ある者はまゆをひそめた。大正十五年九月四日号『東洋経済新報』に私は「一枚の写真政界を攪乱す」と題する短文を掲げ、こう書いた。

「……かようの事に皇室云々を持ち出して来る。それも真底皇室のためを考えての事ならばだが、いうまでもなく彼らはこれを政権奪取の材料に使っているのである。何たる不心得か。もし皇室の尊厳をいうなら、彼らこそ実にこれをけがす者である。……かような徒輩の蠢動《しゅんどう》は皇室のため、社会のため、政治の健全を保つため、それこそ法を以て禁ずるが好い。そうだ、それには良い事がある。例の過激思想取締法を改正し、次ぎの一条を加うるのだ。皇室あるいは国体を云々して他人を攻撃する者は、その攻撃する事柄の実否にかかわらず、三年の懲役に処し、これを政争の具に供する者は十年の懲役に処すと。何と面白い方法ではあるまいか。次ぎの議会に政府はその法律案を提出したらどうか。」

朴烈事件とあわせて、過激思想取締法を皮肉ったのである。

以上は思い出すままに、ただ二、三の例を記したのに過ぎないが、およそ大正から昭和にかけ、政党の勢力がさかんになって以後の政党政治家は、年がら年じゅう、こうした政争を事としたのである。

しかしてついに軍縮問題、満州問題等を政争の具に供し、軍部を利用するにいたり、政党自らその身を滅ぼし、また国を滅ぼした。

大正十三年の第二次護憲運動で清浦内閣を倒し、いわゆる、護憲三派内閣が現れてから、昭和六年の犬養内閣にいたるまで、とにかく政党内閣が続き、民主政治の形が出来たにかかわらず、五・一五事件で一切は空に帰した。この五・一五事件も、やはり政争の結果が、これを起したのである。

五・一五事件

明治以来とにかく芽ばえた民主主義を滅ぼし、引いて国を滅ぼす運動は、今から思えば、まず昭和六年の満州事件において烽火《のろし》をあげ、ついで昭和七年の五・一五事件になったのであった。もちろん当時においても、われわれはこれらの事件を容易ならざる問題として憂慮した。昭和七年五月二十一日の『東洋経済新報』はちょうど千五百号に当ったので、その記念号として編集されたが、同時に五・一五事件直後の雑誌として、この問題も取り扱った。これを見ると、「本誌千五百号の発行に際して」と題して私が書いた社説には、

「顧みて我国は、本誌創刊以来三十有八年の間に、幾たびか難局に面して来た。しかし思うに、今日に越したる甚だしき危険に際したことはない……。累卵《るいらん》の危に際すとは、真に今日であろう。」

と述べている。

しかしその同じ号に、やはり私が書いたもので「国難転回策――先ず景気を振興せしめよ」という社説が出ているが、これには「今日は非常の国難の時期だというが、しかし記者から見ればこの局面を転回する策は実はさして面倒な事ではない。けだし以上に挙げた三項目を実行すれば、その転回は易々たるからだ。」と述べている。いわゆる三項目とは第一が言論の自由、第二が社会のすべての部面の旧指導者の引退(彼らの無能がこの危機をもたらしたのだから)、

第三が景気の振興で、しかしてまず第三の景気振興を計れ、しかして「国民の多数に生活の不安なからしめ得れば、少なくも当面の不平は消散せられ、社会は著しく安泰を加えるであろう」というのが、この社説の趣旨であった。今日から顧みれば、はなはだのんきな考え方だ、と批評されても弁解の辞はないかも知れない。しかし私も当時の事態を、そうのんきに見ていたわけでは決してなかった。満州事件の発生以来いろいろの方面の人々にも接触し、何とか危局収拾の方法はないかと心配もしたのだが、実は全く手のつけようがなかった。経済界にも、政治界にも、私と同様心配をしている人はたくさんあるが、さりとて進んでこの危局の収拾に、多少なり身をもって当ろうという勇気をもつ人は見当らなかった。たとえば衝突せんとする汽車をアレよアレよと皆でながめているような有様であった。前に引用した社説に、各方面の指導者の無能を責め、その引退を国難転回策の一項としてあげた理由である。しかしこうはいっても、やがてこれらの指導者もいっそう真剣になって挺身する時期が来ようと期待したのだが、それが全く私の空頼みになったわけである。

ファシズムの跳梁

五・一五事件は、少数の若い軍人と大川周明《しゅうめい》、橘《たちばな》孝三郎《こうざぶろう》らの右翼思想家とが起した騒動だが、それよりさきに井上準之助前蔵相及び三井の団琢磨《たくま》氏を暗殺した井上日召《にっしょう》らの一味とも連繫《れんけい》があった。陸海司法の三省から、翌八年、事件の審理後発表されたところによると、本件犯罪の動機及び目的は、各本人の主張に従えば、次のごとくであったという。

「近時我が国の情勢は、政治外交経済教育思想及び軍事等あらゆる方面に行詰りを生じ、国民精神頽廃を来したるを以て、現状を打破するにあらざれば帝国を滅亡に導く恐れあり、而してこの行詰りの根元は政党、財閥及び特権階級互に結託し、ただ私利私欲にのみ没頭し、国防を軽視し、国利民福を思わず、腐敗堕落したるに依るものなりとなし、その根元を剪除《せんじょ》して、以て国家の革新を遂げ、真の日本を建設せざるべからずというにあり。しかれども彼らの建設せんとする真の日本人なるものは、各自の抱懐する思想の相違によって多岐にわたれるものの如し。」

要するに右は、満州事件後著しい勢いをもって日本を風靡《ふうび》し始めたいわゆるファシズムの思想を行動に移したものであった。このファシズムについては、五・一五事件の起る二カ月前の昭和七年三月十五日に、東洋経済新報社に中野正剛、室伏高信《むろぶせこうしん》、松岡駒吉、長谷川如是閑《にょぜかん》、中島久万吉《くまきち》、下中弥三郎、北昤吉《れいきち》、赤松克麿《かつまろ》、杉森孝次郎らの諸君を招き、座談会を開いた。その速記が三月二十六日の『東洋経済新報』に出ている。またさらにその二月二十日の『東洋経済新報』には「我国におけるファシズムの役割」という社説が掲げてある。これらによって当時の日本のファッショなるものが、どんな考えを持っていたかが、ほぼわかる。とりわけ右の社説に引用した小説家直木《なおき》三十五《さんじゅうご》の手記『軍部との会見』には、当時の軍人の主張が簡明率直

に表わされている。すなわちそれによると、

一、ワシントン条約の廃棄

二、平和思想のために誤られた外交官の強硬教育

三、支那を特殊国と見て、対策する――戦争も可である

四、日本人の如き優良の人間が、広大無用の地を所持する支那に進出するのは、人類のためにも支那人のためにも善い

五、右は必然東洋モンロー主義となり、帝国主義となるが、それが日本の生存上唯一の方法である。思想的に古くても、そんな事は構わない

六、資本主義の打倒

七、現在の如き政党政治否定

八、インターナショナル的思想の否定

困ったものだとは思いながら、実はいささかばかにしているこういう思想が、そのまま日本に行われるにいたったのだから、われわれは全くうかつ者であった。

満州事変から急激に勢力を伸ばした日本のファシズムは、無論イタリアのファシズムや、ドイツのナチズムの影響を受けて生まれた思想である。しかし日本自体に、その根をおろす素地がなければどんな思想でも、ただ輸入しただけで生育するものではない。しからば日本におけ

るファシズムの素地は、何にあったかといえば、一つはイタリアやドイツのそれと等しく、当時のはなはだしい不景気と国民生活の困難とであった。その二は当時の政治に対する国民の不信、換言すればその政治を支配していると信ぜられた政党、財閥及び特権階級(けだし元老重臣らをさしたものと思われる)に対する民衆の反感であった。しかして後者は、前に述べた政党間のどろ試合、すなわち、その手段を選ばぬ政権争奪戦が国民に与えた影響であった。ことに一部の政党がロンドン軍縮会議の結果及び対支政策等を利用して、軍部に働きかけたことは、さらぬだに軍縮や、いわゆる軟弱外交に不平をいだいた軍人及び国家主義者らの感情をあおり、その暴挙を大いに支援した。実際昭和五年から六年にかけてロンドン軍縮条約の締結(昭和五年四月成立)に対し、政友会が浜口内閣に向かって行った攻撃は猛烈をきわめた。これは必ずしも倒閣のためではなく、全く国防の前途を憂えての行動であったとの弁解もあるが、しかし少なくも結果においては民主主義を滅ぼし、国家を滅ぼす運動の先駆をなした。初め政党の政争に利用された軍部は、やがて政党を軽視し、踏みにじって、自ら政治の主動者たるにいたった。

軍備拡張に反対

ここで少し軍縮問題の歴史を顧みよう。軍縮は、財政節減の観点より、『東洋経済新報』が常に唱えたところで、たとえば二年兵役制のごとき(陸軍の現役三年を二年に短縮する案)は、日露戦争前からの主張であった。もっともこの案は経費を比較的増さずして、実質上陸軍を拡張する手段にもなるので、明治四十年にわが陸軍がこれを実行した際は、その目的に利用したのである。しかし『東洋経済新報』の二年兵役論は、積極的に兵数を減少しろとまではいわなかったが、軍縮的意味において唱導したのであった。たとえば明治三十六年八月十五日号に「何ぞ二年兵役を行わざる」と題した社説の中で、次のごとく述べている。

「我行政膨大、財政困難の一大原因は、従来治外法権の姿をなし、一切他の容喙《ようかい》を排斥して、勝手存分の振舞をなしたる夫の陸海軍にあり、故に今行政を整理して、この財政の困難を排さんとす、大斧を下すべき者は実にこの陸海軍にあり。……」

明治三十六年八月といえば、すでに日露の風雲甚《はなは》だ急を告げていた折であるのに、随分思い切った論をしたものである。もちろん当時私はまだ東洋経済新報にはいなかった。この社説は、多分植松考昭氏の書いたものであろう。氏は一年志願兵の砲兵中尉で、日露戦争にも出征した。二年兵役はそのころすでに外国に例のあったことではあるが、また植松氏の兵営生活の経験が、大いにその主張を助けたものと思う。私は同じように実際の兵営生活の経験から、第一次世界戦後、一年兵役制を主張したことがある。

第一次世界戦後の軍縮問題は、大正十年七月、米国政府からワシントン会議開催の提議が行われるにいたって、公式に国際問題として取り上げられた。しかしその前触れは早くからあった。大正九年一月二十四日の『東洋経済新報』は「日米衝突の危険」と題する社説で、日本の帝国主義的行動と、青年支那の国民主義とが衝突する危険の存することを説き、次のごとく述べている。これはわれわれがいかに憂慮して当時の形勢をながめていたかを示すとともに、偶然にもそれから二十年後を予言したことになった。今日読み返して、感慨が深い。

「……もし一朝日支の間にいよいよ火蓋が切られる時は、米国は日本を第二の独逸となし、人類の平和を攪乱する極東の軍国主義を打倒さねばならぬと、公然宣言して日本討伐軍を起し来りはせぬか。（中略）我軍閥はこの形勢を如何に見ておるか、吾輩は世界が戦後の平和を希《ねこ》うて、軍備減少の声漸《よう》く大ならんとしつつある時、我が政府が新年度の予算に軍備の大拡張費を計上せるを見て、更に、形勢の悪化せぬかを恐れる。」

言論の不自由は、常に『東洋経済新報』の嘆いたところだが、しかしこのころは、まだわれわれに軍部を軍閥呼ばわりし、これを攻撃することを許したのである。また同年六月二十六日の『東洋経済新報』には「軍備拡張を延期せよ」と題した社説で、すみやかにシベリアから撤兵すること、軍備拡張を延期することを主張している。

尾崎氏の軍縮決議案

第一次世界戦後の日本において、正面切って最も早く軍備縮小論を唱えた政治家は、尾崎行雄氏であったであろう。氏は大正十年春の衆議院に、軍備制限決議案を提出した。もっとも犬養毅氏はそれより先に、その率いる国民党の政策の一つとして軍費の大節減を唱えていた。したがって尾崎氏の決議案は、国民党の後援を得たが、議場では賛成三十八票に対する反対二百八十五票で、二月十日否決された。

第一次世界戦後の軍事費は、ひとりわが国だけではなかったが、著しく膨張し、大正十年度の予算のごとき、一般会計の歳出十五億六千万円中、陸軍二億六千万円、海軍約五億円、計七億六千万円、歳出総額のほとんど四割九分が軍事費という容易ならぬ状態に達した。尾崎氏の軍備制限決議案は、ここに提出されたのである。

しかして、氏はその方法としては、陸軍については国際連盟の問題とし、海軍については英米と協定し、さしあたり幾年かの間、互にその拡張の全部または幾割かを中止すべしというのであった。それは、その後間もなく、米国政府から提案された軍備制限と趣旨を全く一にするものであった。もし尾崎氏の案が提出されたおり、日本がこれを採用し、行動を起したら、どんな反響を世界に呼んだか、興味あることであったと思う。

しかし尾崎氏の提案は、右に述べたごとく、まるで話にならぬ差をもって否決された。私は、「軍備制限案と軍閥の勢力」と題する『東洋経済新報』の社説でこう述べた(大正十年二月十九日号)。

「彼(原首相)は利口にも十日の議場では口を緘《かん》した。しかし今期議会の初めにおいて、もし英米から軍備制限の提議があったら、誠意を以て考慮すべき旨言明した。……何故その原首相が、彼の率いる政党をして尾崎氏の決議案に反対せしめたかの理由を知るに苦む。……しかしこは独り原首相の態度についてのみではない。よくよく真意を尋ねて見ると、内心では軍備制限どころか、その撤廃までをも必要としておる政治家、学者、新聞記者、実業家は、我国にも相当多数にあるらしい。尾崎氏の決議案に反対投票をした議員は二百八十五人であるが、その総てが真底から反対であったかといえば、吾輩はそれを疑う。けだし彼らの中のかなり多数は、他の理由のためにこの投票をしたのであろう。」

しからばその理由は何であったか。私は以上に続けて次のごとく述べた。

軍閥にはばかる

「曰く軍閥の勢力が依然として政界に強く、その不興を招かば、各政治家及政党の身上に喜ばしからぬ結果を齎《もたら》すということである。先日東京の或新聞では、諸方面の有力者に軍備縮小に関する意見を徴したが、その紙上に現れたものを見ると、縮小反対の者が多かった。しかしこれは紙上に現れた結果がそうであったというだけで、事実は縮小賛成の者が、この外にも相当にあったのであるが、彼らはいずれもその意見の発表を拒んだ。何故に拒んだか。彼らは軍閥に憚《はばか》ったのである。……政党についてもその通り、先日憲政会の加藤総裁はシベリア撤兵に関する質問演説を貴族院でしたが、この演説さえ、憲政会の将来のため好結果はあるまい、と評された。軍閥から敵視せられては、今の政界では到底内閣を組織する望みがないからである。吾輩は尾崎氏の決議案が衆議院で否決せられた根本原因は、これ以外にないと思う。……果たしてしからば吾輩は、この状況を以て実に我国家の最大暗礁《あんしょう》の一であると思う。或勢力が社会の一部にあって、国民の自由なる言論を妨げ、議員の良心ある投票を行わしめない。これがもし国家の前途を危くせないなら、世にこれを危くするものは存在しない。軍備制限決議案の否決は単にそれだけの問題ではない。」

しかして私は最後に、全般の国民と、軍閥以外の政治家とが団結すれば、軍閥の勢力のごとき一挙にして倒しうべきことを論じて、この社説を結んだ。この結論が決してまちがっていなかったことは、それから三年後、第二次護憲運動の結果、憲政、政友、革新倶三党のいわゆる護憲三派内閣が成立した事実によって、証明された。しかるに彼ら政党政治家は、その実証にかかわらず、なお覚醒せず、政争のため再び軍部を利用して、かえって軍部に滅ぼされたのである。

加藤海相の声明

ところが尾崎氏の決議案が否決されてから二カ月後、四月の上旬ころ、加藤友三郎海相はユー・ピーの東京通信員に次のステートメントを与え、日本は軍備制限に賛成する旨を公に声明した。

「帝国政府は国際連盟に加盟し軍備制限の主義に賛成せり。従て右の主義を実現すべき会議あるに際しては、余は欣《よろこ》んで他国政府と協同せんと欲す。……信頼するに値する協定列国間に成立し、列国兵力の制限に一致するときは、日本も適当なる程度までこれが制限をなすべし。随て或場合には八八案完成を固守するものにあらざるなり。」

というのである。

ここに八八案とは、いわゆる八八艦隊、すなわち主力艦十六隻を基幹とする大艦隊の建造案であって、これに対して当時米国にはダニエルズ海軍拡張案があり、英国にもまた戦艦建造の新計画が進んでいた。前に記したごとく軍費が一般会計歳出の半分にも達せんとする非常の膨張を来したのは、かかる大艦隊の建造のためであった。しかるに加藤海相は、この八八案を、場合によっては止めてもよいといい出したのである。軍縮の気運を促進する上に、これは実に重大な声明であった。けだしこの時になっては、わが政府ももはや世界の軍縮会議の開催は必至と見ての決断であったろう。もちろん、右の声明が、加藤海相一人の私見に出たものとは思われない。

小田原評定を予想

米国政府が、ワシントン会議の開催を非公式に提議して来たのは大正十年七月十一日で、その招請状が発せられたのが、同八月十三日、会議は十一月十二日から開かれた。しかして会議の冒頭に、米国の国務長官ヒューズ氏は、有名な五・五・三比率のいわゆる爆弾提議を行って、世界を驚かした。この間の経緯はここに細かく書く準備を私は持っていない。が今私が記憶するところと、当時私が書いたものとによって回想するに、日本の多くの人々は、前記のヒューズの爆弾提議が出て、初めてこれはたいへんと、びっくり仰天したが、それまでは軍縮の賛成者でも、過去のかようの会議の先例もあり、どうせ小田原評定に終るものと、会議の失敗を予想し、甘く見ていた様子であった。その一例としてこんなことがあった。

東洋経済新報のわれわれは、大正十年七月、米国からワシントン会議開催の提議があるとともに、大に論陣を張って、徹底的軍縮を主張したが、同時に太平洋問題研究会なるものを設け、平常懇意にしていた同志者を集め『軍備制限並に太平洋及極東問題に関する会議に就ての勧告』という和英両文の小冊子を作製し、これを同年の九月、国内にはもちろん、米国等にも配布した(この和文は大正十年九月二十四日の『東洋経済新報』に出ている)。

右の『勧告』は、最初私が原案を起草し、何回か研究会の討議に付して決定したが、その最後の会合の折、座長であった鈴木梅四郎氏が笑いながら、まあどうせお題目なのだから、これでよいことにしましょうと、討論を打ち切った。どうせお題目といったのは、この『勧告』が余りに徹底した軍縮論で、実行的でないという意味でもあったが、同時にワシントン会議を軽く見た言でもあった。鈴木氏はすでに故人になったが、実業家としても、政治家としても、相当の有力者で、ことに医業国営の熱心な主張者として、また実際に財団法人実費診療所の理事長として、医業の社会化に努力し、思想的にもある程度進んだ人であった。この人にしてこの言あり、私は、はなはだ不快に感じたが、もって当時の政治家や、実業家らが、軍縮会議をどう見ていたかが察せられたのである。

一切を棄てる覚悟

ワシントン会議に対する日本の一般の態度について、もう一つはなはだ不満に感じたのは、私のいわゆる「一切を棄つるの覚悟」が政府にも国民にも、全く欠けていたことである。私は大正十年七月二十三日の『東洋経済新報』に「一切を棄つるの覚悟――太平洋会議に対する我態度」と題する社説を掲げ、日本は「朝鮮、台湾、満州を棄てる、支那から手を引く、樺太も、シベリアもいらない。」これだけの大覚悟をもって、この会議に臨むのでなければ、必ず失敗する。しかして結局、これらの既得権益も維持し難きにいたるであろうと極論した。右にシベリアとあるのは、当時まだ同地に出兵中であったからであるが、朝鮮、台湾、満州、樺太等についての右の私の言も、今日になって見ればまちがいではなかった。

しかし当時においては、こんな議論は一平和主義者の空論にすぎず、一般には受け付けられなかった。たとえば憲政会総裁加藤高明《たかあき》氏は、大正十年九月同党の北陸大会で演説し、「世上あるいは支那において有する特権をことごとく還付すべしとなす淡白なる人あるも、もしかくの如くんば、日本は何のために支那と戦い、露西亜と戦ったのであるか、また日本のみ、これを還したりとするも、その他の諸国は果して如何。」うんぬんと述べた(大正十年十月一日号

『東洋経済新報』社説「原氏及加藤子の対華府会議意見を評す」中に引用)。いわゆる「淡白なる人」とはたれか。あるいは『東洋経済新報』をさしたのかも知れないが、この加藤総裁の意見は、また同様に原敬首相の意見でもあった。のみならず最も熱心な軍縮論者尾崎氏でさえも、壮丁百万の血をそそぎ、二十億の国費を費した満州を、今日放棄するというごときことは祖先に対して申しわけないという主張であった。これは同氏の催した軍縮に関する会合において、私が直接同氏に質問した際、受けた答であった。

私は右のごとき世論に対して前記した「一切を棄つるの覚悟」の外、同じ趣旨で「大日本主義の幻想」「軍備の意義を論じて日米の関係に及ぶ」等の社説を連続執筆し、また太平洋問題研究会の『勧告』を起案した。私の考えでは、軍備はこれを制限することは技術的にも困難であって、全廃を目標とするのでなければ、結局軍縮は失敗に終る。しかしそれには帝国主義の排除が不可欠の先行条件であるから、日本は進んで範を示し、満州その他の放棄を宣言しろというのであった。空論であったかも知れないが、しかしもし、当時こういう考えに日本がなっていたら、果してそれは日本の不幸であったろうか。前記の『勧告』にはこう書いた。

「以上吾人の勧告……言あるいは非実行的に聞ゆるかも知れぬ。しかし事実は決してそうではない。戦争の起る源を絶たずして、単に軍備の末を制限すべしと主張するは、あたかも病菌を滅せずして疾病《しっぺい》を治すべしと説くに等しい、これに越したる非実行的の言があるうか。而して一たび戦争の起る源を絶たんか、最早軍備は制限の要なく、ただ撤廃あるのみである。吾人の主張はこの簡単なる実際的考慮に基く。」

華府会議は救いの神

大正十年のワシントン会議は、米国が英米日の軍艦トン数を、当事の現有勢力を基準として、五・五・三の比率に制限しようと提案したのに対して、日本は十・十・七を主張し、大もめにもめた。しかし結局、太平洋における日英米三国の所領諸島の防備制限を行うなどで妥協が出来、主力艦に関する限り米国の提案が成立した。ただし補助艦については、米国案に対してフランスから猛烈な反対が起り、ついに後年の再会議に残されることになった。昭和五年のロンドン会議は、この補助艦の制限を目的として開かれたのであった。陸軍の制限に関しては、ワシントンにおいても、その後の会議においても、全く問題に上《のぼ》されなかった。

かようにワシントン会議は、軍縮会議として十全の成果は収めなかったが、しかし列国海軍の基本を成す主力艦に制限を加え、さもなければどこまで走ったかもわからぬ形勢にあった建艦競争を、爾後十五年にわたって防止した功績は偉大であった。ことに日本においては、全く偶然のことながら、大正十二年に関東大震災が起った。もし大正十年のワシントン条約がなく、無制限の建艦競争を続けていたら、わが国は真にさんたんたる窮状に陥ったであろう。私は当時このことを考えて、全く慄然《りつぜん》とした。ワシントン会議は日本にとっては正に救いの神であった。というわけは少しく当時の日本の経済状態を振り返って見ればすぐわかる。

第一次世界戦時中、わが国の国際収支は空前の受取勘定超過を示し、おかげで政府及び日本銀行の所有正貨(対外債権を含む)は激増し、大正三年末わずかに三億四千万円であったのが、大正八年末には二十億円をこえるにいたった。

ところが戦争がすむとともに、国際収支は再び逆転して、累年著しき支払超過となり、大正十一年末の政府及び日銀の正貨所有高は十八億三千万円に減じた。もちろん民間所有の正貨はこの間に全く底を払ったと思われる。

そこに大正十二年の地震は起り、国際収支はいっそう悪化した。商品貿易は、大正十二年と十三年とで約十三億五千万円に上る入超を示した。貿易外の受取勘定超過を、かりに四億円と見ても、九億五千万円に達する支払超過を算したのである。もしこれを前記した政府及び日銀所有の正貨で決算したとすれば、大正十一年末の正貨十八億三千万円は、半分以下の九億円足らずに減じたわけで、その影響は容易ならざるものがあったろう。すでに外国為替はこの事情を反映し、大正十二年に四十九ドル(百円につき)を維持した対米相場が、十三年の十月には三十八ドル半にまで低落した。

しかるに事態をとにかくそれ以上に悪化させず、震災後の経済を無事に切り抜け、復興事業も順調に遂行し得た理由は、全く外国資本の輸入のおかげであった。すなわち大正十三年及び十四年中に輸入した外資は、政府の英貨国債二千五百万ポンド及び米貨国債一億五千万ドルをはじめとして、各種電力債、市債等をあわせ六億六千三百万円に上った。また地震前ではあるが、大正十二年中にも約一億一千万円、昭和元年及び二年中にも約一億四千万円の外資が輸入された。前記した英貨国債と米貨国債とは、条件が余りにわが方に不利益だったので、当時これを国辱公債とし、非難の声が高かった。しかし条件はいかにもせよ、とにかくこれらの外資の助けがあって、かの難局をしのぎ、復興を促進し得たことを思えば、大局において決して不利益であったとはいえないであろう。

ところで、もしその際、わが国が米国と建艦競争をしていたとするなら、どうであったろう。もちろん、わが国と、米英との国民感情は悪化していたに違いない。また国際関係は危険をはらみ、米英等の資本家は、安心して日本に投資するなどという気持には到底なれなかったであろう。とすれば、大正十二年の震災後、日本の経済を救った外資は、全くワシントン会議の成功が与えた賜物であったというてよい。もしワシントン会議で主力艦制限が行われていなかったら、おそらく日本は前記の外資を輸入し難く、したがって震災後の経済に非常の困難をなめたと同時に、軍艦建造も自らこれを停止する外なく、米英に対し、主力艦五・五・三の比率を保つことも不可能に陥ったであろう。日本にとって、ワシントン会議がいかに救いの神であったかがわかるのである。

第一次世界大戦後のドイツの天文学的インフレが終息したのは、一九二三年すなわち大正十二年の末であったが、その後ドイツには巨額の外資、なかんずく米国資本が輸入され、通貨整理を成功させるとともに、ドイツの経済の復興を助けた。それは日本に前記の外資が輸入されたのと、時期を全く一にする。当時ドイツに外資が輸入されたのも、世界が平和で、国際資本市場に不安がなかったからである。しかしてその平和は、主としてワシントン会議がこれをもたらしたといいうるから、この会議はまたドイツにも大なる恵福を与えたわけである。もっともドイツは、その余りに放漫な外資輸入のため、後にはかえって大なる苦難をなめるにいたったが、それは自《おのずか》ら別個の問題である。平和が経済に、したがって人類に、至大の幸福をもたらすものであることは明白である。

かくのごとく、ワシントン会議は日本のためにも、世界のためにも、救いの神であった。しかし残念ながらそれは一時の効果にとどまり、結局はかえって大なる禍をもたらした。というわけは、これまた、前に述べたごとく、この会議で、一時海軍の拡張はおさえたが、しかしかかる軍備の競争を発生する根本の原因は、除去されなかったからである。

軍備競争を発生する根本原因

日本では、後にロンドン会議のころ「不脅威不侵略」の原則ということが、盛んに唱えられた。他を侵すことなきも、他より脅威を受けざる兵力という意味であった。不脅威不侵略という言葉はなかったが、同様の主張は、ワシントン会議の折にも唱えられた。しかし私は世の中に、そんな軍備はあり得ないと考えた。切りかけても、必ず相手に当らぬと定った刀を、なんだって互に持っていなければならぬか。もしそういう軍備制限が出来るほどなら、軍備撤廃が出来るはずである。ことに当時の日米関係は、極東に問題があったのだから、米国としては、遠く極東にある程度の威力を持ちうる兵力を備えるのでなくては意味をなさない。これに反し、日本は極東に位地するのだから、一隻の軍艦、一師団の陸軍をもってしても、よく極東を支配しうる。かかる事情のもとにおいて、遠攻に必要な戦艦をやめろの、航空母艦を造るな、などと要求するのは、日本には都合がよいに違いないが、米国が承知しうるわけがない。

しからば真の軍備制限すなわちその撤廃はどうしたら出来るか。それは日米関係についていうなら、日本がその極東政策を改めるよりほかにない。私は前記した「軍備の意義を論じて日米の関係に及ぶ」の中で、こう述べた。

「吾輩の見る所に依れば、その手段(日米の衝突を避ける)は確かにある。極東の問題を日米が満足する如く解決することだ。換言すれば、そもそも米国が極東に武力を延ばすの必要を感ずるに至りたる日本の極東独占政策を撤去することだ。しからば則ち米国は太平洋上に大軍力を備うる要なく、日本もまたこれに対抗する用意を整うる要がない。即ちここに少なくも太平洋上においては軍備撤廃実現し、従って日米の衝突は避けられる。」

しかして私は右のいわゆる「日本の極東独占政策」をやめることこそ、日本にかえって大なる利益をもたらすゆえんだと、繰り返して唱えた。また大正十年十二月三日の『東洋経済新報』においては、わが海軍の七割要求を批評して、次のごとく切言した。

「吾輩は敢ていう、日本は仮令《たとい》七割の海軍を有するも、断じて米国と戦うことは出来ぬ。否、十に対して十の海軍力を有するも不可能である。……可憐なる我一般国民は、軍艦さえあらば、兵隊さえ備らば、戦争は出来るものと思っている。彼らは、その軍艦を動かす石油が何処から来るか、また戦争が長引く時、その軍艦兵器を補充する工業力が、我国に幾何あるかを知らないのである。窮局戦いをする目的を抱くにしても、我国は先ず隠忍、その工業力の涵養《かんよう》を要そう。あるいは燃料その他の原料についての研究を要そう。いわんや戦いは目的に非ず、ただ我福利を保護するやむをえざる手段なることを考うる時、……何の必要あって、頻《しき》りに戦いの準備に焦るか。少なくも焦るが如く振舞うか。」

政友会、海軍の不満をあおる

しかし当時の日本においては、かかる主張は到底いれられる望みはなかった。ただ大正十一年ころの世界は軍縮熱が高く、日本の世論もまたこれに強く動かされていたので、ワシントン会議の結果に対して不満をいだいた者も、その不満を直ちに世に訴える間隙《かんげき》はなかった。大正十一年二月には衆議院に政府与党の政友会から、陸軍縮小建議案なるものが提出されて可決された。その内容は陸軍縮小と称するほどの値打のあるものではなかったが、それにしても、そんな名前のものが衆議院を通過する世の中の空気であったから、軍縮反対論者は全く屏息せざるを得なかった。しかし根本において軍備を必要とする理由、換言すれば戦争を起すにいたる原因を除去せずして行われた軍備制限は、彼らを永久に屏息せしめることは出来なかった。日本の海軍の専門家はほとんどこぞって、米英の十に対して、日本は最低七の海軍力がなければならぬと主張し続けた。この主張は、戦争の起ることを前提とすれば、議論の余地はあるとしても、一概に排斥することも出来ないものであった。

そこにすでに述べたごとく、政党の争いが結びついた。昭和五年のロンドン会議は、たまたま民政党内閣のもとに行われ、首席全権には同党の長老若槻礼次郎氏がこれに当った。その結果は、ワシントン会議の比率が若干訂正され、日本の主張がある程度通ったわけだが、日本海軍はなおこれに対して非常の不満をいだいた。政友会は海軍のこの主張に同調して、内閣を攻撃した。大正十一年のワシントン会議は、政友会内閣の下に行われたのだが、そのことは省みなかった。もしこの場合、政友会がたとい海軍の主張を可としたにしても、もっと自重し、いたずらに海軍軍人の不満を煽動するごとき行動に出なかったら、あるいは五・一五事件以後の波乱も起さず、合理的の解決が出来たのではないかと思うが、まったく遺憾であった。

これらのことは、単に過去の思い出話ではない。今日及び今後に対して、多くの教訓を含むものと思う。

七　経済雑誌の思い出

田口卯吉氏の『東京経済雑誌』

世界において最も古い経済雑誌は、英国の『エコノミスト』で、これに次いでは、やはり英国の『ステチスト』であろう。『エコノミスト』は一八四三年の創刊であるから、すでに約百十年続いているわけである。『ステチスト』はそれよりも新しいが、それでも、その創刊は一八七八年で、七十四年の歴史をもっている。かように古くから、英国に有力な経済雑誌が育ったのは、その経済がはやく近代産業革命を遂げ、そこに始まった資本主義経済の発達が、この種機関の存在を必要としたからに違いない。経済雑誌の発達史は、とりもなおさず、その国の資本主義経済発達史だといえるであろう。もし経済が資本主義でなく、たとえば社会主義的統制経済である場合には、経済雑誌は発達しなかったかも知れないし、発達したとしても、その形は大いに違っていたであろう。

日本において、英国の『エコノミスト』あるいは『ステチスト』に比すべき経済雑誌が初めて現われたのは、明治十二年、すなわち一八七九年の一月で、鼎軒《ていけん》田口《たぐち》卯吉《うきち》氏（のちに法学博士）の創刊した『東京経済雑誌』である。英国の『ステチスト』の出た翌年である。

英国の産業革命は十八世紀の末に始まっているのだが、『エコノミスト』が創刊されたのは、前記のとおり十九世紀の半ばであった。それに比較すると、明治十二年に『東京経済雑誌』が出たことは、はなはだ早い発達だったといわねばならない。田口氏は同誌の第一号（明治十二年一月二十九日発行）に、その創刊の由来を次のごとくに記している。

「余輩かつて英国銀行学士シャンド氏と親交す。一日エコノミスト新聞のその卓上にあるを観、氏に語て曰く、日本また此《かく》の如き新聞なかるべからずと。氏笑て曰く、余おそらくは日本の富いまだこれを発する能わざるなりと。嗚呼《ああ》氏のこの語や、固《もと》より座間の一笑語に出ずるといえども、その余におけるや、あたかも鉄針の胸覈《きょうかく》を刺すが如きを覚えたり。乃《すなわ》ち氏に約するに、余必ずこの一種の雑誌を日本に興して氏に示すべきを以てせり。（中略）しかるに昨臘の末銀行課長岩崎小二郎君、第一銀行頭取渋沢栄一君等、余がために銀行雑誌と理財新報とを合併して一大雑誌となし、更にその探究を精密にして刊行せん事を協議せられたり。（中略）私《ひそか》に以為《おもえ》らく、宿志を遂げ経済雑誌を創立して以てシャンド氏に示すの好機は実にここにありと。」（後略）

右にシャンド氏とあるのは、明治の初年はやく日本に来て、東洋銀行に勤め、のち政府に招かれて、紙幣寮及び銀行局等に勤務した英人で、田口氏は、このシャンド氏の机の上に、英国の『エコノミスト』のあるのを見たのである。

また右に『銀行雑誌』及び『理財新報』とあるのは、大蔵省銀行課が明治十年十二月から発行した『銀行雑誌』と、東京銀行集会所の前身である択善会が明治十一年五月から発行した『銀行集会理財新報』とのことである。

『東京経済雑誌』は、すなわち、この両誌を銀行課長の岩崎氏と択善会の首脳者渋沢氏との尽力で合併し、発行することになったのである。だから日本には、『東京経済雑誌』の以前に全然経済雑誌の芽ばえがなかったわけではない。ただしかし、『銀行雑誌』にしても、『理財新報』にしても、前者は官庁の、後者は銀行業者の機関誌であって、経済雑誌として独自の立場で経営されたものではなかった。この意味で、やはり『東京経済雑誌』は、日本における最初の経済雑誌であった。そしてこの雑誌は、初めから当時の日本では他に類のない週刊であった。英国の『エコノミスト』が週刊であったので、それをそのまま、まねたのであろう。

明治二十八年ころの経済雑誌界

明治十二年一月に『東京経済雑誌』が現われてから、明治二十八年十一月『東洋経済新報』が発行されるまでの、日本の経済雑誌界の歴史については、私はほとんど何も知らない。また世の中にも、これについて調べたものはない。

ただこの間、明治十三年八月に犬養毅氏らが『東海経済新報』を始め、また明治二十二年二月に天野為之氏(のちに法学博士)が『日本理財雑誌』を出して、いずれも大いに世の注目を引いたことは有名である。

また純然たる経済雑誌ではないが、明治十三年十一月には東京統計協会の機関誌として『統計集誌』が、明治十八年十二月には東京銀行集会所の機関誌である『銀行通信録』が発行された。けだし、これらの外にも、この種の刊行物はいくつか現われたのかもわからない。しかし右の『東海経済新報』も、『日本理財雑誌』も、長くは続かず、前者は[1]明治十五年十一月限り、後者は[2]明治二十二年末または二十三年三月までの間に廃刊になった。

(1) 東洋経済新報社発行『索引政治経済大年表』による。
(2) 浅川栄次郎、西田長寿共著『天野為之』一一九―一二〇ページ。

以上のしだいで、『統計集誌』や、『銀行通信録』は、その後昭和の太平洋戦中まで長く続いたが、純粋の経済雑誌は、『東洋経済新報』が創刊された明治二十八年ごろには、ただ『東京経済雑誌』が一つあるだけであった。そのことは、同年十一月二十八日発行の『東京経済雑誌』第八〇一号が、『東洋経済新報』の創刊を評して、次のごとく述べていることでわかる。

「余輩は東洋経済新報の第一号を通読し、その体裁の精美にして、その文章の着実なるを見て、大にしては、国家のために、小にしては我社のためにこれを喜び、その業務の繁栄ならんことを希望せざるべからず、これ敢て同業に対する一片の世辞にあらず、深くその事情の存するあればなり。世人往々同業の多く顕われ、競争の劇し来ることを以て、その社に害あるを信ずるもの多し。けだし他の場合においては、あるいはその事情あらん。しかれども我経済雑誌の社会においては決してこの事なきなり。回顧すれば我経済雑誌も、過去十有余年の間、許多《あまた》の同業と鏑を比べて馳走せしことありき。当時我発売高の如きはかえって増加の勢あるのみならず、余輩また常に心をこの業に注ぎ、自ら進んで有益なる事実を読者に報道せんとするの気力を得たりき。同業の前後相継ぎて倒れしより、孤社煢《けい》煢《けい》、独り大声疾呼するも、四面響応するものなく、勇気自ら沮喪《そそう》し、惰心自ら生ずるに至る。誠に専売の弊は余輩の常に論責する所なりしといえども、他に同業者の出でざるがために、余輩自らその弊に陥りたるは、今日までの有様なりき。しかるにこのたび東洋経済新報の新に起りたるは、実に余輩をして大に精神を鼓せざるを得ざらしむるもの也。余輩豈《あに》深く我社のためにこれを喜ばざるを得んや、而して余輩にして精神を鼓して記せば、国家また豈その利益を受けざらんや。故に余輩は思う。国家のためにもこれを祝して可なるものあらんと。東洋記者以て如何となす。」(下略)

『東洋経済新報』の創刊者町田忠治氏

『東洋経済新報』の創立者は町田忠治氏(のちの民政党総裁)であるが、氏は大正十四年十一月十四日発行の同誌創刊三十周年記念号に「創刊当時の思出」を次のごとく記している。

「明治三十七、八年の日露戦争と、大正三年に端を発せる世界大戦とは、我国勢の各方面に多大の影響を及ぼし、就中《なかんずく》財政経済上に一転機を画したが、二十七、八年の日清戦争は、実にそれら以上に深甚なる影響を与えたものである。……而して戦争の終局と共に、如何にして戦後の経営策を樹《た》て、戦勝の効果を完《まっと》うすべきかの問題が、普《あまね》く有識者の間に攻究せられ、論議縦横の時代となった。その最も重要視すべきは財政経済上の諸問題であって……戦後の重要問題は、一に財政経済方面に集中せるの観があった。財政経済を主とする雑誌は、以前にもしばしば発刊されたが、多くは永続することなく、ただわずかに田口鼎軒居士《こじ》の主幹せる東京経済雑誌が、明治十二年の創刊以来、引続き発刊されて居るのみであった。この雑誌が自由主義を標榜して起てるに対し、豊川良平、柴四郎氏等の一派は、明治十三年、犬養木堂居士を主幹として、保護貿易主義を標榜して、東海経済新報を発行し論戦したが、これも間もなく廃刊された。

而して東京経済雑誌は、その我財政経済に貢献する所大なりしはいうまでもないが、内容としては、田口君の史談その他詩文の類が紙面の半ばを占めておる観があった。一般新聞紙にありても、財政経済に関する議論の如きは、乾燥無味なりとして余り読者より歓迎せられなかったのである。

しかるに日清戦争に及んで世論は漸《ようや》く重きを財政経済に置くに至りしを機として、余は財政経済の専門雑誌を発行するの必要を痛感し、ロンドン・エコノミスト及びスタチストの二雑誌を折衷《せっちゅう》せる体裁を以て、これを試みんとは、二十八年の初において、余の已に計画せるところであった。この計画が、実現されたのが二十八年十一月十五日で、この日こそ我東洋経済新報が初めて呱々《ここ》の声を揚げた誕生日である。」(下略)

前の『東京経済雑誌』の一文と、この町田氏の思出記とは、まことによく、明治二十八年当時のわが国の情景を写し出している。シャンド氏は田口氏の経済雑誌発行の希望に対して「おそらくは日本の富いまだこれを発する能わざるなり」といったと、田口氏は書いているが、正にそのとおりで、日清戦争にいたるまでの日本には、わずかに『東京経済雑誌』が存続し得ただけで、他の経済雑誌の育つ基盤がなかったのである。しかもその『東京経済雑誌』さえ、町田氏の記したごとく、田口氏得意の史談、詩文等で、誌面のなかばをにぎわしていたのである。

(注)　町田氏の詳しい伝記は松村謙三氏の執筆で、町田忠治翁伝記刊行会から発行された。

『東洋経済新報』が明治二十八年に出来たのは、町田氏の思出記を見てもわかるとおり、まったく日清戦争のおかげであった。

日清戦後の日本

日本の経済は、明治維新後急速に西洋の制度技術が輸入され、近代化の方向に進んだが、しかし、まだいわばてんやわんやの状態で、国民の覚悟も、ほんとうには固まっていなかった。私が、しばしば引用したことのある福沢諭吉氏の手紙の中に、こういう一節がある。

「実に今度の師《いくさ》は空前の大快事、人間寿命あればこそこの活劇を見聞致候義、小生など壮年の時より洋学に入て随分苦しき目に逢うたることもあり、世間の毀誉《きよ》にかかわらず勝手次第に放言して、古学者流の役に立たぬことを説き、立国の大本はただ西洋の文明主義にあるのみと、長き歳月の間喋々して止まざるも、自ら期する所はあれども、とても生涯の中に実境に逢うことなかるべしと思いしに、何ぞ料《はか》らん、ただ今眼前にこの盛事を見て、今や隣国の支那朝鮮をも文明の中に包羅せんとす、畢生《ひっせい》の愉快実以て望外の仕合に存候」

右は当時六十二歳の福沢氏が、明治二十八年一月十七日、ある人にあて、日清戦役の勝利を喜んで出した手紙であるが、これによるに、この戦勝を見るまでは、彼ほどの先覚者も、そのいわゆる「西洋の文明主義」が、実際に果してどれほどの効果を日本に表わすかについて、十分の確信がなかったのである。しかるに日清戦争の結果は、にわかに、わが国民に自信を与える機会を供した。のみならず三千八百余万ポンドという、当時としては、それこそ望外の大金を償金その他で得たことは、これによって金本位を採用したことを初めとして、日本の経済の発展に大いなる刺激を与えた。しかも一面露独仏三国が講和条約に干渉を加えた事件は、さもなければ戦勝に陶酔したかも知れぬ日本国民の反省を促し、いわゆる「富国強兵」の必要を痛感せしめた。

『東洋経済新報』は、かように物質的にも精神的にも、日本の経済が大いに興るべき事情を備えた時期において現われたのである。シャンド氏のいわゆる「日本の富」、換言すれば時代の要求が、これを発せしめたのであった。

教科書のごとく読まる

『東洋経済新報』が創刊されたころの日本の社会が、いかに、この種の刊行物を要求していたかについては、天野為之博士が次のごとく記している。これは前に引用した町田忠治氏の「創刊当時の思出」と同様、『東洋経済新報』の創刊三十周年記念号に「余の経営時代」と題して掲げられたものの一節である。

「……余の初めてこの雑誌に関係せるは日清戦争直後則ち三国干渉、遼東還付の当時なりしを以て、我国民は慷慨悲憤、楚三戸といえども、秦を亡ぼす者は必らず楚ならんとの意気を示し、臥薪嘗胆《がしんしょうたん》偏えに国運の隆興を計れり。彼らは朝野を挙げて極めて真剣に極めて真面目に、如何にして国を富まし如何にして兵を強うし、以て三国に酬いん乎《か》と苦心焦慮せり。去れば政治家も実業家も皆な己れを虚《むなし》うして、以て聞き、善を択んで必ず従うの寛容謙遜の態度を取れり。しかも当時識者にして彼らの希望に応じて意見を吐露する者ははだ寥々《りょうりょう》たり。殊に遺憾なりしは学者にして実際の問題に解決を試みる者に至ては少数なりき。ここにおいてか我が経済新報は学理と実際との連結を計り、学理に基きて財界の重要問題を論議し、侃々諤々《かんかんがくがく》言わんと欲する所を言い、問わんと欲する所を問い、富者に諂《へつら》わず、貴者に佞《ねい》せず、厳正無私の立場に立ちて批判解決を発表し、朝野をしてその適帰する所を知らしめんと計れり。而して本紙諸論文の社会における反響は偉大なるものありたり。……」

実際当時の多くの識者階級が『東洋経済新報』を、あたかも学生が教科書を読むがごとく、ほとんど一字残さず読んだということは、後にいたるまで、それらの人々が語っていたところであった。私が直接その述懐を聞いた人の中には、たとえば横浜の有名な実業家原富太郎氏、後に日銀総裁になり、枢密顧問官で終った、深井英五氏らがある。町田忠治氏の回想記によれば、明治二十八年時代の小さな日本において、『東洋経済新報』は創刊の最初から三千以上の確実なる読者があったというのであるから、そのころの日本の識者階級は、ことごとく『東洋経済新報』の読者であったわけであろう。

大正十四年の創刊三十周年の際であったかと記憶するが、第一号以来の継続読者に、何か記念品を贈ろうではないかという案が出て、直接読者名簿を調べて見たことがある。ところが、その数が思いのほかに多く、当時の『東洋経済新報』の財政では到底まかない切れぬという結論が出て、残念ながらとりやめたことがある。大正十四年時代の財界の著名人で、創刊以来の読者でなかった人は、ほとんどなかった。

『東洋経済新報』創刊の経緯

『東洋経済新報』が初めて第一号を出したのは、すでに記したとおり明治二十八年十一月十五日であるが、その創刊者である町田忠治氏は、当時三十一歳の青年であった。同氏の回顧談(昭和七年五月二十一日号『東洋経済新報』千五百号記念特輯「東洋経済新報を語る」等)によれば、これよりさき、氏は報知新聞記者として、明治二十六年から二十七年にかけ、朝吹英二《あさぶきえいじ》氏の援助を受けて欧米を漫遊し、主としてロンドンにいたが、日清戦争が始まったので、急いで帰朝した。そして明治二十八年の初めから、この雑誌の発行を計画して、それが十一月に実現したのである。この計画は、しかし当時としては相当の冒険であった。町田氏は、その事情を次のごとく記している(前掲「創刊当時の思出」)。

「一介の貧書生がこの雑誌を発行するについては、実に少からぬ苦心を費した。友人中には、従来の経験上、経済を専門とする雑誌のごときは到底見込なきものだといってせつに忠告してくれた者もある。また帰朝後第一着手の仕事として、雑誌の如きに失敗させては面白からずと、諫止《かんし》してくれた者もある。余がこれらの忠告に耳を傾けず、所信を貫徹するまでには、実以て少からざる苦心を要したのである。先輩友人の同意を得るについても、数カ月の久しきを費した。而して余の挙に賛して、直接間接援助の労を吝《おし》まれなかったのは、渋沢子爵、故近藤男爵、豊川良平、朝吹英二、山本達雄氏等、いずれも明治十八年頃に創立された日本経済会員の主なる人々であった。……」

町田忠治氏は、この雑誌を発行する資金として、某氏から五千円の金を恵まれた。前掲の「東洋経済新報を語る」の中で、町田氏は「……その人の名前を出さずにおいてくれという約束だから言わぬが……真に貧書生の私を憐んで、義侠のある人が金を五千円、お前が勝手にそれでやっていけというので任されたのであります。今でも現にその人は居るのでありますが、これはしばらく申しませぬ」といっている。その出資者がたれであったかは、実は今でもはっきりしない。これを仲介したのが朝吹英二氏であったことは、右の談話の中で述べているが、出資者その人の名は、約束だからといって、町田氏は一生公言しなかった。

出資者はたれか

町田氏は一生、この出資者の名を公言しなかったが、しかし私は右の「東洋経済新報を語る」座談会が行われた際、町田氏の隣席にいたので「ほんとうは、たれなのです?」と聞いて見た覚えがある。そして確かに、その答えは「山本達雄さ」であったと記憶している。その後私は、これについて、何の疑問もいだかなかった。だから山本達雄氏がなくなられた際には、とくにこのことを『東洋経済新報』(昭和二十三年一月十日号)に書いたほどである。

　しかし改めて考えて見れば、そこに幾分の疑問も起らないでもない。明治二十八年といえば東京の白米小売値段が升十二銭程度の時代で、その折の五千円は、今日の五百万円にも当る大金である。山本氏は当時日本銀行の営業部長で、横浜正金《しょうきん》の取締役もかね、羽振りはよかったに違いないが、それにしても右のごとき大金をぽんと投げ出し、黙っていろよというほどの財力があったとは、少しく受け取れない感がする。それで、これはあるいは、当時の日本銀行総裁の川田小一郎のまちがいではないかとの説もある。前記の『町田忠治翁伝』によると、町田氏は終生川田氏の恩義を忘れず、しばしばその墓参におもむいたとのことである。しかし川田氏は明治二十九年に死去した人であるのに、町田氏は昭和七年に、前記の「東洋経済新報を語る」の中で「今でも現にその人は居る」といい、また大正十四年の「創刊当時の思出」の中には、『東洋経済新報』の創刊に「直接間接援助の労を吝《おし》まれなかった」人として、渋沢栄一、近藤廉平、豊川良平、朝吹英二、山本達雄の五氏を挙げているが、川田小一郎氏の名は加えていない。

　これらの点から考えるに、前記の出資者は、やはり私が聞いたとおり、山本達雄氏であったと判定すべきであろう。山本氏自身もまた、生前そのようにいっていたと聞いたことがある。ただしその金額は、あるいは町田氏に思い違いがあって、一ケタ下の五百円であったのではないかと想像される。

創刊当時の『東洋経済新報』の定価は一部七銭、十部前金六十五銭であった。発行は毎五の日で、月三回であった。ゆえに三千部がすべて七銭で売れたとしても、収入は一回二百十円、月六百三十円に過ぎない。しかるに町田氏の談によれば、前記の五千円の中、四千円足らずを雑誌発行の準備に使い、残りは自分の生活費か何かになったというのだから、もしそれがほんとうなら、六カ月分以上の総収入に当る金額を創刊費に使ったわけである。印刷所を自分で持ったのでもなく、家賃七円の町田氏の住居を事務所にして始めた雑誌に、そんな費用のかかろう理由がない。

明治二十二年天野為之博士は、前記の『日本理財雑誌』を創刊するのに、冨山房から出版した自著『経済原論』の印税二百円を資本としたということだが（浅川・西田共著『天野為之』一一六ページ）、これがむしろ常識に合った数字であろう。

町田氏から天野博士に

創刊された『東洋経済新報』は、今日の標準で見ても、なかなか立派なものであった。形は現在の同誌と同様、四六倍判〔B５判〕で四十ページ余、外に毎月一回、当時としては珍しい洋数字組みの外国貿易月表抄《げっぴょうしょう》十ページを付録にした。この付録は町田氏の大いに自慢にしたところであった。

本文の内容は、社説、論説、訪問録、東洋商業時事、欧米経済事情、雑報、銀行及び内外商

況等の欄に分ち、最後に東京諸商品相場表及び各国貨幣度量衡彼我対照表を、それぞれ一ページ付けてあった。

右の中、訪問録というのは、記者が諸名士に面会し、その意見を紹介する欄で、これもまた後年にいたるまで町田氏が、日本の新聞雑誌に、初めてインターヴィューの方法を試みたものであるとして、大いに誇ったところであった。第一号の訪問録には松方伯の経済談、第二号には井上子の鉄道談、第三号には渋沢栄一氏の内外経済策というぐあいで、なるほど、当時の経済界の読者に大いに受けたであろうと思う。

なお、そのころの『東洋経済新報』で目を引くのは、広告が比較的多いことで、第一号の二十八ページは特別とするも、その後も八ページから十六ページの広告が欠かさず出ている。日本郵船会社のごときは、折々一回七ページに及ぶ広告を出した。この広告収入は、雑誌の経営に有力な寄与をしたことと思う。

町田氏は、しかし東洋経済新報を自分で長く経営はしなかった。前記の「東洋経済新報を語る」によると、これは初めからの氏の考えであったということである。明治二十九年の末に、町田氏は招かれて日本銀行に入り、さらに三十年の春には同行の大阪支店に赴任することになった。そこで東洋経済新報は、たれか至急に後継者を作らねばならない仕儀となり、だいぶん苦心して物色した結果、大隈重信侯(当時は伯)や、日銀総裁の岩崎弥之助氏までをわずらわし、ついに天野為之博士(当時はまだ博士ではなかったが)をくどき落して、これを引き受けてもらった。それが明治三十年三月であったと思われる。

天野博士は、その後、明治四十年の春まで十年間、早稲田大学の教授と、早稲田実業学校の校長との劇職にかねて、東洋経済新報を経営し、その名論卓説をもって経済界を指導した。この間には経済界の不景気で、社業が不振に陥り、苦労した時期もあったようである。しかし、東洋経済新報は、この十年間に、博士の力によって確固たる基礎を築いた。そのため世人はその創立者が町田氏であることは忘れて、天野博士の東洋経済新報と呼んでいたが、町田氏から天野氏に東洋経済新報が譲られた際の事情は、「東洋経済新報を語る」の中にくわしく語られている。

天野時代の東洋経済

天野博士が東洋経済を経営した明治三十年から四十年にいたる時期は、後進国日本が初めて世界に乗り出し、列強の仲間入りして、帝国主義的活動を開始した躍進期に属した。それだけに内外にわたって問題は多かった。たとえば、明治三十年には金本位が実施された。三十一年には日本勧業銀行が作られた。三十二年には、明治初年からの問題であった条約が改正された。三十三年には北清事変が起った。三十四年には八幡製鉄所が開業した。三十五年には日英同盟が出来た。また日本興業銀行が創立された。三十六年には日露の関係緊迫し、ついに三十七年二月、日露戦争が始まった。三十八年には、日露講和条件に対する不満から、東京市内の焼打騒動が起った。三十九年には満鉄が創立された。四十年には日韓協約が成立した。

天野博士は、この多事の時代に、東洋経済新報をひきい、縦横の論議をたくましくしたのである。その詳細は、一々ここに紹介することは出来ない。が、ただ一言して置きたいことは、天野博士が、日英同盟を拡充して、これによってスエズ以東の平和を保障し、徹底した門戸開放主義をとれと、繰り返して主張していることである。当時の日本には(英国に起りかけた保護主義の影響を受けて)門戸閉鎖論が力を得はじめていた。天野博士は、これに対し、門戸閉鎖は国を衰亡に導くものだと論じた。

また、もう一つ、当時の東洋経済新報の特色は、軍部の横暴を攻撃し、その粛正を唱えたことであろう。明治三十六年八月二十五日号の社説「先ずこの陸海軍を制御すべし」のごとき、実に痛烈をきわめている。もしこれらの議論が早く日本にいれられていたら、天野博士の唱えたとおり、日本は今日大いなる繁栄を呈していたに違いない。しかるに不幸にして、われわれは、右と全く同じ議論を、大正昭和を通じて、ずっと繰り返さなければならぬ状況を続け、しかも、われわれの、その議論はいれられず、ついに今日の敗戦にいたったのである。

さて東洋経済新報は、かようにして天野博士の下にあって、明治三十二年一月、牛込東五軒町に移転した。それまでは、もとの町田氏の借家にいたのである。東五軒町の新事務所は、や

は り借家であったが、そのころ有名な角田真平氏がいた邸宅であったとかで、私は知らないが、相当広い家であったらしい。東洋経済新報が、初めて自分の社屋を持ったのは明治四十年で、その年の三月に、牛込天神町六番地に木造二階建の事務所が出来て移転した。それと同時に、社の組織も合名会社に改められ、天野博士は退いた。これよりさき、すでに明治三十三年の春から、博士は東洋経済新報の経営の実務からは遠ざかっていたのだが、ここにおいて、名実ともに社業をその門下に譲ったのである。天野為之署名の社説は、その後も続いて書いたが、これも四百二十五号(明治四十年九月五日発行)で絶え、また「牛中山人」の筆名で毎号掲げていた「漫言」も、四百三十号(同年十一月五日発行)限りで終っている。

かく執筆をやめたのは、一つは当時博士が健康を損し、逗子《ずし》鎌倉に転地療養をする状態であったからでもあろう。この明治四十年十一月は、『東洋経済新報』が創刊されて、ちょうど満十二年に当った。

天野博士時代の東洋経済新報については、くわしくは浅川・西田共著『天野為之』中にある。また私も、その『天野為之』伝の紹介(『東洋経済新報』昭和二十五年七月一日―二十二日号)中に若干の記述をしておいた。

天野博士が退いた後の東洋経済新報は、植松考昭、三浦銕太郎《てつたろう》、松岡忠美及び松下知陽の四氏が合名社員として、主幹に植松氏をおし、経営に当った。しかし松岡氏は、その後早く死去し、私がこの社にはいった明治四十四年には、植松、三浦、松下の三氏が合名社員であった。このうち松下氏は町田氏時代からの社員であったが、営業の担当で、編集経営にわたっての首脳は植松、三浦の両氏であった。

植松氏と三浦氏

ところが不幸にして、植松氏もまた大正元年に、まだ三十七歳──満でいえば三十五歳か三十六歳──の若さで病没した。私と同様、一年志願兵出の予備将校で、日露戦争に出征し、砲兵中尉であった。しかし前から結核があったそうで、ついにそのため倒れたのである。非常にすぐれた評論家で、また明治史の研究に興味をもち、西園寺《さいおんじ》公望《きんもち》、桂太郎、井上馨《かおる》、伊藤博文、山県有朋《やまがたありとも》、明治の政党内閣、維新革命史論等の史論を、明治四十年下半期から、つぎつぎと『東洋経済新報』(あとでは『東洋時論』にも)に発表した。その一部は書物にもまとめられた。

三浦氏は、私がこの社にはいったころには、しばしば腸を悪くしては寝こんだ。ある時には、医者からも短命を宣告された。御本人も、そのつもりでいたらしい。

しかるにその三浦氏が、年をふるに従って健康を増し、昨年は七十七の賀を迎え、なお大いに元気であることは慶賀にたえない。〔昭和四十七年五月八日没、九十八歳〕もっとも右の医者も、寿命のことは医者にはわかりませんがと、その折に付け加えていっていた。これは小林久太郎という人で、千葉医専出であったが、なかなかしっかりした医者であった。私が甲府中学の生徒時代、小林氏は、そのころ同市で有名だった高橋病院の内科医長であったので懇意になり、病気といえば、その後続けて同氏の世話になった(小林氏も、甲府の病院をやめて、東京の四谷に開業していたので)。三浦氏のところにも、この医師をつれて行ったのである。小林氏は、もう故人になった。

現に健在の先輩を前に置いてほめるにしても、くさすにしても、その批評をすることは気がひける。しかし三浦氏が、また非常にすぐれた評論家であることは、氏を知るたれもの認めるところで、私だけの言ではない。日露戦争ごろ、大阪の住友に迎えられる話があって、ほとんど決定したのであったが、たまたま植松氏が召集を受けたので、とりやめたのだと聞いた。その際住友に行っていたら、三浦氏も金持になっていたかも知れぬ(もっとも今度の戦争で、どうなったかわからぬが)。その代り日本はこの評論家を失い、また東洋経済新報も、どうなっていたかわからない。三浦氏のいない東洋経済新報社は、もちろん『東洋時論』を発刊することはしなかったであろうし、したがって私がこの社に世話になることもなかったであろう。こう考えると、私の運命は、三浦氏が住友に行ったか、行かなかったかで、非常な相違を来したわけである。そして、そのことはまた、大なり小なり、東洋経済新報にはもちろん、世の中にも、異なった影響を与えたに違いない。人生の微妙なつながりを思わしめられる。

昭和十三年三月、天野博士がなくなられた時、私は『東洋経済新報』に「本誌の育ての親天野為之博士の功業を追憶す」と題する葬送の辞を書いた(同年四月二日号)。博士は全く『東洋経済新報』の育ての親であった。もし博士がなかったら、折角町田氏が始めた『東洋経済新報』も、到底長くは続かなかったであろう。天野博士がなければ、他のたれかが継承したであろうとも考えられないではないが、しかし、日清戦後から日露戦後にかけての日本で、天野博士を除いて、経済評論家として、ついに名をなした人が現れなかったところを見ると、博士はけだし、当時において『東洋経済新報』の、ほかに代り手のない、唯一無二の継承者であったと思われる。町田氏は実に大した人を捜しあてたのであった。

しかし天野博士が『東洋経済新報』の育ての親であったということは、ただその十年間の経営時代に、この雑誌の権威を確立し、基礎を強固にしたというだけではない。博士がまた植松、三浦という立派な後継者を作ったことは、右に劣らぬ功業であった。もしこのふたりの名記者を育て得なかったら、『東洋経済新報』はまた今日にいたることは出来なかったであろう。

明治末期の経済

今日から顧みると、しかし当時の東洋経済新報社は、いたって小さなものであった。前に記したとおり、私が入社した明治四十四年一月の社員総勢は、給仕、小使までを入れて十七名ほどで、そのうち編集部員が植松、三浦両幹部を加えて七名であった。それで毎月三回(五の日)発行の『東洋経済新報』と、一回の『東洋時論』とを出していた。

『東洋時論』は、前に記したとおり、明治四十三年五月から始めた社会評論雑誌であった。

そのころの『東洋経済新報』の毎号の大きさは、四六倍判五十二ページ、二段組みで、金融市場、社説、論説、訪問、資料、雑纂《ざつさん》、演説、社会、放資、事業界、雑報、外報、株式市場、諸証券相場比較表、諸会社利益配当対照表、銀行及び内外商況(統計)等の諸欄に分れていた。

発行部数もまた少なかった。天野為之年譜(浅川・西田共著『天野為之』二八〇ページ)を見ると、その明治四十年三月三十一日の条に「発行部数五千部となる」と出ているが、博士の日記か何かに、こういう記入があったのであろう。もしこれが誤りでないなら、『東洋経済新報』の発行部数は、その後ずっと後にいたるまで、あまり増加しなかったわけである。

かように発行部数が少なかったのは、必ずしも『東洋経済新報』だけのことではなかったであろう。私の記憶では、月刊雑誌で毎月三千部出れば、まず一人前といわれたものであった。それほど、そのころの日本の読書界は狭かった。経済雑誌のごとき専門的のものが、しかも月三回の発行で、毎号五千部も出たということは、当時としては、むしろ驚くべきことであったかも知れない。

日本の経済界は、日露戦争を経て、大いに発展したとはいえ、今日から見れば、やはり小さなものであった。たとえば株式の数を見ても、明治四十四年当時の『東洋経済新報』の定期取引相場表には、東京市場で三十、大阪市場で二十六の銘柄が掲げてあるにすぎない。それで主要な株式は集められていたのである。

東洋経済新報は、また三浦氏の発案だそうだが、早くから会社記事に力を注ぎ、明治三十六年十月二十五日号から「放資事項」(後に「放資」と改む)という欄を設けて、毎号会社評論を載せていた。元来日本の経済雑誌の手本になった英国の経済雑誌には、『エコノミスト』でも、『ステチスト』でも、会社評論は載せていなかった(ずっと後にいたってやや載せるようになったが)。しかるに『東洋経済新報』が、明治三十六年から、これを始めたことは、日本の特殊事情によるとはいえ、なかなかの卓見であったと称してよい。

明治末年の経済雑誌

ところが、その放資欄に、たとえば明治四十四年の一年中に、どれだけの会社が載っているかと見るに、紡織が一番多くて、富士紡、鐘紡、三重紡、摂津紡、尼ヶ崎紡、帝麻、東京製絨《せいじゅう》、次は交通運輸で、日本郵船、大阪商船、東洋汽船、京浜電鉄、東武鉄道、京浜運河、第三は食品で、大日本製糖、明治製糖、横浜製糖、埔里社《ほりしゃ》製糖、日本製粉、第四は金融証券で日銀、第一生命、帝国生命、東京株式、第五は電気瓦斯《ガス》で東電、鬼怒川《きぬがわ》水力、東京瓦斯、第六はその他工業で王子製紙、小樽木材、北海道セメントというわけで、合計二十八社にすぎなかった。この他に会社がなかったわけでは、もちろんないが、株式放資の対象として世に注目される会社は、こんなものであったのであろう。株式放資者もまた狭い範囲の人々に限られていた。

こんな世の中だったから、したがって経済雑誌も少ない人手で間にあった。何百の会社に対して、それぞれの専門記者が、絶えず足をはこび、材料を集め、調査をするというような必要はなかった。

経済雑誌が、日清戦後、財界人によって教科書のごとく熱心に読まれたことは、前に記したが、この風潮も、日露戦後は変っていたようである。日清戦争は、三国干渉という事件もあって、日本国民の勉強をうながしたが、日露戦争は、日本をにわかに世界の大国の一に引きあげ、日本国民を、いささか増長慢にした。経済人も、皆それぞれてんぐになって、もはや経済雑誌を教科書のごとく、たんねんに読むなどという謙虚の気持はなくなった。もっとも、これは一面から見れば、世の中の進歩に対して、経済雑誌が昔ながらのマンネリズムに安じていたからであったかも知れない。いずれにしても、明治の末年は経済雑誌の発展期ではなかったようである。

したがって経済雑誌の数も少なかった。『東京経済雑誌』は、大正十二年の関東大震災で、数寄屋橋付近にあった会社が焼けるまで続いていたが、明治三十八年田口卯吉博士がなくなって後の同誌ははなはだ振わなかった。石山賢吉《けんきち》氏の『ダイヤモンド』は大正二年の創刊で、明治四十年代には、まだなかった。増田義一氏の『実業之日本』、野依秀市《のよりひでいち》氏の『実業之世界』はあったが、いずれも専門の経済雑誌とは性質の異なるものであった。『国民経済雑誌』(明治三十九年創刊）は学術雑誌であった。前にも記した『銀行通信録』や、『統計集誌』は続いて出ていたが、ともに特別の団体の機関紙であって、一般の経済雑誌の中にはいらなかった。その外、どんな物があったか、いま覚えていないが、とにかく経済雑誌で、『東洋経済新報』の向こうを張るものが、明治の末期の日本になかったことは確かである。これが出て来たのは、大正時代、第一次世界戦争からであった。

第一次世界戦争

第一次世界戦争（その初めは欧州戦争であった）が日本の経済にどんな影響を与えるかは、たれにも最初は予想し得なかった。第一に戦争が、あんなに長く、また大規模にひろがろうとは、想像されなかった。英のキチナー元帥が、この戦争は三年続くといったので、皆が驚いたが、あまり、まじめには受け取らなかった。

実際の経過を見ると、最初半年ほどの間の経済的影響は悪かった。世界の為替市場は停止するし、株式市場は閉鎖するというわけで、日本の経済界も一時恐慌状態に陥った。生糸の暴落防止のため、帝国蚕糸株式会社が初めて出来たのは、この時（大正四年三月）であった。また米価の維持のため、政府が米の買い上げを行ったのも、この折が最初であったろう（大正四年一月米価調節令公布）。

ところが表面かかる困難にあえいでいる間に、経済の基調は変りつつあった。大正四年の春から、日本の貿易は輸出の増加で、珍しく毎月輸出超過を続けた。かくて結局大正四年から七年までの四年間に、日本の国際収支は、商品貿易で十四億六千万円、貿易外勘定で約十四億円、合計約二十九億円に及ぶ受取超過を表わした。今日〔昭和二十五年〕の貨幣価値でいうと、六千億円をこえる大きな金額であった。

日本は、明治の初めから、ただ、その十五年から二十六年にいたる期間を除いて、ほとんど連年輸入超過であり、支払超過であった。これは日本の経済の発展のために必要なことであった。けれども、この決済には絶えず苦しんだ。ことに大正二年ごろからは、ひどかった。正貨は、ほとんど尽きんとした。外債が出来なかったからである。

そこに思いがけず、大正四年からの輸出超過と受取超過が起ったのだから、国民は狂喜した。何せよ輸出は、数量の増加と、単価の騰貴とで、大正三年の約六億円が、五年には十一億円余、六年には十六億円余、七年には約二十億円と急増し、ここに前記の輸出超過が現れ、加えるに、船舶の運賃収入等の貿易外の受取勘定が激増したのであるから、経済界は、あたかも黄金の大水に見舞われたごとく、好景気に酔っぱらった。のみならず、戦後にも、半年ほどの挫折《ざせつ》の後、戦時中にも増す好景気が、一年続いた。

この戦時戦後の大好景気には、不健全の要素もかずかずあったが、しかし日本の産業界は、これを機会に大飛躍をした。従来の紡績業等がさらに大いに勢力を広げたばかりでなく、製鉄とか、造船とか、種々なる化学工業とか、今まで日本で発達しなかった多くの産業が、皆この時期に興った。もっとも大正九年春の反動以後、久しく続いた不景気で、それらの新興産業は、いずれも非常な困難をなめ、倒れたものも現れたが。

第一次世界戦争は前記のしだいであったから、経済雑誌界にも好影響を与えた。『ダイヤモンド』誌が大正二年の創刊であることは、前に記したが、しかし同社の『創業二十五年史』によると、その発展を見たのは、大正四、五年からであった。

会社評論の発達

十年あまり前、ある場所に、ちょっと私はこう書いたことがある。『ダイヤモンド』誌の成功は、もちろん根本的には、石山社長の記者として、また経営者としての、すぐれた才能によるところだが、また大いに時代に恵まれたことも否定出来ないと。それは、『東洋経済新報』が、日清戦後の経済発展期に基礎を築いた事情と、ほとんど同じであった、といえるであろう。

新しい経済雑誌もまた、戦時から戦後にかけて、たくさん出来た。その一々は覚えていない。また、その中に今日まで継続しているものは、おそらくないであろう。しかし、当時現れた経済雑誌には、一つの、はっきりした特徴があった。それは会社記事、証券記事を主とするものであったことである。いわゆる私経済中心で、公経済には重きを置かなかった。『ダイヤモンド』誌のごときも、そのころは、やはり、そうであった。株式通信とか、投資相談とかいうものが盛んになったのも、この時代からであった。

右の傾向は、日本の経済雑誌史上特筆すべきことである。前にも、ちょっと英国の経済雑誌について述べたが、いずれの国の経済雑誌でも、日本の経済雑誌のごとく、多くの誌面を会社記事に費し、その評論に努力しているものは、おそらくあるまい。外国の経済雑誌にも、まるで会社記事が出ていないわけではなくても、その多くは、会社の発表する事業報告書の紹介程度にすぎない。一冊の雑誌に、十も二十もの長文の会社評論が、ずらりと並べられているという風景は、過去においても、現在においても、諸外国の経済雑誌には見ないところと思う。それだけに、また日本の会社評論は、実質においても、たしかに世界一である。それは経済評論中、日本において、特に発達した一部面である。

どうして、かように会社評論は、外国において発達せず、日本において盛んになったか。外国の事情は、私は知らない。しかし、すべて何物でも、その供給は、需要の多少に従って増減するのであるから、会社評論も、外国では、これを必要とする読者が少ないのであろう。ところが、それが日本では、はなはだ多い。そのわけは、思うに日本の株式投資者あるいは投機者には、その判断の手引きになる信用すべき材料が、ほかには、ほとんど皆無であるからである。

日本の会社の発表する事業報告書は、第二次世界大戦以来、ことにひどくなったが、その以前でも、記載が不親切で、ごまかしが多く、それだけを見たのでは、経理の専門家でも良否の判定を下しがたい場合が多い。

また日本には信用すべき会計士制度も確立していなければ、興信所のごときものも当てにならない。だから日本で、もし経済雑誌が、この欠陥を補う役目をしなかったら、専門家ならぬ一般の人々は、株式投資にも、投機にも、手の出しようがなかったであろう。

しかるに会社事業は、第一次世界戦中から戦後にかけて激増し、投資ないし投機熱は全国的に広がった。ここに、すなわち会社評論は、かの隆盛を見たのである。しかし、その株式熱も、好景気が去るとともに衰えたから、一時は、ぞくぞく現われた私経済中心の多くの雑誌が、大正九年以後の不景気の間に姿を消し、ただ、その中で、すぐれた『ダイヤモンド』誌のごときが、堅実な基礎を固めて残ったというわけである。

『東洋経済新報』についていえば、第一次世界戦中戦後の株式熱からは、大したおかげを受けなかったと思う。というわけは、当時この雑誌は会社評論にあまり力を入れず、はては、ほとんど、これをやめてしまったからである。

『株界十年』の人気

『東洋経済新報』が、会社評論のために特別の欄を作ったのは、前に記したとおり明治三十六年であって、この方面に注意を向けた最初の経済雑誌であったと思う。ところが実は東洋経済新報には、会社評論に大いに興味をもち、その専門家になろうという記者はいなかった。新しく東洋経済新報に志望して来る若い人たちも、政治や、社会問題に興味をいだくものが多く、会社回りをすることなどは、どちらかというと、皆いやがった。これは、その時代の、この社の首脳者が、植松考昭氏にしても、三浦銕太郎氏にしても、また、その跡を引き受けた私にしても、元来が会社評論向きでなく、したがって雑誌そのものに、そのにおいが欠けていたからであろう。

しかし、それでも大正五年の一月五日号は、別冊付録の『株界十年』で飛ぶように売れた。新年号の例として、それは前年の暮れに出したのだが、たちまち売り切れて、書店から注文が殺到し、印刷工場の正月休みが終るのを待ちかねるようにして、再版をした。当時印刷は牛込の日清印刷(後に秀英舎と合併して今の大日本印刷になった)に頼んでいた。

『株界十年』は当時の株式市場の上場株の過去十年間の月々の相場の最高、最低、平均を一冊にまとめただけのもので、実はそんなに人気に投ずると思って企画したのではなかった。ところが、それが、えらく売れたのだから驚いた。その一月十五日号の社告には「発行後旬日にして既に四版を重ね、目下取急ぎ第五版の印刷中」とあり、また注文の殺到で、本社にも書店にも、しばしば品切れを生じ、郵便発送の分も意外の延着になったと、おわびをいっている。株式景気の始まりだったのである。結局この『株界十年』は三月ぐらいまでの間に八版まで出したかと思う。もっとも、その再版以後の印刷部数は、一版千部か、そこらであったであろうから、今から考えれば大したものではなかった。

『株界十年』はかように非常な人気で、書店の中には、その権利を譲ってくれというて来るものもあったほどで、『東洋経済新報』では、大正六年にさらに相場の掲載年次をふやして『株界十三年』とし、後には『株界二十年』までに発展して、しばしば発行した。

株式評論の方も、後に大阪商事の重役になった杉山義夫氏とか、あるいは後に『ダイヤモンド』誌に移った安田与四郎氏とかがいて、もちろん相当にやらないのではなかった。安田氏は前にも、私が知らないころ、一時東洋経済新報にいたことのある人だそうだが、年齢も私より、はるかに先輩で、会社でも、株式でも、政治でも、外交でも、一般経済でも、あらゆる方面に、人なみ以上の知識と識見とをもつ有能、老練の記者であった。もう故人になったが、その人柄も淡白で、まれに見る好紳士であった。

きらわれた会社評論

しかし、それにしても『東洋経済新報』の会社評論は、あまり、にぎやかなものではなかった。毎号に掲げる会社の数は少なかった。『ダイヤモンド』誌等が、この部面の記事で大いに売り出している際に、これは営業政策の上から見ても、有利な行き方ではなかった。しかし当時のわれわれはそういう問題には、いたって無関心であった。そして大正十年六月からは、多年続けて来た「放資」欄もやめてしまった。他に会社評論を専門にする雑誌も出来たのだから、そういう私経済的部面は、その方に任せて、われわれは、われわれの特徴である一般経済に全力を集中すべきであるというのが理由であった。

私にしても、また、当時すでに『東洋経済新報』の有力な記者であった高橋亀吉《かめきち》君にしても（同君は経済記者希望で、大正七年に伊藤重治郎氏の紹介で、久原鉱業から転じて来たのであった）、もともと会社記事は苦手の方であったから、こんな勝手な議論が全社を支配したわけである。

もっとも読者の中にも、『東洋経済新報』が、会社記事を掲げることに、あまり好感をもたない人もあった。たとえば、前にも引用した昭和七年の「東洋経済新報を語る」という座談会で、深井英五氏（当時日銀副総裁）は、近来『東洋経済新報』も、「投資案内」のような要素を加えているが、「大勢を観察する経済一般に関する論策と、一事業会社の経営振りを観察するのとは、頭の態度が大分違う」はずであるとし、『東洋経済新報』が、その私経済的気持に毒されることがないかと戒めている。そのころは、『東洋経済新報』も大いに会社評論を掲げていたからである。

また、その折、町田忠治氏は、深井氏の論に相づちを打って、

「初めこの雑誌を作る時にも、会社の評論のことを考えたことがあるが、御承知の通り英国のエコノミストには、これがない。スタチストには会社の事が書いてあるが、どうも俗な様に考えて……またその人もなかったので、取り扱わなかった。……いかにもお話しの通り……一歩誤ると、大変面倒になるおそれがある」

といっている。

公経済と私経済とは違う――これは根本的に誤った考えだと思うが、しかし『東洋経済新報』

の古い愛読者の中には、深井氏のごとき感想をいだく人も少なくなかったと思われる。

大正十年六月以後、『東洋経済新報』は、会社評論を全然書かなかったわけではないが、書いても、それは社説とか、調査欄とかに入れうる程度のものにすぎなかった。大正十二年の震災後(同年十月十三日号から)

会社評論欄の再興と『株式会社年鑑』

「事業と会社」という欄を設け、いくらか、まとめて会社評論を出したこともあるが、それも翌年三月二十二日限りでやめた。

本式に会社評論欄(「事業界」といった)を再興したのは、大正十四年五月三十日号からであった。その再興は、初めは、はなはだ難産で、だれも自信をもって編集の責任を引き受ける者がなかった。そこで、やむを得ず、私自身が、しばらく担当した。それには何か特色を出そうというので、会社の経営効率の計算なるものを始めた。大正十五年の一月初号には、その計算に基いて『百十六会社の株価と実質』という付録をつけた。今日の『東洋経済新報』の会社評論は、すこぶる盛んなものであるが、それは大正十四年の再興以来、逐次《ちくじ》充実して来たスタッフの力によるものである。

なお、ちょっと付け加えておいてよいかと思うのは、大正十一年から『株式会社年鑑』を出したことである。第一回は同年十一月に発行したが、それには百五十一会社の過去十八期間の貸借対照表と収支計算書とを会社発表のまま、省略なしに集録した。六百五十ページの大冊であった。この年鑑は、その後昭和十七年まで、年々続けた。

『東洋経済新報』は、会社評論には不勉強であったが、一般の統計資料等とともに、会社の営業報告書も、早くから、よく集めていた。前に記した『株界十年』も、古くからの株式相場表が、手もとに保存してあったから出来たのだが、この『株式会社年鑑』も同様であった。大正十四年に「事業界」を比較的容易に再興し得たことも、一つは、こういう資料が整っていたからであった。明治時代に、古く創立された会社でも、その第一回の報告書からそろっていた。

それらの資料は、大正十二年の地震の際にも、焼けなかった。幸いに社屋が、まだ牛込にあったからである。それで日本銀行やその他、方々から頼まれて、資料のうち、二重三重にあったものは、希望にしたがって分けた。しかし中に一つ、どうしようかと迷ったものがあった。それは東武鉄道の第一回からの報告書で、会社には、震災でなくなってしまったから、ぜひ、もらいたいというのであった。やってしまえば、これはかけがえのない資料であるから困るとは思ったが、しかしこちらには幸い『株式会社年鑑』が出来ていて、実用にはそれで足りるし、もともと会社からもらったものでもあるしと考えて、入用の際は、いつでも貸してもらえるという条件つきでとうとう割愛した。

その時の根津社長(今の社長の先代)の依頼状は、現在でも東洋経済新報社のどこかにあるかも知れない。大正十一年に『株式会社年鑑』を作ったことは、偶然だが、大正十二年の地震の被害の備えにもなったわけであった。

日清戦争と、第一次世界戦中戦後とが、日本の経済雑誌の二つの発展期であったとすれば、第三回目のそれは、昭和四、五年から、十二、三年ごろまでであったといえよう。

昭和四、五年以後の経済雑誌の需要

この期間の日本の経済界は、昭和六年十二月の金輸出再禁止以降、外国貿易の増進と財政の膨張とで、リフレーションの恵みを受け、物価は上り、生産は増し、景気は大いに振興した。第一次世界戦争の際、頭をもたげ、その後の不景気で閉塞《へいそく》していた新興産業が、いずれも活気を取りもどした。のみならず満州事変をきっかけとして始まった軍備拡張で、新たに多くの軍需産業が起り、大いに繁栄した。すべての文化が同様だと思うが、経済雑誌の発展は、いつも経済界の好景気に伴なうのである。

のみならず、この期間の特徴は、ただ経済界が好景気であっただけではなかった。まず、その好景気をもたらす端緒をなした金輸出再禁止が行われるまでには、昭和四年七月以来、浜口内閣の金解禁政策について、国をあげての大論戦が二年半にわたって続いた。

さらに昭和六年十二月の金輸出再禁止で、景気が好転してからも、問題は次から次と発生した。まず為替相場が暴落して、その前途がどうなるかが大問題であった。そこに昭和七年五月には、五・一五事件が起った。

八年三月には米国に大恐慌が爆発し、ルーズベルト大統領のニュー・ディール政策が始まり、また九年一月には、ついに米国の平価切り下げが行われた。その間日本は国際連盟の脱退を決定し(八年三月)、国際関係は急速に悪化した。

このため、一時、あるいは国際連盟の経済制裁が、日本に対して加えられるのではないかと心配された。幸いに、その経済制裁はなかったが、しかし八年四月にはインドが日印通商条約を破棄し、その後続いて、日本の貿易は、いろいろの形で、多くの国から圧迫を受けた。九年十二月、日本はワシントン条約の廃棄を通告した。十年十二月には問題のロンドン軍縮会議が開かれた。国際関係は、いよいよ険悪を加えて来たところに、十一年二月には二・二六事件が起り、またその十一月には日独防共協定が結ばれた。かかる形勢のもとに、日本の貿易は急速に逆調に転じ、これに驚いた政府は、十二年一月、突如、輸入為替の許可制を実施した。そして同年七月には蘆溝橋《ろこうきょう》事件が起った。

ちょっと拾いあげても、こういう大事件が応接にいとまなく続いた。今から思えば、それは第二次世界大戦の、いわば序曲時代であったのだから、当然のことであった。経済界は、前途の見通し難に、絶えず脅かされた。

経済雑誌は、ここに大いに需要されたのである。前途の見通し難に苦しんだ経済界は、その指導を経済雑誌に求めたからである。

井上蔵相の放言

昭和四、五年以後の経済雑誌は、右のごとき事情で需要されたのだから、その内容は、いわゆる公経済が中心になった。会社評論も、もちろん衰えはしなかった。それどころか、金再禁止以後の経済界は、前に記したとおりの好景気で、会社事業も大いに発展したから、会社評論の需要は、ますますふえた。東洋経済新報も、深井氏のごとき古い読者から気にされるほど、会社評論に多くの誌面をさいた。しかし、それにもかかわらず、記事の重要性は一般経済に移った。株式に興味をもつ読者でも、一般経済の動きを知らずには、投資も投機もできない時勢になったからである。

経済雑誌の読者はまた、この時代に急激に増加した。当時政界において財政通をもって聞えた大口喜六氏でさえ、昭和四年に金解禁問題が起るまで、『東洋経済新報』の存在を知らなかったというのだから（前掲「東洋経済新報を語る」）、経済雑誌の読者がそのころまで、いかに狭い範囲に限られていたかがわかる。

しかるに金解禁問題以来、経済を知らずには、世の中のことはわからないという観念が一般にひろがって、経済雑誌は、単に財界人だけの専門雑誌ではなく、いわば大衆化するにいたった。もちろん総合雑誌等も、盛んに経済論を掲げたが、それはまた、やがて経済雑誌の読者をひろげる働きをした。『東洋経済新報』『ダイヤモンド』、それから、大阪毎日新聞が大正末期から始めた『エコノミスト』〔大正十二年四月創刊〕の外に、経済雑誌の数もふえた。

こういうわけで、金解禁問題及びその後続いて起った多くの事件は、日本にとって、決して幸いをもたらしたものではなかったが、しかし経済知識を広く普及する役目だけはした。病気が流行して、衛生思想が普及するようなものである。

昭和五年か六年ごろ、井上蔵相は、金の再禁止をやってもよいが、それでは、金解禁に反対することで飯を食ってる連中が困るだろうと放言したと、当時何かの新聞に出たことがある。たぶん私とか、高橋亀吉君とか、小汀利得《おばまとしえ》君とかをさしたのであろう。井上という人は、そのくらいのことをいう人であった。しかし、それも必ずしも当らない悪口とばかりはいえなかった。井上蔵相が無理な金解禁をやったために、経済雑誌あるいは経済記者が、大いにはやらせてもらったことは確かに事実であった。むろん、世の中のためには悲しむべきことであったが。

昭和四年の金解禁問題以来、経済問題に、世間の一般の人々の注意が集まったことから、もう一つ、思い出される顕著な現象は、経済講演に対する需要が盛んになったことである。

自由思想講演会

いったい講演とか演説とかいうものは、ずっと古く、明治憲法の発布ごろのことは知らないが、その後は、日本で、あまり盛んではなかったようである。衆議院議員の総選挙があるごとに、候補者の演説会はいたる所で開かれて、私なども先輩や友人の応援弁士に折々駆り出されたものである。しかし選挙演説というものは、多くの場合、はなはだ低調で、聴衆もいたって少ないのが常例だった。

大正三年から、しばらくの間、私が幹事役で、三浦銕太郎、田中王堂、田川大吉郎、植原悦二郎、関与三郎、平野英一郎、石沢久五郎、野崎竜七らの諸氏とともに、自由思想講演会というのをやったことがある。このうち三浦、野崎及び私の三人は東洋経済新報社のもので、他は社の友人として、明治四十五年ごろから、月に一回くらい、当時まだ牛込にあった東洋経済新報社の二階で会合をしていた人々であった。王堂氏は、前に書いたとおり、私の先生、関君は学友であった。

この会合の起りは、まだ植松主幹の在世時代で、片山潜氏も加わっていたことがある。大正十二年の地震後まで、しまいには途切れがちではあったが、継続した。目的は、会の名を、のちに雑話会と称したごとく、ただ何となく雑談をするだけのことであった。東洋経済新報としては、こうして、これらの諸君の知恵をかりようというわけであった。しかし集まったものは、いずれも当時としては急進的の自由主義者で、したがって話題は常に、どうしたら日本を軍閥官僚の専横から救い、民主化しうるかということに集中した。

ところが、こうして、いつも話し合う結果は、きまって一つの結論に到着した。それは、国民の教育を改めるより外に妙法はない、ということであった。しかし教育を改めるのには、その教育制度を支配する国政が改まらなければダメなのだから、右の結論は、実際問題としては少しも結論になっていなかったのである。

　そこで、はなはだ心細いしだいだが、われわれとしては、力の及ぶかぎり、筆と口とで自由主義を鼓吹するよりほかに手段はないということになり、公開講演会を開く計画をしたのである。自由思想講演会という名は、英語のフリー・シンキングから取ったもので、王堂氏の提議によったのである。

　この講演会を幾たび開いたか、記録もあったが、戦災で焼いてしまったので、わからない。しかし私の不完全な日記や、『東洋経済新報』を繰って見るに、第一回は大正三年五月十七日(日曜)の午後一時から帝国教育会で催し、植原悦二郎、田中王堂、田川大吉郎の三氏と、私が出演している。それから第六回を、大正四年六月五日(土曜)の午後六時から、神田教会で開き、田中王堂、三浦銕太郎、石沢久五郎の三氏と私とが出ている。その後も牛込の芸術倶楽部、本郷上宮教会等で開いているが、たぶん最後は、大正五年十月十五日の午後一時から、神田美土代町の入道館で開いたものであったろう。

　この最後の時は、ちょうど大隈内閣が倒れて、寺内内閣が出来た折で、『東洋経済新報』の広告には、特に政局論評講演会と記してある。田川氏が「特権政府乎《か》議院政府乎」、私が「哲人政治と多数政治」、三浦氏が「桂短命内閣と寺内内閣」、植原氏が「憲法上に於《お》ける元老の位地」という演題で話している。寺内内閣は、いわゆる藩閥内閣で、特に言論に対する取り締りがひどく、田川氏は、この内閣のもとに舌禍を受け、大正六年四月入獄のうきめを見た。そんなわけで、自由思想講演会もやめたのではなかったかと思う。

ところが、こう書くと、いかにもはなばなしい講演会であったように思われるが、事実はさにあらず、聴衆はいつも、ぱらぱらと数えうるほどしかはいらなかった。私の日記には、大正四年二月二十二日に神田女子音楽学校で開いた際の聴衆を二十名と書いている。これは特に少なかった場合であろうが、しかし他の際でも、これを大いに上越すものではなかった。一つは宣伝が不十分であったからでもあろうが、大体において講演を聞くという人気が乏しかったのである。

大正七年、原内閣の時代になって、当時経済学者として有名だった福田徳三氏らが黎明会というものを組織し、講演を始めたが、これも長くは続かなかったようである。

経済講演の流行

ところが、昭和四年に金解禁問題がやかましくなるとともに、前に述べたごとく、経済講演に対する要求が、にわかに起って来た。ことに感じたのは、今まで経済問題に無関心であったと思われる人々の間にも、その要求が強く現れたことであった。

私の日記によると、昭和四年の八月二十四日の午前八時から、神楽坂警察署で、金解禁問題の講演をしたことがあるが、この依頼を受けたとき、私の周囲のものは、あるいは、これを口実に私を検束するのではないかと心配したものである。後に経済警察が出来てからは、警察官の経済問題に対する関心は、当然はなはだ深くなり、私も諸所の警察署や憲兵隊などに招かれたが、右の神楽坂署の場合は時期がまだ早かったので、不思議に感じられたのである。

女学校とか、地方の女子青年会とかいう方面にも、経済講演が求められた。ラジオの放送にも、私などが呼ばれるようになった。高橋亀吉、小汀利得、山崎靖純、勝田貞次らの諸君が、そのころから、ずっと続いて最も人気のある経済講演者であった。

東洋経済新報は、金解禁問題から、その後の時局をとおして、雑誌の上でも大いに活躍をしたが、またさかんに諸所で講演会を開き、その方でも断然世の先頭に立った。その最初の公開講演は、たぶん昭和四年九月二十八日の午後、大阪の大阪ビル講堂をかりてやったそれであったろう。その折には武藤山治氏の依頼で、同氏の実業会館でも公開講演をした。講師は私だけであった。しかし、その後は、右にあげた四人の諸君や、時事新報の森田久君、名古屋高商の高島佐一郎教授、清沢洌《きよし》というような諸君に大いに出てもらって、場所も東京、大阪、京都、神戸、名古屋、横浜等の六大都市はいうまでもなく、北は北海道、南は九州までの大きな都市、それから朝鮮の京城〔現在のソウル〕にも及んだ。昭和七年から十四年までが、ことに盛んであった。

東洋経済新報の講演会の一つの特色は、多くの場合、入場料を取ったことである。尾崎行雄氏は早くから、その演説会に入場料を取ったと聞いていたが、私もそれがよいと思った。前に記した自由思想講演会でも、十銭とか五銭とかいうわずかなものだが、入場料をもらった。昭和四年以後も、出来るかぎり、その式にした。たまには、入口で金を取るといって、おこって帰る人もあった。

初めて京都で、ある新聞社の講堂をかりて、公開講演を開いたとき、その新聞社が後援をしようといってくれた。せっかくの好意だから、喜んで承諾したが、入場料を取ると聞いて、取り消して来た。金を取っての経済講演に人が集まるわけはなく、そんな講演会に後援の名をかしては、新聞社の名誉に関するというわけであった。ところが、その講演会は、いわゆる立錐《りっすい》の余地なき盛況であった。その時の講師は、私と、たしか今の京都府知事、当時の京大教授の蜷川虎三《にながわとらぞう》氏であった。

わずかばかりの入場料を取ったとて、どれほどの経費の足しにもなりはしない。しかも聴衆はいくらか減るに違いない。けれども私の経験によると、無料の講演会には、ほんとうに聞く気でなく、いわゆる冷やかしにはいって来るものがある。それは、まじめな経済講演や思想講演には、じゃまになる。十銭でも二十銭でも、とにかく金を払ってはいって来る人たちは、よい聴衆だ。私は、たとい入場者は少なくても、その方が講演の効果はあると信じて、こういう方針を取ったのである。

講演が、かように盛んになって来たためであろう。政府でもまたいろいろの講演を始めた。

昭和十三年に、池田成彬《しげあき》氏が商工大臣になると(第一次近衛内閣)、商工省の仕事として、全国の諸所で講演会を開く企画を立てた。これは池田氏が大臣をやめてからも、しばらく続いた。講師には役人ではだめだというので、われわれが動員された。そのほか、大政翼賛会とか、大蔵省の貯蓄奨励局とか、文部省の何であるとかが、また競って全国的に講演をして歩いた。

かくて昭和十四年ごろは、講演全盛時代を現出したかに見えた。私も、その年には、経済倶《ク》楽《ラ》部《ブ》の分までをあわせると、百回以上の講演をした。

東洋経済新報の社屋

東洋経済新報社が、この時期、すなわち昭和四年以後に始めたことで、思いのほかの成功をおさめた一つは、経済倶楽部の設立であったが、これも以上に述べた講演流行の線に沿うたものであった。ただし始める時には、そんなに深く考えたわけではなく、実は新築社屋の利用法として、他に、もっとよい案がなかったことが、おもな動機であったといえよう。

東洋経済新報は、すでに述べたとおり、最初は牛込新小川町の町田忠治氏の借家、それから明治三十二年に東五軒町の借家に移り、明治四十年三月、初めて自分の土地建物を牛込天神町に持つにいたった。

この天神町の建物は、木造二階の洋館で、正確な大きさは、いま記憶がないが、たぶん土地が百坪足らず(初めは、もっとあったのだが、市区改正で削られたのであった)、建物が五、六十坪のものではなかったかと思う。ところが、それでは狭くなったので、大正十年に、ほとんど土地いっぱいに建物をひろげ、かつ新築部分は、やはり木造ではあったが、三階にした。それが、その年七月に完成した。同月二十七日の『東洋経済新報』には「本社新築記念号発行予告」として、次の社告が載っている。

「本社は昨年末より工を起し、事務所新築中でありましたが、最近いよいよ落成しました。固より世の大建築に比すれば、御恥かしいような物ですが、それでも三階建百余坪の白色建物は、一雑誌の発行所として必ずしも小ではありません。顧れば明治二十八年牛込区の小さな貸家で創刊せられた本誌は、明治四十年初めて現在の場所に事務所を新築し、ここに一時期を画し、本誌発展の基を開きました。幸にして本誌同人の努力は江湖の迎うる処となり、明治四十年の建物では狭隘《きょうあい》を感じ、再びこれを新築するに至りたるは同人の深く喜びとする処であります。本誌はこれを機として更に第二次大発展の道程に上りたく、その第一歩として今秋十月を期し、欧州戦中戦後の世界財界の経緯を調査せる大臨時増刊の発行その他の新計画を立てました。読者諸賢の倍旧の御声援を偏《ひとえ》に願上ます。」

この記念号は、『戦時戦後列国財政経済史』と題して、大正十年十一月二十六日号の付録として出した。一度原稿は出来上ったが、どうも気に入らず、さらに私が新築の三階に泊り込みで書きなおすというわけで、発行日がおくれたのである。出来ばえは相当のものであったと、いまでも思っている。第一次世界戦時戦後の列国の財政経済について、他にはこれだけまとまったものがなかったので、陸軍経理学校などでも、そのころ、これを参考書に使っていたようであった。

また右の社告に「一雑誌の発行所として必ずしも小ではありません」と書いたのにも、ちょっと話がある。大正十年七月工事がおわると、十六日の夜新社屋で祝賀会をやった。その折お客さんとして招いたのは、天野為之博士、田川大吉郎氏、またそのころ『東洋経済新報』に「本邦輸出入品詳解」というものを続けて書いていた坂口武之助氏らであった。その席で天野博士は、社業の発展を喜び、やがてマーブルの建築が出来ることを祈ると、祝辞を述べた。ところが、博士のあとを受けて立った田川氏は、こういう話をした。

自分は、この前、渡英した折、ロンドンのエコノミスト社をたずねたが、その建物は、はなはだ小さな、みすぼらしいもので、これがあの世界的に有名な『エコノミスト』の発行所かと驚いた。人のごときも、いくらもいないようであった。このロンドンのエコノミスト社に比較すると、今度の東洋経済新報社の建物は、実に堂々たるものである。世界においても、これほどの社屋をもつ雑誌社がいくつあるか、疑問である。どうぞ、雑誌そのものにおいても、またロンドンのエコノミスト社にまさるものであるように、今後いよいよ努力されたい。

それは、ほんとうに、よい話であった。あの社告に、一雑誌の発行所としてうんぬんと書いたのは、この田川氏の話から取ったのである。

茅場町と本石町

かようにして社屋の広さは、一応満足しうるものになり、大正十三年に、組版工場を自分で持つようになった際も、この社屋の一階の一部をこれに当てるだけの余地があった。『東洋経済新報』の印刷は創刊以来、明治四十二年六月十五日号までは秀英舎の市ヶ谷第一工場、それ以後は牛込榎町の日清印刷に依頼していたが、大正十三年十一月から、組版だけを自社で作り、それを日清印刷で機械にかけてもらう方法にしたのである。本誌ばかりでなく、『経済年鑑』とか、『株式会社年鑑』とかいう細かい数字の統計物がだんだんふえて来たのと、編集締切日と発行日との間隔を短縮するには、組版を外に頼んだのでは、組代ばかり高くかかり、うまく運ばなかったからである。

ところが、この社屋に対しても、また苦情がわいて来た。前に述べたとおり、大正の末年から東洋経済新報も、会社記事に大いに力を入れることになったが、それについては担当記者が、たえず諸会社に足を運ばなければならない。しかるに社屋が牛込の奥にあったのでは、出入がおっくうで、自然、調査が疎漏《そろう》になるというのである。今も東洋経済新報にいるが、そのころから勉強家であった小野文英君が、この苦情組の旗がしらであった。結局今の社屋を日本橋に造るにいたったのは、この苦情が動機であったから、この点において小野君は、東洋経済新報の中央進出の第一の功労者であるわけである。

しかし、この苦情は、簡単に解決しうる問題ではない。中央に出ることに、たれにも、むろん異議があろうはずがないが、その実行は容易なことでないからである。ところが、たまたま昭和四年の夏、中学以来の私の友人で、そのころ眼科医として相当名のあった医学博士の草間要君が、日本橋茅場町《かやばちょう》の停留場のすぐ近くに、診療所を建てる計画をした。この建物は、今は所有者が替り、太平ビルというものになっているが(草間君は建築完成後、不幸にして間もなく病没した)、その隣に空地があった。かねて東洋経済新報も、中央に出る希望があると知っていた彼は、どうだ、この空地に来ないかと誘って来た。

場所は少し丸の内からは遠いが、その代り証券市場は近い。土地は、やや小さすぎるが、がまんの出来る程度である。三浦氏も、これは、あるいは良い機会であるかも知れぬから、一つ乗り出して見ようではないかという意見で、さっそく話を進めることにした。

もしこの折、右の空地の地主さんが、直ちに、これを貸すか、売るかしてくれたら、東洋経済新報は、あるいは、そこに移っていたかもわからない。この空地は、現在は周囲の様子が少し違っているようだが、なお自動車の置場になっていて、当時の面影を止めている。

ところが幸か不幸か、その地主さんは、自分で、この土地を使う計画であったとかで、容易に承知してくれなかった。今その人が、たれであったかは忘れたが、当時カブト町の有力者だった杉野喜精、片岡辰次郎の両氏に交渉を依頼したことから考えると、やはりその方面の関係者だったかと思う。結局右の両氏のあっせんで、話はまとまるにいたったが、しかしそれは非常におくれて、たぶん昭和五年に持ち越したのではなかったかと記憶する。

そこにもう一つ、思いがけないところから地所の話が来た。今の東洋経済新報の本館のある場所である。現在木造建物がある両側と裏とは、その後拡張したのであって、最初はついていなかった。

この本石町の地所(そのころはまだ本町といっていた)は、当時この付近の大地主であった鹿島家の物であったが、その地上権を、いま東洋経済新報にいる岸本秀吉君の親類で、岡本市太郎という人がもっていた。しかし岡本氏は何かの都合で、その権利を売りたいのだが、東洋経済新報ではどうであろうと、岸本君から私に話があった。岸本君は、そのころ鎌倉の湘南倶楽部と称した産業組合の主事であった。この組合は大正十二年の震災後、鎌倉の復興に役立たせる目的で作ったもので、当時鎌倉の住人であった私は、最初からの行きがかり上、その世話をやいていた。神戸高商の出身である岸本君も、私の手でこの組合に来てもらったのである。

こういうわけで、偶然この土地が現れて来たが、見ると位地は、はなはだ良い。大きさも百坪ほどで、手ごろである。ただし、日本銀行がそのころちょうど拡張工事中で、道をへだてて目の前に立ちはだかるので、日当りなどが、どうであろうかと思ったが、これも深井日銀副総裁にあって聞いて見ると、心配はないことがわかった。こうなっては、少々けちもついた茅場町の地所に行く気はなくなって、折角あっせんしてもらった杉野、片岡両氏にはすまないが、その方はお断りした。それが昭和五年の二月から三月のことであった。

土地は、こうして、良いところが手にはいったが、さてこの上に、どんな建物を造るか。東洋経済新報だけの必要からいえば、二、三百坪もあれば十分なのだが、場所がらとして、あまり低い建築では、周囲とのうつりが悪い。といって、せいの高いものを建てようとすれば、費用が多くかかる。おかしなことに東洋経済新報は、昔から世間では裕福な雑誌社と思われていたらしいが、事実ははなはだ反対で、この時も建築資金の用意などは一文もなかったのである。

借金コンクリート

しかし幸いに、この当時は復興建築助成株式会社というものがあった。大正十二年の地震後、政府の保護のもとに出来た会社で、不燃焼家屋の建築には、建築費の七割を低利長期の年賦で貸してくれた。またその外に、不燃焼家屋の建築には、一坪にいくらという政府の補助金もあった。前に記した草間君の家も、主としてこの二つによって造ったので、彼は戯れて鉄筋コンクリートではなく、「借金コンクリート」だといった。東洋経済新報の社屋も、この借金コンクリートだったのである。

この時造った東洋経済新報の建物は、地下一階、地上五階で、総坪数は五百坪足らずであった。ただし五階の裏半分は露台にした(後には、この露台をつぶして、経済倶楽部がホールを造ったが)。高さは五階の床面までが四十五尺で、そのため各階の天井を低くした。というわけは、政府の補助が、地上四十五尺までの床面積に応じて出されることになっていたので、これに合わせて設計したからである。また地下室には補助金がなかった。もし将来空襲というようなことを考えたら、当然地下室にも補助金を出したであろうが、そうでなくても、どうして地下を除いたか、私は当時も、これを、はなはだ遺憾なことだと思った。

建築費は、いくらかかったか、いま記憶がないが、復興建築からの借り入れが九万円ばかり、補助金が一万四、五千円、それに何がしか足した程度で、内部の設備一切を入れて総計二十二、三万円のものではなかったろうか。この数字は、もちろん不確実だが、とにかく今日から見れば、うそのように少ない金額であったことは、事実である。

東洋経済新報の社屋が、それによって出来たからというわけではないが、日本のごとく、民間資本の蓄積の少ない国で、都市の不燃焼化をはかるには、この復興建築助成会社とか、政府の補助金というものが、ぜひとも必要だ。

新社屋の利用法

本石町の新社屋は、昭和五年九月十五日に地鎮祭をし、出来上ったのは昭和六年六月であった。その十日、十一日、十二日、十三日の四日間、「明治初期経済文献展覧会」を新社屋内に開いて移転の披露をし、また十四日には、全社員の家族を招いて、社屋を見てもらった。

ところで、この建築にかかる初めから、頭をなやました一つの問題があった。それは、東洋経済新報だけでは、これだけの面積を必要としないが、残りの部分を、いかに利用するかということであった。ごく最初は、やはり経済倶楽部のようなものをやろうかと考えた。これが東洋経済新報としては理想的だと思った。しかし、その実行に自信がもてなかった。そこでいろいろ迷った末、最後の設計をきめる時には、平凡ながら無難の道を選んで、三階と四階とを貸室にすることにして案を立てた。今の経済倶楽部に、倶楽部として、いろいろ建物上の不便があるのは、そのためである。

しかし、この無難な道として選んだ貸室案が、実は決して無難でないことがわかった。いかに貸室とはいえ、へんな会社などに入り込まれては、こちらの仕事が経済雑誌であるだけに、迷惑する。といって、大きな信用のある会社に借りてもらうほどの広いスペースはない。そこで、いろいろ知人の間に、適当の借手はないかと当って見たが、ちょうど金解禁の不景気の真っ最中で、丸ビルさえもガラアキだといわれた時であるから、こちらの希望するような借手は、とうてい捜しうる見込みがなかった。工事は貸室案の設計で、すでに進行しているのだが、そこで再び考えを最初にもどした。

だが倶楽部を作るとなると、はなはだ多くの人の賛助を受けなければならない。これは容易なことではない。三浦氏にしても、私にしても、それまでは、いわば超然と牛込の奥に引っ込み、天下を論じていたかっこうで、財界の有力者に知り合いは、ほとんどなかった。ただ大正十一年から、われわれの発起で、金融制度研究会という少人数の会合を始め、これに加わってもらった関係で、三菱銀行の瀬下清氏、山一証券の杉野喜精氏とは、大いに親しくした。また鐘紡の武藤山治氏とは、前に述べた金解禁問題以来、にわかに懇意になった。昭和六年に経済倶楽部を作るころ、財界の有力者で、特にわれわれの相談に乗ってくれそうな人は、そのくらいのものであった。

これよりさき、勧業銀行の総裁だった志村源太郎氏は山梨県人で、私も同郷である縁で近づき、三浦氏とも大いに親しくした。同氏は、前に記した金融制度研究会に最初から熱心に参加していたばかりでなく、東洋経済新報の経営にも人知れず力を尽してくれた。しかしその志村氏は昭和五年八月死去したので、経済倶楽部の設立の時には相談に乗ってもらえなかった。

東洋経済新報は、日本のビッグ・ビジネスの代弁者だというようなことが、しばしば外国でもいわれるが、実情は右の有様で、ビッグ・ビジネスとはいたって縁が薄かった。経済倶楽部が出来てからは、やや交際は広くなったが、しかし、いわゆるビッグ・ビジネスと特に深い関係をもったことはなく、われわれもまた牛込時代同様に、勝手な放言をするだけで、いっこう、たれにも遠慮はしなかった。たまたま東洋経済新報の議論がビッグ・ビジネスの利益と一致することもあったかも知れぬが、また、はなはだ一致しないことも多かった。前に記した金解禁問題の場合のごときも、大財閥は、すべて井上蔵相支持であったのだから、これに激烈に反対した東洋経済新報は、後にいたってはとにかく、当時は、彼らから大いに憎まれたわけである。

経済倶楽部の成功

しかし右にあげた二、三の人に、経済倶楽部の考案を話した結果は、最初のわれわれの心配とは反対に、いずれも双手をあげて賛成してくれた。武藤氏は、それなら私から三井のものにも話してやろうということで、三井合名の常務理事の有賀長文氏にも会った。またその有賀氏の仲介で、三浦氏と私とは、初めて(三浦氏もたぶん初めてであったろう)三井合名の理事長の団琢磨氏にもあった。私の日記によると、それは昭和五年十二月二十三日であった。有賀氏は、古いころ『東洋経済新報』の寄稿家でもあった人で、よくこの雑誌の性質を知っていてくれたので、ことのほか喜んで、かような世話をしてくれたのであった。

経済倶楽部は、こうして、これらの人々の尽力で、たちまち相当数の会員が出来た。昭和六年六月十日、当時農相であった町田忠治氏を議長にして創立総会を開き、七月八日には第一回の晩餐会を催して、その折の大問題であったフーヴァー・モラトリアムについて、森賢吾氏(大蔵省財務官として内外に名があり、昭和六年ごろは東京電灯の重役であった)を中心として座談会を催すまでの運びにいたった。

思い起すと、ここに記した人々には、えらい世話になったわけだが、今はすべて故人になった。

経済俱楽部は、以上のしだいで、思いの外にスラスラと出来上ったが、しかし、われわれとしては、それだけで安心は出来なかった。また東洋経済新報なり、三浦氏なり、また私なりを信用して、快くこの設立に賛成して尽力してくれた人々も、実は心の中では、どんなものかと相当懸念していたらしい。

経済俱楽部は、東洋経済新報社とは経営上関係なく、独立の団体として発足したとはいえ、万一収支つぐなわない場合には、責任上もちろん、その始末は東洋経済新報で引き受けなければならないと、われわれは覚悟しておった。

また賛成した有力者も、たとえば瀬下氏のごとき、どうせ一年の終りにでもなったら相当の犠牲を払わされるつもりでいたがと、ある時正直な述懐をしていたほど、最初は、はなはだ良いことではあるが、やっかいなものを持ち込んで来たものと思ったに違いない。

ところが、いよいよ始めて見ると、事実は全く懸念と異なる結果を示した。初め五百名かにきめた定員は、半年ほどの間にいっぱいになり、こんな狭い所で困るではないかと心配しながら、定員数を増さなければならない盛況を呈した。おかげで東洋経済新報も、俱楽部のために金銭上の負担をする必要がなかったばかりでなく、比較的安くはあったが、ちゃんちゃんと室料がもらえ、おまけに俱楽部自身には積立金が出来るという、他の俱楽部には、あまり例のない結果を示した。

これは、前に記したごとく、偶然ではあったが、講演流行の波にこの仕事が乗ったからであった。あるいは、経済倶楽部が、むしろ講演流行の先き駆けをし、その風潮をあおったといってもよいかも知れない。

経済倶楽部は、その規約の第一条にもうたったごとく、「経済の実務と学理との連絡をはかり、我国公私経済の発達に必要なる知識の交換及研究を為す」というのであって、社交とか娯楽とかいうことには、初めから目的を置かなかった。それは第一この倶楽部の設備の上から不可能であった。そして毎週さかんに講演や座談会を開いた。それが、かえって時代の要求に投じたのである。他の倶楽部も、これに刺激されて、また大いに講演に力を注ぐにいたった。経済倶楽部はたしかに講演流行熱をあおったと思う。

経済倶楽部の名称

かかる機関に、どうして経済倶楽部と名づけたかというに、これもいろいろ迷った末であった。

東洋経済新報は、以前「東洋経済会」(明治三十九年四月発会)というものを作って、毎月一回ぐらいずつ講演会を催し、その筆記を雑誌にも載せていた。東京経済雑誌にも同じような会があった。会場には、九段の坂上にあった富士見軒という西洋料理屋を、主として使っていた。しかし、この東洋経済会は、しばらく中絶していたので、最初は右の名を復活し、東洋経済会にしようかとも思った。私の日記の昭和五年十月三十日のところには、「東洋経済会設立計画考案」と書いてある。

だが、どうも東洋経済会という名は、やや堅くるしい感があり、その他いろいろの点でぴったりしないので、何か他に良い名はないかと考えていた。ところが、たまたまエコノミック・クラブというものが、英国であったかにあることを、何かの書物で発見した。もちろん、その正体はわからぬが、こちらにすれば、普通の倶楽部の形体も、多少はかねた機関であるので、ちょうど当てはまるように思われ、これを訳して経済倶楽部としたのである。

私の日記の昭和六年一月一日の個所に「経済倶楽部規約及趣旨書起稿」とあるから、右の名は、昭和五年の十一月から十二月の間に、出来たのであろう。今日は、経済倶楽部の名は、やや普通名詞化して、やたらそこらに何々経済倶楽部と称するものが出来たが、実は、その名は右のごとく、相当苦心のすえ作ったのである。

ただし、ここに断っておかなければならないことがある。それは当時白木屋を経営していた山田忍三氏が、われわれよりも先に東京経済倶楽部というものを作り、少数の会員ではあったが、同店内で折々会合を催していたことである。これは全く思いがけないことであった。もし名前争いをするなら、時の先後からいって、われわれが譲らなければならなかった。しかし山田君は、あえて苦情も唱えず、自分の方の名を変えようとまでいってくれた(実際に変えたかどうかは覚えがないが)。もちろん山田君は、われわれの経済倶楽部の会員にもなった。

経済倶楽部は非常に評判が良かった。経済倶楽部にはいっておれば、刻々起り来たる経済界の大問題について、最新の知識と最高の批判とが聞けると、会員は喜んだ。講演の筆記をポケット版の冊子にして配布したことも、大いに受けた。

経済倶楽部の全国化

この経済倶楽部の成績から、東京以外にも同様の計画を試みたら、という議が起った。しかし、それはかなりおくれて、昭和十一年に初めて大阪に関西経済倶楽部が出来た。この設立には、東洋経済新報の関西支局長であった阿部嘉蔵、次いで阿部君に替った宮川三郎の両君が大いに力を尽した。さらに昭和十三年には、神戸と京都と名古屋とに出来た。名古屋では、私が名古屋新聞からもらって来た佐藤伊兵衛君が、東洋経済新報の名古屋支局長として、大いに活動した。

こうして、次々と経済倶楽部は全国にひろがり、昭和十七年末には、以上の五カ所の外、岡山、広島、福岡、横浜、足利、小樽、札幌、函館、長崎、佐世保、熊本、浜松、京城、小倉、大分、姫路、高松、徳島、高知、坂出《さかいで》、松山、新潟、秋田、福山、福島、尾道、郡山、横手、松江(以上設立順)の三十四カ所に及んだ。東洋経済新報は、その地方支局を通じ、また支局のない所は本社自ら、それらの経済倶楽部の世話をした。

戦争で、言論報道の制限が、だんだんひどくなってからでも、経済倶楽部での話は限られた会員だけに対するものであったから、かなり自由にすることが出来た。われわれは、この点においても、これは良いものを作っておいたと喜んだ。もっとも折々は、その話が警察や憲兵の耳に入り、問題を起したこともあったが。

しかし、かように盛況を呈した各地の経済倶楽部も、昭和二十年の三月ころから米機の空襲が激しくなり、交通が困難をきわめるにいたって、ほとんど運営不能に陥った。地方には講師が出向きがたくなり、東京でも、多くの人が集まることはむずかしくなったからである。そして、それきり、戦争後も、地方には再興し得ない経済倶楽部もあったが、最近は、それらが、ほとんど皆活動を再開したばかりでなく、新たに経済倶楽部が出来た地方もあると聞くことは、喜ばしい。

八　戦時・戦後の生活

転宅物語

私は大正元年に、初めて家庭をもったが、それから方々を引越してあるいた。まず最初に住まったのは、本所の錦糸町であった。これは二階の間借りで、下は職人も二、三人いる車大工の店であった。当時、妻が学校につとめていたので、この場所を選んだのである。都電(そのころは市電)が、錦糸堀と、江戸川橋とを、それぞれ終点として運転していた時代であったので、牛込天神町にあった東洋経済新報社に通うのには便利であった。私の経済学の勉強は、この電車の中で、セリグマンの『経済学原論』を読んで、始めたのだということは、前に書いた。

ついで大正二年の春、妻が学校づとめをやめるとともに、牛込原町に移った。今度は間借りではなく、八畳と四畳半と、玄関二畳という、小ぎれいな、新築の家であった。戸口から見れば立派な一戸建てだが、実は壁一重で背中あわせが隣という、そのころ、よく見かける貸家作りであった。長男は、この家で生まれた。

次に越したのは、小石川の護国寺から横にはいった亀原というところであった。今の豊島《としま》区雑司《ぞうし》ヶ谷《や》町に当るであろう。大正二年の十一月か、十二月ごろであったと思う。

私の不完全な日記は、大正三年からあるが（その後欠けている年もあるが）、この大正三年一月三十一日に、そのころ牛込にあった東洋経済新報社の近所の小池という家具屋から、月賦でデスクと回転いすとを買った、代金は十九円であったことが書いてある。また二月四日には、本籍を高田村雑司ヶ谷三十一に移すとある。たぶん、これが亀原の家の正式の所番地であったのであろう。このデスクは、今でも鎌倉の家にあるが、袖《そで》に引き出しの付いた相当大きなものである。いすは、すでにこわれてしまった。くわしいことは忘れたが、新居が出来るとともに、このデスクといすとを持ちこんで、大いに勉強しようとしたものと思われる。

右の亀原の家は、それまで植原悦二郎君が借りて住まっていたのだが、同君が他に転居するについて、たいそう良い家だから、あとに来ないかと勧められ、引越したのであった。持主が自分の住宅として作ったものとかで、まだ新しく、かつ庭の広い家であった。おまけに、この家にはそのころまだ少なかった電灯も付いていた。前の家には電灯がなく、ガス灯であった。

しかし亀原にも、あまり長く住まわず、大正三年八月、牛込戸塚町諏訪中通り一〇三番地（そのころは、まだ郡部であった）に越した。諏訪神社の近所であった。当時この辺に住まっていた三浦さんの奥さんが、捜してくれたのである。三浦さん夫妻は、私ども夫妻の仲人である。今は、すっかり家込みになり、道路の様子も変り、昔の面影はなくなったが、そのころは、畑の中に、ようやく家が建ちかけたという程度で、すこぶる閑静な土地であった。

なお、世の中は広いようで狭いとは、よくいうことだが、トヨタ自動車の前の副社長の隈部工学博士の夫人が、右の家の持主のお嬢さんであったと、最近同夫人が、用事があって来られた際、聞かされて驚いた。

その次には、大正四年八月、小石川区高田豊川町五十八番地に越した。庭には石があり、池があり、小さいながらも良く出来ていて、四畳半かの離れもあるという家であった。ここで娘が生まれた。

近所には、これと同じような貸家を、同じ家主が二、三軒持っていて、その一つに、当時早大教授であった会津《あいづ》八一《やいち》君も住まっていた。

また、道路をへだてては、陸軍中将で、第二次西園寺内閣の時、陸軍大臣もつとめた石本新六男爵の屋敷があった。私が後に懇意になった石本恵吉君は、この石本新六男の長男であった。ただし、そのころは、まだ知らなかった。今この石本男の屋敷は分割されて、住宅が建っているようである。

早稲田から鎌倉

次には、大正五年十一月、下戸塚の三百五十二番地に引越した。この家は早稲田大学の裏がわで、すぐ下がグラウンドであった。近所には相馬邸(今の甘泉園)や、永井柳太郎君の家もあった。その後、早大の敷地も、グラウンドわきの道路も、ひろがって、私の住んでいたところは切りくずされ、道路の中にはいってしまったらしい。ただ当時戸張孤雁君が来て、門のわきに植えてくれたポプラが一本大きくなって、道路のわきに残っていたが、それも今はどうなったか、はっきりしない。

この家は、古家をどこからか移したものであったとかで、あまり良い家ではなかった。しかし木口は悪くなく、落ちつきもあった。ことに二階が、わりあいに広く、書斎にぐあいがよかったので、自分で廊下にガラス戸を入れたり、小さい庭に植木を植えたりして、思いのほかに長くいた。太平洋戦争で戦死した次男は、ここで生まれたのである。またここに住まっていた間に、大正六年の早大騒動ということもあって、思い出の深い家である。

ところが、大正八年の一月か、二月ごろであったろう。三人の子供がハシカから肺炎になりかけ、そのあとの療養のため、医師のすすめで、妻と子供を鎌倉に転地させた。初めは半年も鎌倉にいたらよかろうということで、東京の家は、妻の母に来てもらって、私と書生と三人ぐらしでやっていた。しかし、その後の子供らの状況が、もう少し落ちついて鎌倉にいる方が良さそうに思われたので、ついに同年九月東京の家を石沢久五郎君に譲り、私たちは一家をあげて鎌倉に転居した。

以上が、私の東京における転宅物語である。そのころ、ある先輩は、よく石橋のところでは引越すなあ、といって笑ったが、たしかに、よく引越したものである。しかし、それには、それぞれ相当の理由のあったことで、必ずしも無意味に越してあるいたわけでもない。いわば生活の発展に伴なった動きであったともいえるであろう。そのころは、近所の米屋や酒屋に払いがたまり、夜逃げをするという話も、折々聞いたが、幸いに、私には、そういう経験はなかった。

しかし、引越しも、決して楽なことではなかった。当時は今日ほど住宅払底ではなく、捜してあるくと、貸家は相当に見つかった。だが、気に入る家はなかなかなかった。いや、ないことはないのだが、これはと思う家は、家賃が、こちらの予算にあわない。そのころ婦人雑誌に、しきりに家計の研究が発表されていたが、それによると、家賃は収入の一割どまりでなければならぬというのが、定説であったようである。しかし、私は一度として、収入の一割どまりの家に住まったことはなかったであろう。

大正三年の日記の六月十日のところに、たまたま給与のことが書いてあるが、それによると、半期賞与金四十五円、本月より月俸五十円とある。その八月に戸塚町の諏訪に引越しているが、この家の家賃は何ほどであったか、記載も記憶もないからわからない。しかし、むろん五円以上であったことは明らかである。小さくとも家族の居間とは離れた書斎を持ちたく思うと、住宅費は、どうしてもかさまざるを得ない。私は、住宅には比較的ぜいたくで、いつも身分不相応の家賃を払っていた。

鎌倉に住宅新築

鎌倉においては、最初、妻と子供らとだけの間は、坂の下の海岸近くに間借りをした。もっとも間借りといっても、避暑客目当てに作られた離れであって、一戸建の家と異ならなかった。ただし、こういう家には、毎年夏には、きまった予約者があるのが普通であって、そのため私どもも、その夏は、さらに長谷《はせ》の観音前のそば屋の裏の、あまり、からりとしない離れを借りて移らなければならなかった。

のみならず、いよいよ東京の家をたたんで、私までが鎌倉に住むとなると、こうした家ではせますぎる。そこで方々捜した結果、海浜ホテルの前通りに、幸い、相当の家があったので、これを借りた。家賃はいくらであったか、覚えていないが、そのころの鎌倉の貸家は、夏場二カ月借りても、一年借りても、家賃は同様であった。だから一年通して借りるものにとっては、案外安い家賃になった。

その代り、当時の鎌倉は、今日と違って、交通は、はなはだ不便であった。横須賀線は、まだ電車ではなくて、蒸気機関車の引く列車であった。時間は東京まで、二時間か、あるいはもっと要したのではなかったかと思う。列車の回数も少なく、しかも、その中には、大船で乗りかえを要するのもあった。その後蒸気機関車が、電気機関車に変り、さらに電車になって、だんだん往復の回数も増し、時間も短縮して、今日にいたったのである。

こんな交通状態だったから、七、八両月の避暑期以外には、鎌倉に住居して、東京に通勤するものは少なかった。逗子に住むものにいたっては、いっそう少なかった。だから東京・鎌倉間の列車の座席は、いつも、ゆうゆうたるもので、時間が長くかかるだけに、読書には、かえって、もってこいであった。私は、この往復の汽車の中で、リカードのような、相当面倒なものを勉強したことを覚えている。

海浜ホテルの前の家には、大正八年の九月に移ったが、ちょうど、それは第一次世界戦後の大好景気時代にあたり、東京方面の住宅が不足したからであろう、そのころから一年を通じて鎌倉に住む人がふえて来た。同時に、鎌倉の家賃も、夏場だけでも、一年でも同じだというような、のんきなわけにはいかなくなった。ことに私の借りていた家は、初めは持ち主が東京の商人か何かであったのが、鎌倉のものに変り、それからひんぱんに家賃の値上げを要求して来た。家賃の上るのも困るが、第一はなはだ不愉快であった。そこに、たまたま勧める人もあって、自分で家を建てようと考えるにいたったのである。

しかし家を建てるといったとて、自分に、それだけの金の用意があったわけでない。借金をするよりほかに道はない。その金を、貸してくれたのは、大杉潤作、石本恵吉、松崎伊三郎の三君だった。松崎氏は、浅草の大きなかばん製造業者で、古い『東洋経済新報』の愛読者であり、三浦氏も私も懇意にしていた。同氏は、大分の高齢で、先年死去したが、その店は今でも浅草蔵前に栄えている。石本君も、また死んだ。大杉君は健在で、今は郷里の静岡県磐田《いわた》郡井通村に引っ込み、地方の世話をしているが、めったに会う機会もない。令息は早稲田大学の先生をしている。往時を回想して、感慨無量である。

　こうして鎌倉の家は、大正十一年の六月末出来上り、さっそく七月一日に引越した。ところが、翌十二年九月一日の大震災で、この家は、幸い火災は免れ、また、つぶれもしなかったが、しかし建物全体が二尺ほど南側の庭の中に飛び出すという、ひどい損害を受けた。そのためまたまた借金を重ねた。この復旧工事中は、石本君が当時持っていた鎌倉大仏裏の別荘に、何週間か住まわせてもらうという、やっかいにもなった。

米穀専売研究会と金融制度研究会

　右に松崎伊三郎、石本恵吉両氏の名が出たついでに、米穀専売研究会と、金融制度研究会とのことを記しておこう。

　大正七年八月、寺内(正毅《まさたけ》)内閣の時であった。米の値が暴騰して、ために米騒動なるものが、富山県の滑川《なめりかわ》から始まり、全国各地に広がった。暴民が、米屋や、富豪を襲い、一時は、はなはだ容易ならざる形勢であった。寺内内閣は、このため辞職して、九月末、原(敬)内閣が出来た。所管の農商務大臣は、仲小路廉氏から山本達雄氏に変った。仲小路農商相が暴利取締令を発動して、しきりに米屋を圧迫し、米価を下げようと計ったのに反して、山本新農商相が、暴利取締令は伝家の宝刀として、大切に保存してはおくが、使わないという意味の、当時有名な声明を行ったのは、この時である。おかしなもので、内閣の、この更迭《こうてつ》で、人心の不安は収まった。しかし米価は下がらなかった。世論は盛んに米価問題を議した。

私は、いろいろ考えてみたが、日本の米ないし麦をも含めた主食の問題は、結局、国家の専売にするよりほかに、その解決策はないという結論に達した。というのは、右の大正七年の場合のごとく、米の値が暴騰する際の処置としてだけではない。実際に日本が米の問題で、いつも苦しむのは、その値が高くなる折よりも、むしろ、かえって下がる時であった。たとえば、大正四年には、米価調節令を公布し、また大正十年には、米穀法と米穀需給調節特別会計法とを設けて、政府は米の買入れを行った。いずれも米価の低落を防止するためであった。大正十年の場合を示すと、前年一、二月ごろには、一石五十五円二十銭の高値を表わした深川正米標準相場が、その十二月には二十五円三十銭の安値を出した。高値より、半分以下に暴落したのである。米の値は、わずかの豊凶の差で、しばしば、かような激しい騰落を示した。政府は、その激しく下落する場合、農家の経済を救うため、右のごとき処置を講ぜざるを得なかったのである。

しかし私は、真に米価を調節し、消費者にも、農家にも、生活の安定を与えるためには、昔の、いわゆる常平倉《じょうへいそう》式の政策で、一部の米を買上げるとか、払下げるとかいう程度のことではだめだと思った。大正七年八月二十五日号から、九月二十五日号の四回にわたり、私は『東洋経済新報』の社説として、その理由を解説し、米穀専売法私案なるものを発表した。ただし私の専売案は、煙草《たばこ》のそれとは全然違い、一粒の米も生産者の自由にならないというような窮屈なものではない(昭和二年、東洋経済新報社から出版した私の『新農業政策の提唱』中に、右の私案と説明書とを収録しておいた)。

この専売案には、思いの外に賛成者が多かった。松崎伊三郎氏は、その最も熱心なるひとりであった。大正八年には、鈴木梅四郎氏らも加わって、米穀専売研究会が作られ、その名によって、この案は、当時政府が設けた財政経済調査会にも提出された。

なお、米穀専売の研究はその後しばらく諸方で行われ、たとえば代議士の吉植庄一郎氏(庄亮氏の厳父)のごときも、私のとは、全く構想を異にした案を発表した。中橋徳五郎氏も、また、これに興味をもち、私が初めて牧野良三氏と知り合いになったのは、この問題のためであったと思う。牧野君は若きころ、中橋氏のために秘書(?)の役をつとめていたのである。

金融制度研究会は、のちに経済制度研究会と改名したが、最初東洋経済新報が世話役で、大正十一年十一月に作った。当時問題になりかけていたわが国の金融制度の改革案を研究する目的で始めたもので、昭和三年ごろまで継続して、しばしば会合し、「中央銀行制度私案」(大正十四年二月)、「長期金融制度私案」(昭和二年二月)、「恐慌後の金融制度改革案」(昭和二年七月)等を発表した。会員は三十五、六人であったが、石本君はそのひとりであった。その外のおもなる会員は井上辰九郎、石沢久五郎、橋本貞市、大内兵衛、野々村金五郎、久保田勝美、矢作栄蔵、山崎覚次郎、三浦銕太郎、志村源太郎、志立鉄次郎、清水文之輔、杉野喜精、瀬下清というような顔ぶれであった。

なお石本君は、前に述べた太平洋問題研究会にも、われわれの同志として加わり、その会の最後の結論として、大正十年に出した『軍備制限並に太平洋及極東問題に関する会議に就ての勧告』の英文は、同君の手で翻訳されたのであった。

また前記の経済制度研究会は、昭和四年ごろから、しばらく中絶していたが、昭和七年組織を改め、名も通貨制度研究会と改めて再興した。その必要経費は、池田成彬氏に依頼し、三井銀行の金融研究会から出してもらった。その研究報告が昭和九年に出た。この会は、その後、全国の金融学界の機関として作られた金融学会の、いわば前身をなした。

東洋経済自爆の準備

鎌倉の家が出来てからは、その改造や増築をしたことはあるが、引越しは、もちろん、やめた。よく引越すと笑われた私も二十余年動かなかった。

しかし昭和十七年に、ある事情によって、東京に一軒の家を買った。芝の西久保広町で、芝中学前の高台であった。

当時東洋経済新報社は、戦時中にもかかわらず、依然として自由主義を捨てないという理由で、いわゆる軍部と称するやからから、ひどくにらまれた。軍部とは、どこに実際存在するのか、正体は全くわからぬしろものであったが、しかし、とにかく、かれらは情報局を支配し、言論出版界に絶対の権力をふるった。東洋経済新報は、この権力のもとに、その性格を改めて、かれらの気に入る雑誌社になるか、さもなければ、つぶれるほかはないという危機に立った。社内にも、私にやめてもらって、軍部に協力する態勢を取ろうではないかと主張するものが現れた。

私は、この主張に断固として反対した。私が、やめることに決して未練があるわけではない。けれども今さら私が退き、軍部に協力するというたとて、それで果して東洋経済新報が存続しうるや否や、疑問である(現にそうしたにかかわらず、結局存続し得なかった例があった)。また、かりに存続したとしても、そんな東洋経済新報なら、存続させるねうちはない。東洋経済新報には伝統もあり、主義もある。その伝統も、主義も捨て、いわゆる軍部に迎合し、ただ東洋経済新報の形だけを残したとて、無意味である。そんな醜態を演ずるなら、いっそ自爆して滅びた方が、はるかに世のためにもなり、雑誌社の先輩の意思にもかなうことであろう。私はこういう信念のもとに、あえて、がんばり、内外の圧迫に屈しなかった。

しかし私が、かような態度を取るからは、実際に東洋経済新報社は、いつ自爆を余儀なくされるかも、わからない。これに対する準備は必要だ。私は、ここに、二つのことを考えた。

第一に、自爆する場合は、二百あまりの社員の身のふり方を考えなければならない。それには、まことに都合の良いことがあった。東洋経済新報の土地建物を売れば、相当の金額になるので、それを社員の退職金として分け、当分の生活をささえてもらうことである。そのころは戦争で、人の需要は、いくらでもある世の中だったから、当分の生活に困りさえしなければ、身のふり方に、まごつく憂いはなかった。また東洋経済新報の土地建物の買い手を求めることも、当時は決して、むずかしくなかった。その申し込みを受けたことも、実際にあった。私はこの考案を、戦時中、幾度か社員に話して、覚悟を固めてもらうように頼んだのである。

第二に、しかし東洋経済新報社を、このまま、全く跡形もなくしてしまうことも、私には心残りがあった。たとい雑誌は出せなくとも、せめて研究所の形ででも、同志の集まる場所を作り、東洋経済新報の再び燃え上りうる火だねにしたいと考えた。前記した芝の家は、実は、この研究所に、最後の場合には使うつもりで買ったのである。

危機を脱す

東洋経済新報社が、前記の問題に、最も ひどく悩んだのは、たぶん昭和十六年から十八年の間であったろう。この間には、前にも記したとおり有力な社員で退社するものも生じた。私は、昭和十八年十一月十三日の本誌に「創刊四十九周年を迎えて」という文章を、署名して出しているが、その中には、何ゆえ私が右の圧迫を受けたにもかかわらず退かないかの理由を、かなり率直に述べてある。けだし、そのころは、問題も一応危機をすぎ、私もいくぶん安心して、こんな発表をしたのであったかと思う。

芝の家は、こんなわけで、幸いにも当初の目的に使う必要がなく、単に私の東京における住宅として用いた。

昭和二十三年五月、町村金五氏が、私の追放解除の訴願のためにしてくれた証言によると、同氏は昭和十八年四月から十九年七月まで、内務省警保局長の職にあったが、その間に東条首相から特に東洋経済新報を好ましからぬ雑誌としてうんぬんせられたことがあると記している。東条という人は、私は一度その陸相時代に、ある会合の食事の席で、隣り合ったことがあるだけで、いっこう何も知らないが、相当こまかいことに気を配る性質であったと聞いていた。しかしそれにしても、総理から右のような言が出たとすれば、問題はなかなか深刻であったものと思われる。だが、東洋経済新報は、ついに戦時中つぶされずにすんだ。けだし、それには、また東洋経済新報の立場に同情し、ひそかに、われわれを助けてくれた人もあったのではないかと思う。深く感謝せざるを得ない。前記の町村氏のごときも、私は昨年、あるところで、偶然初めて面会したが、それまでは、ただ名前を聞いていただけの人であった。しかし同氏は、せっかく東条首相の注意があったにかかわらず、あえて東洋経済新報に手をつけなかったのだということである。

秋田県に疎開

芝の家は、昭和二十年三月十日に受けた空襲で全焼した。私は、ここに持って来ていた書籍や、その他の必要品を一切失った。しかし鎌倉の家は、依然存在したので、すぐに住まいに困ることはなかった。書籍や、書類も、鎌倉に置いたものは助かった。

しかるに、そのうち、空襲はいよいよ激しくなり、東洋経済新報も、東京では雑誌の発行がだんだん困難になって来た。いくら工場を督励《とくれい》しても、発行はおくれるばかりであった。

ところが、ここに、また偶然の幸いがあった。それは秋田県横手町に、かねて小さな印刷工場を買っておいたことである。この横手町は、ごく最近ようやく市になった小さな都会だが、土地に熱心な人があって、経済倶楽部を作っていた。右の工場はその倶楽部員中の、ある人に頼まれて買ったのである。買った時には、せっかくの依頼でもあるし、引き取っておいたら、また何かの役に立つこともあろうぐらいの、ぼんやりした考えにすぎなかった。

ところが、東京がいよいよ右の状態になって来たので、この工場のことを思い出した。ここなら、雑誌の発行を空襲で妨げられることも、たぶん、なかろう。機械は、平台の小さなものしかないが、どうせ紙の配給を極度に減らされ、薄っぺらになった『東洋経済新報』である。何とか、処理することができよう。私は、ここに断然、編集局の一部と工場とを横手に疎開することに決し、同時に私も、その指揮のため、同地に行った。ついで妻と娘と、娘の子供ふたりとを、いっしょに横手に疎開させた。それが昭和二十年四月末であった。

横手への、この疎開は大成功だった。もっとも、この地も、七月十五日に、初めて敵の艦載機が十台ほど飛んで来て、停車場に爆撃を加えて行ってから、少しく落ちつかなくなった。しかし、その後、実際に敵機が現れたのは二回ほどで、それも艦載機の機銃射撃の程度であったから、女学生かが、数名、後三年《ごさんねん》という駅の付近でやられたと聞いたほかには、ほとんど損害はなかった。一時は横手にも工場を置けず、引越さなければならないかと、大森という所に、精米所のあいたのがあって、それを借りる約束までしたが、その必要はなかった。

どういうわけか、すでに日本の降伏がきまった八月十四日の夜、秋田市付近に、大規模の空襲があり、その敵機が、ほとんど夜っぴて、横手の上空を通過して、われわれを脅かした。明日正午には、陛下の重大放送があると、すでに発表された後である。実に、おかしなことだと思った。しかし、それは、もう、工場を横手から逃げ出させる必要のない時であった。

かようなわけで、横手では、落ちついて仕事が出来た。私はそれまで自分で直接印刷工場のさしずをした経験はなかったが、もとから横手の工場にいた人たちと、東京から来た人たちとの協力で、これも、うまく運んだ。

五月五日に、初めて、この工場で、『東洋経済新報』の印刷を開始した。それから六月の初めまで、発行の遅延を取り返すため、われわれも工場も、日曜休日なしに働いた。だが、それは今考えても、愉快なことであった。

雑誌の発送は、書店に配布する分は、秋田市の日配〔日本出版配給株式会社〕支店を通じ、郵送の分は、社員の家族総動員で、封筒に入れ、横手の郵便局から出した。

東京の本社は、宮川三郎、佐藤伊兵衛、その他の諸君が、がんばって、社屋を戦災から守るとともに、原稿も作って、横手に送ってくれた。幸いに、あの動乱の中においても、汽車は通じていたので、毎日東京と横手とから、鉄道便を利用して、文書の往復をすることが出来た。

私も横手での仕事の秩序が一応ついたところで、六月二十日に上京し、七月三日まで、東京にいた。その東京が、四月末に横手に向かって出立した時と、まるで姿が変って、いたるところ焼野原になっていることに驚いた。本社に残った諸君の労苦が察せられた。

終戦時の横手

横手で作った雑誌は、きわめて薄っぺらであったが、しかし、かえって、そのために、緊張した編集が出来ている。しかし官憲の圧迫をまぬがれつつ、いかに時局を論ずべきかには、もちろん、依然として苦しんだ。昭和二十年六月一日の私の日記に、「昨日来、社説の題目の選択に悩む。神にも見離されたかに見ゆる時局に対し、言うべき所を知らず」と書いてある。当時の、これが気持であった。

また、これは六月二十九日、上京中だったが、経済倶楽部で、陸軍報道部長の松村秀逸少将の講演を聞いた。その時の私の日記には、こう書いてある。「過去の作戦の失敗を老人の罪に帰し、彼自身の主張は、最初より本土決戦にありたるも用いられざりしとの弁明聞くにたえず、軍人全く自信を失えり。」

私は、その当時、敵を本土に迎えて、竹槍《たけやり》をもって戦うという、軍部の計画に対しては、武器増産の必要を説くという婉曲《えんきょく》な方法で、そのばからしさを早くから論じていた。だが、もし、ほんとうに、そんなばかなことをされては、たまらぬと、鈴木内閣の書記官長迫水久常《さこみずひさつね》君には、早く戦争をやめるようにという意味の手紙を持たせてやったこともあった。

しかし幸いに日本は戦争をやめ、私は、その陛下の放送を横手で聞いた。八月十八日の私の日記に「考えてみるに、予は或意味において、日本の真の発展のために、米英等と共に、日本内部の悪逆と戦っていたのであった。今回の敗戦が、何ら予に悲しみをもたらさざる所以《ゆえん》である」と書いている。

だが、一般の人々は、明日陛下の重大放送があると聞かされても、それが日本降伏の発表であろうなどとは、思いも及ばないことであった。したがって十五日正午、いよいよ降伏と発表されるや、皆きょとんとして、どうして良いのやら、どうなるのやら、わからなくなってしまった。わからなくなっただけでなく、恐怖した。敵軍が上陸して来たら、どんな目にあわされるかもわからぬと考えた。自暴自棄にも陥りかけた。

私は実は、人心の動揺が、そんなに、はなはだしいとも思わず、終戦ときまって、大いに、ほっとしていたのだが、そのうちに、種々のうわさが伝わって来たので驚いた。

たまたま十五日の昼、畑に種まきをしていた農夫は、陛下の放送の内容を聞くや、仕事をやめて、家に帰ってしまった。せっかく種をまいても、敵の食物になるのでは、つまらないというのであったそうである。また学校では、先生が、生徒に何を教えて良いのかわからず、うろうろしている。貨幣の退蔵が始まったらしく、銀行から預金を引き出すものが、ふえて来た。等々というのである。

八月十五日午後三時から、私は、取りあえず、横手経済倶楽部の手近かにいる会員を集めて、大西洋憲章や、ポツダム宣言に現れた連合国の対日方針について語り、また日本の経済の将来の見通しを述べて、心配は少しもないから、安心して日常の業務を励むようにと講演した。

しかし人心の動揺が、前記のごとく、思いのほかに、はなはだしいことを聞いたので、これはもっと広く、多くの人に話してやる必要があると感じ、町役場、地方事務所、警察などと連絡し、十六日の午後二時から、全町の各地区常会の幹部を町役場に集めてもらい、ここではいっそう細部にわたって、われわれの取るべき方針について語った。そして、これをさらに各常会ごとに、町の人々に伝えてくれるように頼んだ。この十六日の私の話は、横手町の人々に自信を与え、その動揺を防止するのに、相当の効能があったようである。

地方が、一々中央の指令をまたずとも、自主独行しうる組織と訓練とを平常から持っていることの、いかに必要かということが、右の際に、とくに痛感された。また戦時中に出来た町会とか、常会とか、隣組とかいうものは、民主主義の社会においても(いな、民主的社会においてこそいっそう)必要であり、良いものであると思う。

講演は、八月二十二日、秋田市の秋田魁《さきがけ》新報社でも行った。「更生日本の針路」と題して、『東洋経済新報』に何回かに分って出した社説は、これらの講演と同趣旨のものであった。

横手における編集局は、八月二十一日で閉じ、本社に移した。ただ工場だけは、東京の方の準備が整わなかったので、たぶん十一月まで使ったかと思う。

私も、八月二十四日に、いったん帰京した。しかし、疎開中大いに世話になった町内の人々や、工場員に、最後のさよならをしたのは、十月二十二日であった。それまで、東京・横手間を二度ほど往復した。

大正十二年の震災

以上のごとく、私は諸所方々を越して歩いたが、そのうちでとくに思い出の深いのは、鎌倉と横手とである。横手のことは、すでに書いた。

鎌倉の生活は、自分の家が出来てからでも二十年を越え、私の壮年期は、ここを住居として、すごしたのである。職業は、もちろん東京に持っていたのだが、しかし、この間に、いろいろと鎌倉市(そのころは町)との結びつきにおいて、職業の方面からは得られない良い経験をさせてもらった。ことに、この関係は大正十二年の大震災を機会として深くなった。

大正十二年の震災は、前にも記したように、大なる損害を私の家に与えた。南の方向、すなわち海に向かって、家が、もろに二尺も飛び出したが、これはひとり私の家だけでなく、近所の家も同様であって、有名な大仏さんも、また、台座の上を二尺ほどすべり出した。この大きな動揺で、普通の日本家屋は、ちょうちんをつぶしたように、つぶれてしまった。そこに火災が起って、焼けてしまった家も多く、海岸ぞいでは、津波にさらわれた家もあった。

しかし幸いに、私の家は、比較的がんじょうに出来た西洋館であったので、もろに飛び出して、傾斜はしたが、ガラス屋根の小さなベランダがつぶれただけで、おも屋はかわら一枚落ちず、形体はくずれなかった。それはちょうど土曜日で、私は、東京に行かず、家で書きものをしておったし、家族もまた、皆家にいたから、もし建物がつぶれたら、あるいは、たれか非業《ひごう》の最期をとげるとか、大怪我《おおけが》をするとかいうことがなかったとも限らない。しかるに、右にいうがごとく、家は、とにかく、こわれなかったので、一同無事であった。そして道一本をへだてた隣の、今は小学校になっている所が、そのころは、まだ御用邸で、広い松林であったので、その垣を越えて、自分たちが避難するとともに、近所の人々をも誘って避難させた。

御用邸の建物は、地震で、ほとんど、つぶれてしまい、残った部分にも、ある宮様の妃殿下で、鎌倉にいて震死された方の柩《ひつぎ》が持ち込まれてあったので、もちろん、われわれは近づかなかった。しかし、その周囲の松林の中には、一応余震の心配が去るまで十日前後、数百人の被害者が集まり、それぞれ焼トタン等で仮小屋を作って住まった。鎌倉全町は、いずれも、これと似た状況で、一時は、ほとんど混乱に陥った。東京では、鎌倉付近一帯がどろ海に化したと伝えられたほど、外部との通信、交通も絶えた。食糧の補給が続くまいという風説も飛んだ。食品店等に対する略奪も、いくらか起った。

私どものごとき、もともと鎌倉の地方人でなく、外部から来て、ここに住居するものは、大正十二年の地震までは、ほとんど全く町の事柄については無関心であった。土地の人も、またわれわれを別荘の人と称して、異邦人あつかいをした。しかし今や状況が一変した。われわれも、自分らの利害の上からいっても、町に手伝い、何とか早く震後の処置を講ずる必要を感じ、また土地の人たちも、われわれの協力を要求した。人間は、こういう場合には、たれでも自然に私心を去り、相助け合う気持になるものである。地震直後の前記の御用邸への避難中のごとき、共産主義とは、こんなものかと思うほど、近所隣の人が、惜しげもなく、いろんな物を持ちよって、互に助け合った。しかし、だんだん余震も少なくなり、不安が去るに従って、前に持ち出して来た物を、そろそろ、またしまい始めたのには、人情かくのごときかと興味深く感じた。

私どもは、まず地震のあった三日ごろから、ボランチァーとして、仮小屋の町役場につめ、大した役には立たなかったかも知れないが、何やかやの手伝いをした。その中には、慶応大学の小泉信三君のごときもいた。東京との交通が絶えたので、たまたま九月一日鎌倉にいたものは、汽車が、どうやら通じ出した十日ごろまで、鎌倉にいるよりほかはなかった。また九月一日に東京や横浜に行っていたものは、家族を心配して、徒歩で鎌倉に帰って来たが、それらの人も、また汽車が通ずるまで鎌倉にとどまった。この間に、右の手伝いは行われたのである。私が初めて東京に出たのは、九月十二日で、無蓋《むがい》貨車につめ込まれ、日に照りつけられながら、品川駅まで行き、それから徒歩で、当時牛込にあった東洋経済新報社にたどりついた。これよりさき九月三日に、社からは石川という青年が、自転車で鎌倉に来てくれたので、東京の本社も、また三浦氏はじめ、すべての社員も、無事であることを知った。

鎌倉町では、十一月に復興委員会なるものを作り、三菱銀行の元重役であった荘清次郎《しょうせいじろう》氏の家で、しばしば会合を開いた。他には会合しうるような場所が、地震で皆つぶれて、なかったからである。委員の中には、荘氏の外に、いわゆる別荘側のものが二、三加えられたが、私もそのひとりとして頼まれた。この委員になったことが縁となって、私は、その後かなり深く鎌倉の町政に関係することになった。

湘南倶楽部

前記の復興委員会から生まれ出て、後に私の、やっかいな煩《わずら》いになった(しかし同時に尊い経験にもなった)のは産業組合の設立であった。鎌倉には、それまで産業組合はなかったが、地震後の商店や住宅の復興のためには、いささか、どろなわのきらいはあるが、かかる機関を作って、資金の調達をはかる必要があるのではないかと、実は私が右の委員会でいい出して、鎌倉信用購買利用組合なるものを作ることになった。

ところが、この案を、いわゆる別荘側の人々に相談をした結果、右とは別に、もう一つ組合を作ることになった。町の組合は、その必要上、金融(信用組合)を主とすることになるだろうが、いわゆる別荘側では、消費組合(購買組合)中心のものがほしい。したがって、ここに利害の必ずしも一致せぬ点があるから、町の組合に合流することは困るというのが、それらの人々の主張であった。これには私は大いに弱った。産業組合の設立には県の認可を要するが、その係りの方でも、一つの町に二つの組合を許すことは、むずかしいという。しかし県の方は鎌倉町の特殊事情ということで認可を取り、とうとう二つの組合が出来た。別荘側の組合は「信用購買利用組合湘南《しょうなん》倶楽部」と称した。そして私は、その設立のいきさつ上、この湘南倶楽部の常務理事にあげられた。それが大正十三年の春であった。名前をあえて倶楽部としたのは、この組合を、同時に鎌倉在住の知識人のクラブにしようという趣旨に出たのであって、実際にその事務所には、相当広い座敷を設け、クラブとしての設備をしたのであった。

湘南倶楽部の成績は、初めははなはだ成功であった。鎌倉には、元来物価が二通り、あるいは三通りあるといわれ、いわゆる別荘側のわれわれは、土地の人々よりも高い物を買わされていたという評判であった(一番に高い物を買わされたのは夏場だけ来る避暑客だった)。ところが、右の湘南倶楽部が出来、米、みそ、しょうゆ等をはじめとし、多くの日用品を販売し出すと、これに驚いた市中の商人は、競って勉強を始めた。その影響は隣町の逗子にまで及んだと、その地の人々からも喜ばれたほどであった。

湘南倶楽部は、また勧業銀行と、神奈川県農工銀行とから、総額三万五千円ほどの低利資金を借り入れ、これを組合員の住宅復興のために貸し付けた。創立早々の産業組合が、勧銀等から借り入れをすることは、むずかしかったのだが、幸いに私は勧銀の前総裁志村源太郎氏と懇意であったので、その紹介で、この借り入れは、たやすく出来たのであった。

しかし湘南倶楽部の、この成功は長くは続かなかった。第一に困ったことは、商人の競争であった。前に記したように、それは一面において湘南倶楽部の成功を示すものであったが、同時に湘南倶楽部を困難に落し入れる結果をもたらした。なにせよ、こちらは、しろうとの商売である。市中の商人に本気に勉強し出されたら、たち打ちはむずかしい。それでも組合員がしっかりと、組合を盛り立てる気持であってくれれば、何とかならないことはない。けれども、少しでも市中の商人が安く持って来る物は市中で買う、組合からは、ただ市中よりも安い物だけを買うという調子だから、組合としてはやりきれない。組合に利益があれば、それは組合員の配当になるのだし、組合の販売品には、品質、数量、価格において、ごまかしがないなどいうたとて、顧みてくれはしない。そこに昭和二年春の金融恐慌が来た。

この金融恐慌は、台湾銀行及び十五銀行を初めとし、全国において三十七の大小銀行が閉鎖するという大事件であったが、これによって、また多くの会社や商店が困難に陥った。経済界は、すでに、その前年から不景気に転入し、東京の卸売物価指数は、大正十四年の二一六から、連年下落して、昭和六年には一二二になった。小さな地方の産業組合である湘南倶楽部も、その影響を受けざるを得なかった。購買部の売れ行きが悪くなったばかりでなく、代金の回収がむずかしくなった。おまけに復興資金の貸付の方も、元利の支払いを滞るものを生ずるというわけで、はなはださんたんたる状態になった。

したがって、組合からの勧銀や農銀への元利の支払いも滞りがちになり、そのため勧銀から差押えを食った。借金に個人保証を取られていたからである。自分が使った金ではなく、組合のためには、かえって持ち出しをしている有様だから、せめて延滞利息だけでも、まけてもらいたいと、当時の勧銀総裁石井光雄氏のところまで頼みにも行ったが、結局一銭もまけてもらえず、支払わされた。その時、私を差押えた勧銀の係りの課長は、後に、その総裁になった西田太郎君であったと(私は忘れていたが)同君から近年にいたって聞かされた。銀行の立場になって見れば、いたし方もないとは思うが、しかし借り手にとっては、銀行なるものは、高利貸に劣らぬ残酷なものだとも考えた。私は湘南倶楽部のためには、もう一度米屋の支払いが滞って押えられた。しかし、これらの経験で、執達吏に来られても、むやみに、こわがらぬ度胸を、家族に作ってもらったことは所得であった。

湘南倶楽部は、それでも、とにかく昭和十四年まで持ちこたえたが、ついに同年十二月、閉鎖した。まことに見っともない失敗であった。私としては、さんざん、いやな思いをし、金銭的にも幾らかの損害を負い、はなはだ、つまらぬことであったが、しかし、また、そのおかげで、いろいろ良い経験もした。中にも、かような組合事業が、いかに、むずかしいものかということを知ったのは、私にとって決して損ではなかった。

町会議員の経験

私は、また、鎌倉で町会議員を一期(四年)勤めた。選挙は大正十三年九月十日であった。地震を機会に、町政に関係をもつにいたった、いわゆる別荘側のわれわれは、町長などからも希望され、たれかひとり、仲間の中から町会に出そうということになり、まず私が、その任を引き受けさせられたわけである。選挙というものを、私は、これで初めて経験した。

そのころの鎌倉町の町議は、四十票もあれば当選したのだから、わけのないことであったが、しかし競争は、それでいて相当に激しかった。のみならず、われわれが背景とする知識人は、一般に、ぶしょうで、棄権する懸念が多いので、油断は決してできなかった。私は七十八票で、第三位で当選した。

この四年間の町会議員も、私には、良い経験であった。そのころの地方自治の、いかなるものかの一端を、直接の体験によって知り得たのである。地方の行政や財政に関する、その後の私のいろいろの意見は、この体験にもとづくところが多い。

町議在任中、私は鎌倉の都市計画や、水道問題で、ある程度の奔走をした。ことに水道については、町議をやめてからも、水道委員として関与し、結局今の県営水道を作ってもらうことになったのだが、そのため、中橋内相のところに談じ込んだことなどもあった。

しかし私は、また、この四年間の経験で、実際に地方自治のために尽すのには、時間に十分余裕のあるものでなければ、だめだということを知った。ただ、会議の折に意見を述べるぐらいのことでは、役に立たない。そこで私は、昭和三年、任期の尽きるとともに、再度の立候補を辞し、他の人に出てもらった。佐々木精太郎、久米正雄らの諸君が、私たちの仲間から出た、その後の町会議員であった。

私は、また、昭和三年から五年まで、やむを得ざるいきさつで、鎌倉町からおされ、藤沢税務署の所得税調査委員を引き受けた。今日は、この制度はなくなったが、各個人の所得税の査定に参与する役目で、その選挙も、なかなか激しい競争のあったものである。しかし、これもなかなか良い経験で、末端における税務の実際を、ある程度、うかがい知ることが出来た。

今年〔昭和二十六年〕の一月の『リーダーズ・ダイジェスト』(英文)の巻頭に、Lewis Galantiére という人の、興味の深い論文が出ておった。この人によると、米国人の特質は、政府にのみたよらず、自分らで解決しうる問題は、ためらうことなく、自治的に協力して、これを処理する社会奉仕の精神の盛んなる点にある。彼らは決して個人主義者でなく、自主的協力主義者である。たとえば、オハイオのある地方で、学童中に成績の悪いものがあり、戦争帰りの青年中に不良のものがあり、離婚が通常以上に多いということが発見された時、その地の住民は、政府に依頼することなく、三日間の会合を開いて、自ら精神衛生協会を設け、一年二ドルずつの会費を出し合って、その対策に乗り出した。

筆者は、この種の実例をなお、いくつか示して、こういっている。「これこそ、まさに独裁主義に対する最も強固な防壁である。第一に、自治が地方的に行われるところでは、ワシントンの(またはパリの、モスクワの、ニューデリーの)中央権力が、国の急所を締めあげる手だてを持たない。首都に、いかなる反乱が起っても、その力が全国を征服することはできない。第二に、地方的責任を果す習慣は、政府に対し、市民が利己的依頼心を起す弊を防止する。それは自主独立の精神を養い、各市民を公権消防士——政治的侵害の煙をすぐにかぎつけ、それとの戦いに突進するやから——に育てあげる。」

実質なき地方自治

地方自治の大切なことは、たしかに、前記の筆者の説くとおりである。ところが、残念ながら、日本の国民には、この大切な自治の精神が、はなはだしく欠けている。思うに、これは長い歴史の結果であろう。

米国は、何らの政治的保護もなく、こうばくたる山野に、危険を冒して移住したパイオニヤーによって開かれた国である。彼らには、たよりたくも、たよるべき政府はなかった。彼らの生活の安全と発展とは、彼ら自身の奮励と協力とによるほかはなかった。しかも、この米国の歴史は新しい。合衆国ができてまだ二百年にもならない。パイオニヤーの血は、なお、かれずに、米国人の血管の中に流れているのであろう。米国に自主自治の精神の盛んなるは、このためであると思われる。

しかるに、日本は米国と異なり、建国が、はなはだ古く、すでに千数百年にわたって、中央集権的政治が行われた。ことに最近数百年は、強固なる封建制度のもとに、国民は、一にも二にも幕府または諸侯の命令によって行動を律せられる訓練を受けた。地方には隣保の組織はあったが、これも実は上からの権力で押えられている機関であった。明治維新後、地方自治制度が設けられたが、それもまた中央政府の分身にすぎず、地方民が、われと、自ら進んで団結協力し、わが政治をしようという精神に発したものではなかった。日本の地方自治が、ふるわないゆえんである。

しかし、これは、何とか建て直さなければならないことである。もし日本に強固な地方自治が行われていたら、前記の米国の筆者の説くとおり、中央における軍閥が国政をほしいままにし、国家を今日の悲境に陥らしめるがごときことはなかったであろう。何となれば、強固なる地方自治が行われるということは、国民が強固なる自主独立の精神を持つことを意味し、したがって権力の専制を許さないからである。

ところが、日本の従来の地方自治は、国民の自主独立の精神を表現するものでもなければ、また、その育成に役立つものでもなかった。極端にいうなら、それは、各その上級の政府から(すなわち市町村なら県から、県なら国家から)どうして割り良き利益を、わが地方に獲得するかを考究する機関にすぎなかった。たとえば一本の道路でも、町村なら、これを県道に、県なら、これを国道に、多く繰り入れてもらうことを願い、かつ奔走した。何かの事業を起すとすれば、まず第一に地方自治体の考えたことは、これに対する補助金を、いかにして上級政府から多く出してもらうかということであった。

これと同様の考えから各地方団体は、また上級政府に対する、わが地方の負担は、出来るかぎり、これを減ずることに努めた。たとえば、私が鎌倉町の町会議員をしていたころには、家屋税は県税であったので、各市町村は、その区域内の家屋を出来るだけ少なく県に報告した。およそ、こうしたことは、数限りなく行われた。したがって、地方自治体の長は、上級官庁に顔がきくものほど良しとせられた。上級官庁に顔のきくものでなければ、補助金をもらうにしても、わがままがいえないからである。

こういう地方自治は、もとより自治の名に値しない。それは国民の自主独立の精神どころか、かえって、そのこじき根性を表現し、また、これを増長するほかの、何ものでもない。日本の地方自治は、かようなものであった。戦争後、マッカーサー元帥の占領下に、日本の地方自治には、米国式の大改革が行われたが、その後の状況は、果して、どんなであろう。

戦後の改革も無効

元勧銀理事安東友哉君が、近ごろ『村長物語』という本を著わした。同君は昭和十八年、勧銀を退いてから、郷里の岡山県勝田郡豊国村の村長におされ、終戦後の地方自治の状況を、つぶさに体験した。先般の改選でも、同君は、無投票で再選された。右の新著は、この体験を筆にしたものであるが、これによるに、依然として「地方団体も住民も共に官憲依存の旧習を脱せず、今尚中央の指示援助を期待する——即ち自主独行の信念と努力とが足りない」とある。もし、そうなら、まことに遺憾なしだいである。

どうしてかように、日本の地方自治はだめなのか。その歴史的理由は、すでに前に述べたとおりと思う。しかし、明治時代に地方自治制度が出来て、すでに六十年にもなるのに、相変らずそれが改まらないのには、新たに行われたその制度の中に、また国民の自主精神の発達を妨げるものがあるからであろう。

安東君は、前記の著書の中でこういっている。

「……現実に町村の行政に当って見ると……政治は依然として国家がやっているのではないか、県は国の手先であり、町村は県の手先に過ぎないではないか、という感が深い。

……更生日本の新憲法は、これまでの地方自治制度に画期的の拡充を加え、従来の中央集権を一擲《いってき》することを目標としているのである。……なるほど知事や市町村長は公選により選出せられ、地方の議会には強大な権限を附与せられてはいる。しかし地方自治団体の議会や長が、独自の見解で政治が出来るかと言うと、決してそうではない。極めて些細のことでも、一々国や県の指示を仰がなければ動きのとれぬ場合が多いことは、われらの日常体験する所である。」

すなわち、新憲法によって地方自治制度が改められてからでも、なお相変らず、中央集権の旧習を脱し得ないというのである。そして安東君は、右につづく文章で、この原因を「中央の諸官庁が例外なく自己の政治力の縮まることを回避」し、「自己の縄張を固執」すること、地方に良い財源が与えられず、財的に手も足も出ないことの二つにある、と論じている。それは、私が二十数年前、鎌倉町の町会議員として見たところと、全く同じである。

ただし財源の問題は、最近税制の改革が行われて、地方にも相当豊富な独立財源が与えられたようである。これは、地方自治を旧態から救うのに、大いに役立つであろうと思った。ところが、実際の様子を見ると、予期は全く裏切られて、効果は、ほとんど、ないらしい。最近、府県知事が集まって、平衡交付金の増額を政府に強要したというごとき、その無効果を物語る証拠である。どうしたら良いか。これは依然として、日本の大問題の一つである。

政党と地方

私が町会議員を勤めていた間に、はなはだ困ったことだと感じた一つは、政党と地方自治との関係であった。

当時は、第二次の、いわゆる護憲運動の起った直後(第一次護憲運動は大正一、二年)で、大正十三年六月には、護憲三派内閣が出来、その後昭和七年の五・一五事件までは、わが国において、政党の最もはなやかな時代であった。と同時に、また、いわゆる党弊のはなはだしきに苦しんだ時代であった。ことに、それは地方において、ひどかった。内閣が変るごとに知事をはじめとして、県の主要な役人が替えられるのはいうまでもなく、はなはだしきは巡査までが、替えられたと伝えられた。選挙の時に、野党に対して不利益を働いた巡査は、その野党が内閣に立つとともに、首にされたというわけである。わが国の内閣の寿命は短いのに、その更迭ごとに、役人が変ったのでは、地方の仕事は進まず、はなはだ迷惑である。

また、ある地方では、たとえば政友会に属す人々が鉄道を計画すると、民政党に属するものが、これと張り合って競争線を発起し、そのため、どちらも、うまく行かなくなったというような話もあった。ことに驚いたのは、政党の争いから銀行のつぶし合いをし、ある地方では、そのため取付けを食い、戸を締めた銀行があったと聞いたことがあった。党弊も、ここにいたっては全くきわまれりといわねばならぬ。

私は、元来政党主義者であるが、しかし地方の政治に、中央の政党が入り込むことは、当時の日本の政党の実情では、よろしくないと考えた。そこで、鎌倉町でも、同僚の町会議員の諸君に、常にこの説を述べ、町の事は一家の事のごとく、政党政派の区別なく、ひとえに鎌倉町民として話し合って行こうではないかといっていた。幸いに、当時の鎌倉町は、民政党が絶対優勢で、政友会はいたって少なかったという特殊の事情もあって、町内では、とくに政党の争いらしいものはなく、町政は、なごやかに行われた。しかし、それだけに、また、政友会は、その党勢を拡張しようというので、町会議員の選挙にも、東京の本部から多くの有力な弁士を送って来る。すると、民政党も黙ってはおられず、また本部から弁士をよこすというわけで、その争いを食い止めるのに、いささか骨を折ったこともあった。

中央に政党があるからは、その影響を、地方の政治に及ぼすまいと願ったとて、無理なことである。及んでも、決して悪くないのである。しかし、もし日本に、健全なる政党政治の発達を望むなら、ここに深く考えなければならぬ問題がある。いたずらなる政争が、ついに日本を亡国の一歩手前に追い込むにいたったしだいは、すでに述べた。地方においても同様である。ことに政党は、この点について、地方の末端の党員に十分の組織と訓練とを与え、かれらの言動に誤りなからしめる用意が必要である。日本の従来の政党には、党員の組織も出来ていなければ、訓練も行われていない。それで、どうして政党は地方の政治に関与し、全国の市町村議員の言動にまで責任が持てるかと疑われる。

地方の知事は、新制度によって、公選になり、もはや内閣が変るごとに、知事以下、地方の重要な役人が変るという弊はなくなった。しかし私が鎌倉町に関係していたころは、全くそれは困ったことであった。私は前にも、ちょっと述べた県営水道の問題で、その場面に実際に出会った。水道の計画が、ようやく進行して、やれやれと思っていると、内閣が変り、知事が変るとともに、あともどりをしては、新たに調査からやりなおす。これでは、いつまで待っても、水道の出来る見込みはない。

それで私は、昭和六年十二月犬養内閣が出来た時、かねていくらか知り合いの中橋徳五郎氏が内務大臣になったのを幸いに、その親任式の日に、同氏の麴町《こうじまち》の屋敷に出かけて行った。そして神奈川県の水道の話をし、この計画が決定するまで、知事の更迭を待ってくれと依頼した。内閣が変って、またもや水道の敷設が延びるようなことがあるなら、世人は、これを政党の罪に帰するであろう。最近ようやく確立しかけた政党政治は、こういうことから、再び、くずれる危険があるとも説いた。

中橋氏は、まだ式から帰って来たばかりで、大礼服でいた。私が、たぶん、お祝いに来たと思って会ったのであろう。ところが神奈川県の水道だというので、ちょっと、あっけにとられていた様子であった。しかし、この私の依頼によったのかどうか、とにかく知事は、しばらく更迭されなかった。そして神奈川県の水道は出来た。

今はもう、こんなことは単なる昔語りになった。しかし世の中には、やはり知事は官選が良いと唱える人もある。公選には、公選の弊があろう。いずれは人の問題である。だが官選の際には、こういうこともあったという、昔話も多少の参考になろう。

鎌倉夏期臨海学園

鎌倉では、湘南倶楽部で、大失敗を演じたことは、前に書いたが、その湘南倶楽部の仕事で、とんでもない事件を起したことがある。今でも、思い出すと冷や汗をかく。くだくだしくはあるが、ここに、しるして、罪滅ぼしの一端にしたい。

私が鎌倉に移住したのは、すでに述べたとおり、子供の健康のためであった。おかげで、おいおい皆達者《たつしや》になって、大正十一年に新築した家屋に引越してからは、家中に、ほとんど病気をするものはなくなった。

しかし考えて見るに、これは私の生活が貧弱ながらも、ある程度恵まれていたからである。第一、時間の関係からいっても、鎌倉に住まい、東京に通勤するということは、当時の不便な交通状態では、たれにでも望めることではなかった。世の中には、虚弱の子供をかかえながら、山にも海岸にも転地させる方法のないものが、どれほどあるかわからない。これは、親の身になって考えても、子供の将来を思うても、まことに悲しむべきことである。そこで私は、社会事業の最も必要な一つとして、山とか、海岸とか、全国の諸所に、虚弱児童の養護学校を作ることが急務であると感じた。

ところが、私の鎌倉の新築家屋の隣は、偶然にも御用邸で、見ると、ほとんど一年中使っていない。そのほか、日光とか、箱根とかに旅行すると、いずれも形勝の地に、広大な離宮や御用邸が、また、ほとんど使われずに維持されている。これは、まことに、もったいないことである。宮内省は、これらの無用の土地建物を、地方団体に無償で払い下げ、かついくらかの資金もつけて、これを虚弱児童の養護所にさせたら、どうか。これは日本の国のため、まことに有意義のことであるが、同時に、また皇室のために考えても、深く国民との結びつきを作り、その無窮の繁栄を図る助けとなろう。

古い雑誌を繰り返して見ると私が初めて、この問題を取りあげ、『東洋経済新報』に「子供のための避暑避寒地」を作れと書いたのは、大正十年七月九日号であるようだが、さらに大正十二年六月十六日号には、帝室御料地の整理計画があると聞き、不用の離宮と御用邸とを、子供のために下賜《かし》せよと唱えている。そのほか、いくたびか、右の論を諸所に書いたように思う。

しかし、これは、私一個の主張にすぎず、到底実現さるべくもないことであった。そこで私が思いついたのは、湘南倶楽部で海水浴期間中、海岸に子供の預かり所を作ったら、ということであった。もちろん、それは子供の海水浴の看護をしてやるだけのことで、私の前記した目的からは、相去ること、はなはだ遠いものである。しかし、それでも親の手をはぶき、安心して子供に海水浴をさせることが出来れば、いくぶんの役には立つ。幸い湘南倶楽部では、県から海岸の砂地を借りる権利は得たので、ここに小屋掛けをし、監督指導者としては、鎌倉師範の付属小学校と町立小学校とから、有志の先生の出動を請い、医師会からの援助も受け、昭和二年の八月、初めて鎌倉夏期臨海学園なるものを開いた。期間は一日から二十五日までで、毎日午後、子供を適当のグループに分け、先生が、それぞれ、これについて、海水浴をさせるのである。

この計画は、予想以上に評判が良く、子供たちにも、その親たちにも喜ばれた。最初は主として鎌倉町内の小学校児童だけだったが、後には遠く戸塚町(今は横浜市に合併)あたりからも志望者があり、同町の小学校からも、先生に出てもらった。こうして昭和七年の夏まで、六年間継続して、毎年これを開いたが、同年八月十七日、どうしたまちがいか、四名の子供を海におぼれさせ、そのうち二名を殺してしまった。

場所は鎌倉由比ヶ浜《ゆいがはま》で、尋常ならば、そんな事故を起すはずのないところである。しかるに同年は、たまたま海岸に埋め立てが出来た直後であったという関係もあったか、潮流が、はなはだ異常であったということである。しかし事情は何であれ、預かった大切の子供を死なしたのでは、申しわけは立たない。

当時私は、東洋経済新報社が今の日本橋の社屋に移った翌年であり、世の中は、また、金輸出再禁止や、五・一五事件の直後で、問題が多く、はなはだ忙しかったので、臨海学園の世話は他の人に託し、私は直接手を出していなかった。しかし、こういう事件が起って見ると、創立以来の関係で、責任は免れない。私は、その日、東洋経済新報で執務していたが、電話で事故を知らされて、色を失った。幸い、いずれの親も立派な人たちで深くはとがめず、われわれの陳謝をいれてくれたとはいえ、全く申しわけがなかったと、今日でも、くやむのである。

鎌倉の夏期臨海学園は、せっかく盛んになって来たが、右の事件で、断絶した。事故は事故として、事業は継続したら良いではないかという考えもあったが、その勇気が、関係者の間に、くじけたのであった。

医業国営期成同盟会

鎌倉臨海学園を思い起したついでに、記しておきたいことがある。それは、昭和三年、医業国営期成同盟会というものを、鈴木梅四郎氏が起し、私も、それに参画したことである。鈴木氏については、すでに軍縮問題の条で述べた。同氏は、慶応義塾の出身で、三井の人であった。王子製紙を経営して、北海道の苫小牧《とまこまい》に大工場を建設したが、時利あらず、失敗した。藤原銀次郎氏は、王子製紙の、そのあとを引き受けたのである。鈴木氏は、その代りに三越に関係した。こういうわけで、鈴木氏には財力も、どれほどかあった。また政界に出て、政友会の代議士でもあった。

この鈴木氏が、いつのころからか、新橋駅近くにあった実費診療所なるものを経営した。この診療所は社団法人かで、私の記憶に誤りがなければ、片山潜氏とも懇意であった某医師が始めたのだが、何かの事情で、鈴木氏の手に移ったのである。その辺のことは、まだ片山氏が日本にいる間に、私は同氏から聞いたような覚えがある。

鈴木氏は、この診療所を、大いに力を入れて経営した。白柳秀湖君が、鈴木氏のもとに、理事であった。その診療費は、確かに安かった。私も、ここで歯の治療をしたことがある。ところが、この実費診療に対して、一般開業医は、非常な反対と妨害とをした。鈴木氏は、全国的に、実費診療所の支部を設ける考えであったが、それが出来なかった。細かいことは忘れたが、当時の医師法かに、それが違反することになって、医師を雇うことが、むずかしいとかいう話であった。医師会では、医師の診察料、薬価等を決定する。しかるに実費診療所では、その決定に従わないというようなことであったかと思う。

鈴木氏は、ここに憤然として立った。そして医業国営論を叫んだのである。こういういきさつであったから、鈴木氏の主張は極端で、医は一切国営たるべく、個人の医業は許さないというのであった。私は、これには反対だった。自信のある医師は個人で開業するも、よろしく、また患者も、とくに、ある医師の診療を受けたいというなら、その希望が許されなくてはならぬ。

だが一般には医業は、たしかに国営が良い。そして安い実費か、あるいは無料かで、いかなる国民でも医療を容易に受けうるようにしなければならない。私も、一時は家族に病人が続出して苦しんだが、その経験によっても、これはぜひとも必要だ。ここに私は、大いに鈴木氏の主張に共鳴した。そして同氏の、その運動に参加した。かつ、しばしば、『東洋経済新報』等に、医業国営の必要を論じた。

鈴木氏の右の運動は、当時は一向実効がなかったが、その後日本にも健康保険の制度が作られ、ことに太平洋戦争後は、著しく、これが普及し、発展した。まことに喜ばしいことである。しかし、まだ、これだけでは足りないであろう。英国のごとく、かつらまでも国費で支給することは、行きすぎであろうし、日本には、その必要もないことだが、もっともっとおし進めて、医療の恵みを国民にあまねく分つくふうは、ぜひ考えたいものである。

なお昭和三年八月十一日号の『東洋経済新報』を見ると、医師の井上寿男氏は、明治四十二年五月から、医業の国営を唱えたということである。世には、こういう人も、早くからあったのである。

九　占領下の政界に

『オリエンタル・エコノミスト』

昭和二十年九月三十日、招かれて私は、経済科学局長のクレーマー大佐と、司令部で面会した。通訳には、鮎沢巌《あゆさわいわお》君が同伴してくれた。大佐のいうのに、自分は久しく『オリエンタル・エコノミスト』の読者だが、この雑誌は、世界一といっては、お世辞になるが、少なくともロンドンの『エコノミスト』に次ぐ経済雑誌である。ついては、今後、そのスタッフを利用して、司令部の仕事を手伝ってもらいたい。

大佐は元来実業人で、昭和二十年十二月、司令部を辞して帰国してからは、再び実業界にもどって活動していると聞いている。今でも、彼は『オリエンタル・エコノミスト』の読者であろう。帰国する時には、二年分かの購読料を前払いして行った。

この『オリエンタル・エコノミスト』というのは、もちろん英文のそれであって、日本文の『東洋経済新報』ではない。

私が、英語の経済雑誌を出したいと考えたのは、相当に古い。大正十一年には、そのため、『ジャパン・フィナンシャル・エンド・エコノミック・マンスリー』と称する雑誌を引き受けたことがある。

この長い名前の英文雑誌は、明治二十七、八年代から昭和の初めまで、外交通の代議士として著名だった望月小太郎氏(昭和二年死去)が、いつのころからか自由通信社というものを経営し、そこから出していた月刊雑誌であった。この望月氏は山梨県の身延の人で、前に記した望月日謙師とも、あるいはいくらかの親類になるのかもしれない。とにかく望月師とも懇意で、そんな関係から、私も子供の折から小太郎氏を知っていた。ところが、ここに、もうひとり、私の中学以来の友人の早川徳次君が、また小太郎氏の親類だった。

早川君のことは、前にも書いたが、東京地下鉄道、すなわち日本で初めての地下鉄を作った人である。地下鉄は地質上、東京には作れないものと、専門家の間にも定説になっていた時代に、苦心努力、この業を始めたのであって、日本交通史上に特筆大書せらるべき人物である。

この早川君が、ある日、私を尋ねて来て、小太郎氏も、おいおい老境に入り、十分の活動も出来ないから、この英文雑誌を東洋経済で引き受けて、やってくれないかといって来た。第一次世界戦後の国際情勢に考えて、英文雑誌発行の必要を感じていた際だったので、さっそくその相談に応じた。

だが、話がいよいよ最後の段階に達した時、望月氏側の意向が少しく変り、編集は全部東洋経済で引き受け、経営は共同でということになった。それでも、とにかく、大正十一年七月から、やってみた。しかし、こういうことでは、どちらも力が十分にはいらない。それで残念ながら、翌年三月、われわれは手を引いた。

それから久しく、英文雑誌を計画する機会もなくして過ごした。ところが、昭和六年十二月、金輸出再禁止をしてから、日本の為替相場が下がり、それにつれて日本の輸出がふえた。ために、これは為替ダンピングであるの、ソシャル・ダンピングであるのという非難が起った。その非難は、日本の学者も、しきりにやったが、外国においても盛んに唱えられた。これは、私の研究によれば、全く誤った非難である。しかも日本にとっては、非常に不利益な誤解である。そこで、これを論破するには、日本の内地に対しては、『東洋経済新報』でよろしいが、外国に対しては、どうしても英文の刊行物の必要を痛感した。

そうした事情で、昭和八年九月二十三日号の『東洋経済新報』には、とりあえず、為替問題についての英語の論文を掲げるとともに、英文経済雑誌発行の計画を発表し、翌九年五月、『オリエンタル・エコノミスト』の第一号を世に送った。最初は月刊で、それを週刊にしたのは、終戦後、すなわち昭和二十一年一月からであった。この雑誌は、最初から無代では、絶対に配らない方針で、三千部ほどしか刷らなかったが、それでも日本に関心をもつ欧米人の間には、相当に行き渡った。クレーマー大佐も、そのひとりだったのである。当時、日本でも、経済雑誌ではないが、英語の雑誌は、いくつかあった。しかし、その多くは外国に無代で配り、その代り日本政府から補助金をもらっていた。そんなことでは雑誌に権威がない。『オリエンタル・エコノミスト』は、太平洋戦争中、欧米との交通が絶えてからも、スイスの国際労働局には送られていた。

財閥解体に反対

司令部の経済科学局とは、右のしだいで、早くから関係が結ばれ、その後、ずいぶん多くの調査やら、意見やらを提出した。毎週一回、日本の経済事情の定期的報告も行っていた。その代り、司令部からも、多くの便宜が与えられた。

戦時中、東洋経済新報社は、戦災防止のため、隣接した木造事務所を取り払った。それでは、実は狭くて困るのである。このことをクレーマー大佐に話したら、彼は、即座に終戦連絡局に指令を出して、この建物を復興する便宜を図ってくれた。また調査資料の図書が、秋田県と山梨県とに疎開してあることを知るや、大佐は直ちに、司令部のトラックを出して、これを東京に運搬してくれた。

経済科学局に、かずかず出した意見書のうち、クレーマー大佐の気に入らず、その帰国する際まで、自由主義の東洋経済が、どうして、あんな主張をするのかといっていたので、覚えているのは、財閥についてのそれであった。これは経済科学局から「財閥に対する意見」という問題を出されて、書いたものであった。相当長文のものだから、ここに全文を載せるわけにはいかぬが、ただ結論の部分だけを抜き書きすると、次のとおりである(原文は英語)。

「さてしからば今後の日本において、財閥は、なお必要なりや。率直に我々の意見を述べれば、日本の経済の再建のためには、やはり、これを利用することが便利である。かれらを今亡ぼす時は、さらぬだに混乱の予想される日本の経済界を、一層混乱させ、どこにも、これを安定し、収拾する中心勢力を見出し得ざる懸念がある。近ごろ米国の世論が、日本の財閥に対して非好意的なるに刺戟《しげき》され、日本の新聞紙中にも、財閥を極端に攻撃するものを見、また財閥の使用人中にも、かれらの多年の雇主に対して反逆を企てるものが現れている。しかし我々は、かかる動きこそ、実は日本の最大の欠点にして、また危険の現象であると思う。かかる徒輩こそ、過去において、共産主義が流行すれば、これに迎合し、軍国主義が勢力を占むれば、また、これに追従したものであるからである。長い年月の間には、財閥にも、幾多の過失があったに違いない。しかし大局から観察し、かれらが日本の経済の発展に寄与し、また、その困難期の安定勢力たりしことは否定しがたい。今は、また、かれらに、その安定勢力たる責任を持たしむべき折である。もし、かれらに、過去において不都合の点があったならば、これを、この際改めしめることは良い。しかし、そうして、かれらを利用することを、われわれは希望する。」

クレーマー大佐は、これに対し、財閥がなくとも、日本の経済は、過去において発達したし、より以上良くなった、というのであった。だが、私は、今でも、右の私の意見は、大体において、決して誤っていなかったと考える。だが昭和二十年十一月六日、ついに三井、三菱、住友、安田の四財閥の処理案が発表された。

司令部からは、その後、閉鎖機関整理委員会を作る際も、私に、これをやれと交渉があったが、それは私の任でないと考えて断った。その代りに鈴木祥枝氏が右の委員長に選ばれ、私は一時委員だけを引き受けた。

政界に出た理由

私は、横手から引き揚げて来てから、東洋経済新報の仕事、右の司令部の仕事、また戦後通貨対策委員会その他の政府関係の委員会などで、いそがしく過ごした。かくてある間に、昭和二十年十二月議会が解散され、総選挙が行われることになった。私も、この選挙に東京都第二区から出馬した。しかし私のこの決定は、はなはだ、おそく、翌年三月の十三、四日ごろに、ようやく届出をしたようなわけで、かつは元来選挙に全く無経験のものばかりの仕事だったから、四月十日の投票日まで、約一カ月の努力にかかわらず、見事に落選した。石橋湛山などといっても、そのころ、まだ知っていてくれる人は少なかった。

私は過去においても、政界に出る意志があったら、その機会が必ずしもなくはなかった。また、戦争中つぶされていた諸政党が、戦争終結とともに再建運動を始めた折には、私にも、それへの参加をすすめた友人もあった。たとえば社会党の松岡駒吉君、自由党の植原悦二郎君などである。だが、私は政界に出る希望なく、いずれも辞退した。

しかるに昭和二十一年の総選挙には、にわかに出る気になった。これには理由があった。すでに選挙運動が始まってからであった。ある日徳田昂平君が経済倶楽部にやって来て、今度の選挙には、各方面とも良い候補者がなくて困っていると話していた。なるほど、過去の日本の政治家の多くは、昭和二十一年一月初めの司令部の指令によって、にわかに追放を受け、選挙に出られなくなった。これは私も、ただ文筆界に引き込んでいる時ではなく、どれほどの働きが出来るかは知らず、一奮発すべき場合ではないかと考えた。

さらに、もう一つ考えた。それは戦後の日本の経済である。当時一般の世論は、はなはだ悲観的で、インフレ必至と見るものが圧倒的に多かった。また食糧の不足で、非常に多数の餓死者が現れる危険があるというような放送が政府筋から行われた。こんな宣伝をすれば、いよいよ物の買いだめ、売り惜しみが起り、インフレの危険を増すのだが、とにかく当時の状況は、こんな有様で、あわてふためいていた。

私は、このインフレ必至論に対しては、終戦直後から反対した。戦後の日本の経済で恐るべきは、むしろインフレではなく、生産が止まり、多量の失業者を発生するデフレ的傾向である。この際、インフレの懸念ありとて、緊縮政策を行うごときは、肺炎の患者をチフスと誤診し、まちがった治療法を施すに等しく、患者を殺す恐れがあると唱えた。これは『東洋経済新報』に、繰り返して書いたばかりでなく、講演でも、また他の雑誌などでも論じた。大蔵省で出している雑誌の、『財政』にも、その編集者の依頼で、昭和二十年十二月号に「緊縮政策の危険」というのを書いた。しかるに大蔵省内にも、当時は私の主張に反感をもつものが多かったと見え、その同じ号に、木村禧《き》八郎《はちろう》君をして、私の論文の反対論を書かせた。原稿の間に、私の論文を木村君に見せたのである。当方に断りもなしに、こういうことをするのは失礼ではないかと思うが、まあ、それが、そのころの空気であった。

当時の私の議論が正しかったか、誤っていたかは、世の批判にまかせるとして、私は、これはたいへんなことであると思った。むやみに緊縮政策を取ったら、容易ならざる結果を生むであろう。これは何とか食い止めなければならぬ。それには、ただ筆や口で論じているだけでは間に合わない。自ら政界に出て、せめて、いずれかの政党の政策に、自分の主張を、強力に取り入れてもらう要がある。これが実は、昭和二十一年の春、立候補した時の私の心情だった。

なお、その折、私が自由党を選んで入党したのも、右の趣意に出たのであった。私は鳩山一郎氏とも、古くから、ある程度知ってはいたが、決して懇意というほどの間柄ではなかった。太平洋戦争中、私は今の首相の吉田茂氏と、いくらかの往来があり、その際吉田氏から、ぜひ鳩山に会えと勧められたこともあったが、会わなかった。それでなくても軍部から、にらまれている者が、うっかり動くことは、お互に迷惑をする恐れがあると思ったからである。そのころ吉田氏は鳩山氏と連絡し、時局について、いろいろ画策していたものと見える。

右の次第で、私は、人のつながりとしては、とくに自由党と縁はなかった。だが、当時のおもなる政党である自由、進歩、社会の三党を比較すると、私の主張に多く耳を傾けてくれる望みがあると思われたのは自由党であった。社会党は、いわゆる社会主義に束縛されて、思想の自由を欠いているように見えるし、進歩党(今の民主党)は、また当時、妙な統制経済を唱えておって、とうてい私は一緒に行けそうでなかった。これに反し、自由党は最右翼の保守党というように、世間の一部からは見られ、共産党あたりからは目のかたきにされていたが、しかし私は、思想の自由は、ここに一番多くあると考えた。私は、ただ、それだけの理由で、この党を選んだのであった。

金解禁問題の回顧

以上に述べたように、私が、とくに終戦後の日本の経済について、世論と違った考えを持ち、かつ、その世論が日本の将来を誤りはせぬかと心配したのには理由がある。昭和五年一月の金解禁は、世論に従って行われたのだが、その結果は実に悲しむべきことになった。その経験を私は深く味わっていたからである。

日本は、第一次世界大戦中、大正六年九月、金の輸出を禁止し、金本位制度を停止した。それは米国の同様の処置に追随したのであった。しかるに戦争が終り、大正八年六月、米国は金の輸出を解禁したのにかかわらず、日本は依然として禁止を続けた。『東洋経済新報』では、これを不可とし、すみやかに金解禁を行うべしと論じていた。

ところが大正十二年の大震災後、日本の為替相場は、著しく下り、大正十三年の三月には四十四ドルを示し、それから引き続いて、同年末には三十八ドル台までに低落した。これには全く驚いた。対米為替の平価は四十九ドル八四六であるのに、その市場値段が四十四ドルとすれば、一割五分以上の開きがある。それを直ちに金解禁をして、為替を、元の平価にもどせとは論じがたい。ちょうど、その折、高橋亀吉君が、まだ東洋経済新報にいて、私と机を並べていたので、相談した。すると同君は、もう、こうなったらカッセル教授の購買力平価の説に従い、平価を切下げるより外ないではあるまいかとの意見であった。当時は、まだケインズの説は知られていなかった。私は直ちに、これに同意した。大正十三年三月十五日号の『東洋経済新報』の「円価の崩落とその対策」、四月十九日号の「金輸出解禁論の台頭」等は、この趣旨に従って書いたのである。その後、日本の為替の状況は、いよいよ悪化したので、平価切下の必要に対する確信はますます強くなり、強力に私は、これを主張した。

しかし世論は、なかなか、この説を受け入れなかった。後にはわれわれの説に全く同調し、強力に金の輸出再禁止を唱えた武藤山治氏のごときも、当時は、まっこうから反対した。純金二分をもって一円とすという貨幣法の公約を破るのは、道徳的にも許されぬことだというのが、同氏の主張で、大正十四年一月三日号の『東洋経済新報』には、その趣旨の武藤氏の寄書が載せてある。武藤氏は自分の意見を率直に、よく発表した珍しい財界人であった。

かくて政府は、もちろん、財界においても、平価切下などいうことは考えず、旧平価で金解禁をする方針で進み、ついに昭和四年七月、浜口内閣の成立を見るにいたった。その間、昭和二年四月には、金融界に大恐慌を起し、一時全国的モラトリアムを施行し、ようやく、事態を収拾するという騒ぎをやった。それも実は旧平価で金解禁をするという若槻内閣(蔵相片岡直《なお》温《はる》氏)の政策が、この結果をもたらしたのだが、世人は、まだ当時、このことに気がつかなかった。そして昭和四年七月、浜口内閣は、旧平価金解禁を政策に掲げて登場したのであった。蔵相は井上準之助氏であった。

井上準之助氏は、これよりさき、昭和四年五月、当時の蔵相三土《みつち》忠造氏(田中義一内閣)が金解禁を行いそうだという風説が伝わり、証券市場が動揺したのに驚き、郷《ごう》誠之助、団琢《たく》磨《ま》の両氏とともに、いわゆる財界の三長老が頭をそろえて蔵相を問い、軽挙をしてはならぬと忠告しているのである。しかるに今や、彼は、浜口内閣に蔵相として、金解禁を断行せんとしたのである。

私は、浜口氏が組閣するよりも二週間ほど前、火曜会と称する小さな会合で、浜口氏の話を聞いた。すでに浜口内閣実現は、時の問題だと思われている際であった。そこで私は浜口氏に、あなたの金解禁政策は非常に危険を含むと考える、あえて私の主張に従ってくれとは申さぬが、慎重の研究を頼むといった。すると浜口氏は、それは心得ている。自分は、もちろん、その方面には十分の知識がないから、いよいよ実行する場合には、専門家に託して、誤りなきを期すつもりであるから、安心してくれとのことであった。その専門家なるものが、井上準之助氏だったのである。

私は昨年、池田成彬《しげあき》氏の『財界回顧』を読んで驚いたのだが、同氏は昭和四年十一月、井上蔵相に向かい、「金解禁をすれば、我々銀行は援助する」と大いに激励したとある。彼にしてしかり、財界は、こぞって旧平価の金解禁を要求したのである。その同じ本で、元三井銀行重役の大矢知昇氏が口をはさんでいるが、当時、これらの人々は、金解禁をすれば、日本産業の合理化を促進し、輸出を増し、景気が回復すると思ったのである。これは今日でも、しばしば金融引締政策等の理由として唱えられるところである。

しかしこの財界の金解禁促進論には、相当利己的な点もあった。昭和三年二月十八日号の『東洋経済新報』には「銀行家の金解禁論、真相は遊資処分法」という社説があるが、実際当時の銀行は、国内の不景気で、資金があまり、その運用に困った。金解禁をしてもらって、海外に、この遊資を出したいと希望した。そして、それは昭和五年一月の金解禁後、彼らによって実行された。ところが翌六年九月、英国の金本位停止に会い、いわゆるドル買問題なるものを起したのである。

また武藤山治氏は、まことに、立派な人であったが、昭和四年の夏ごろまで、旧平価金解禁が、いかに不合理なものであるかに気がつかなかった。これに気がついたのは、彼の経営する鐘紡の資産内容が急激に悪化するのを見てからであると、氏は私に告白していた。武藤氏ほどの財界人でも、そうであった。一般に財界人は、自分の身に火がつかないと、ほんとうのことに気がつかない傾きがある。

浜口内閣の緊縮政策

浜口内閣は、官吏の減俸をする、学者を動員して、全国に消費節約運動を起す、その他あらゆる方法をもって、緊縮政策を実行し、日本の物価を下げ、ついに昭和五年一月、旧平価金解禁を断行した。

しかし私は、ここで実は井上蔵相が、当時ほんとうには、どう考えていたかに、疑問をもつのである。前に記したとおり、彼は三土蔵相の軽率なる金解禁を止めに行ったひとりである。急激な旧平価金解禁が決して良い結果をもたらすものでないぐらいのことは心得ていたに違いない。にもかかわらず、わずか半年足らずの準備で、金解禁をしたのは、どうしたわけか。

もし私に想像を許すならば、彼は、一つの重大なことを見落した。それは政府が旧平価金解禁の決意を示すなら、下がっていた為替相場は、直ちにその平価まで騰貴するということである。彼は、為替の意外な急激の回復に驚いたのではあるまいか。しかし、そこで、政府が、ぐずぐずしていたら、為替相場は、また暴落する恐れがある。そこで井上蔵相は、やむをえず、昭和五年一月金解禁と決し、その予告を昭和四年十一月に行った。昭和七年二月、井上氏は殺されたので、私は、ついに、このことについて、井上氏と話し合う機会を失ったが、疑念は、今も去らぬのである。

ところで、金解禁の結果は、残念ながら、私の想像どおり、四年以来の緊縮政策による不景気を、いよいよ、はなはだしくし、六年九月英国が金本位を停止するにいたって、事態は、さらに深刻を加えた。しかも、その同じ月には満州事件が起った。浜口首相が凶弾に倒れて替った若槻内閣は、ついにこの事態にささえきれず、昭和六年十二月辞職し、政友会の犬養内閣が登場した。そして高橋是清《これきよ》蔵相のもとに、直ちに金の輸出再禁止を行った。

だが、その時は、もう、おそかった。昭和四年以来の不景気で、国民が陥った深刻な生活難は、国家革新を叫ぶ青年将校と右翼団体との勢力を伸ばす良い基盤となった。満州事件や、五・一五事件や、二・二六事件等が、ただ不景気のために起ったといってはまちがいだ。しかし不景気が、それらを起すのに、最も適当した基盤を供したことは、疑いのない事実であろう。それはドイツにおいて、やはり昭和四年から起った非常な不景気が、ついに昭和八年ヒットラーに政権を与えるにいたったのと同様である。ドイツは、そのヒットラーに滅ぼされたが、日本も、また、軍部に亡国の一歩手前まで追いやられた。かように考えると、日本を今日の悲境に立たしめたのは、実に昭和五年の金解禁だったともいえるのである。

『東洋経済新報』は、このことを、大正十三年から予言し、警告したのである。にもかかわらず、世人は少しも、これに耳を傾けなかった。これに多くの人が耳を傾け出したのは、すでに不景気が深刻化した昭和五年ごろからであった。その間、六年の歳月が流れた。そして前記のごとき事態に立ちいたった。

私は、この経験をもつのである。戦後の日本も、また同様の誤りを繰り返しはしないかと恐れたわけである。

第一次吉田内閣

昭和二十一年四月の総選挙で、私は落選したが、自由党は第一党になった。どういう事情であったか、真相は知らぬが、幣原《しではら》首相が、後継首相の推薦に非常に手間取り、政界は混雑した。しかし、結局、自由党の鳩山一郎氏が大命を拝受するということにきまった瞬間、同氏は五月四日公職追放を受けた。

この鳩山氏の追放については、いろいろの風説があり、私には、どれが真実か、全くわからない。だが、それより先、四月十六日、私は松岡駒吉君と東洋経済新報社で会い、ある問題について話した際、同君は、こういう情報をもたらした。

各党の代表者が、一両日前、連合国の新聞記者団体に招かれた。食卓において、松岡君は、当然鳩山氏が主賓の席につくものと思っていた。ところが、意外にも、松岡君がその席に案内された。のみならず、その場における空気は、鳩山氏に対して、はなはだ、おもしろくなく感ぜられた。松岡君は、どうも政権は、鳩山氏に来ないように直感された、というのである。私は、その時実は、松岡君という人も、長い間の友人だが、思いのほかに、くだらぬことに気をまわすものだなと、いささか不愉快にさえ思ったのである。鳩山氏が追放になってからも、松岡君の、この話には大して重きを置かなかった。

ところが私は、昨年であったか、マクマホン・ボール氏の『日本、敵か味方か』という本を読んだ。その中に鳩山氏については、最初連合国の新聞記者が、その経歴を問題にし、その報告の結果、司令部が調査し、追放するにいたったのであると書いてあるのを見て、ははあと感じたのである。ボール氏の記述が正しいとすれば、松岡君の勘は誤っていなかったのである。

マクマホン・ボール氏は、濠州の大学の国際法かの教授で、戦争直後、濠州の代表兼英連邦の代表として、東京に駐在した。その住居は、三田綱町の大蔵大臣官舎(もとの渋沢敬三氏邸)の、一軒おいて隣だった。私は大蔵大臣在任中、いささか同氏と懇意にした。立派な人であった。右の著書には、こんなにも日本がわかっていなかったかと驚く個所が少なくないが、しかし、その立場上、東京における連合国側の動きには十分通じていたはずである。

それにしても、新聞記者が鳩山氏の経歴を調べて、記事にしたとか、評論をしたとかいうなら、話はわかるが、司令部に報告を出したとは、おかしなことである。けだし鳩山氏は、早くから反共主義をかかげたこと等のために、右翼的危険人物と見られ、きらわれたのではあるまいか。

とにかく、鳩山氏はかようにして思いがけず追放を受けた。自由党があわてたことはいうまでもない。そこで、やむなく吉田氏に、あとを頼んだ。吉田氏は、その折、金の心配はしないこと、人事に干渉を受けないことなどの条件をつけた。吉田氏は、こういう点では慎重に、よく考える人である。

第一次吉田内閣は、かくて出来た。親任式は五月二十二日に行われた。しかし大部分の人事は、すでに鳩山氏の手で行われ、吉田氏は、ほとんど、そのままに引き継いだ。ただ農相の人選だけが、むずかしく、ために吉田氏は、五月十九日ごろ一時投げ出すのではないかと思われたこともあった。先日『東京新聞』(昭和二十六年五月二十日)を見ると、山浦貫一君が「吉田の組閣秘話」というのを書いていた。その中に、農相候補として「大内兵衛には、蔵相に内定の石橋湛山より反対が出る」と記してあったが、これは、どこから伝わった風説か、私にはそんな記憶がない。

なお、この間に、私が知っている範囲で、もう一つ自由党が、あわてた場合があった。それは衆議院議長の候補に定っていた三木武吉《ぶきち》君が、また突然追放されたことであった。三木氏は、選挙の際には、何の故障もなかったのである。そこで、やむなく、内閣書記官長ときまっていた樋貝詮三《ひがいせんぞう》君を議長候補に、そして内閣書記官長は林譲治君ということになった。その折、林君は、それは自分の任でないとして、固辞して、容易に受けなかった。その人柄を私は、ゆかしく思った。その固辞する君の態度こそ、内閣書記官長たるに十分の資格を与えるものではないかと、私も同君に就任を勧めたことを覚えている。

戦時補償の打切り問題

第一次吉田内閣に大蔵大臣として在任した間の問題を述べれば、それだけで、大きな一冊の本になるだろう。それは今、私のなし得ないところだ。ここには、ただ断片的に、いくつかの事項について、思い起すままを記し、当時をしのぶ一端にしよう。

大蔵大臣に就任して、第一に突き当った重大な問題は、戦時補償の打切りと、石炭増産の必要とであった。

戦時中、政府または軍部が、軍需会社等に対して約束した補償を打切れという論は、終戦直後、相当盛んに唱えられたところであった。実際これは、当時の日本の財政状態においては、打切るか、たな上げするかより外に方法はなく、直ちに、その支払いをするなどいうことは不可能であった。私は、一応たな上げをし、しばらく時間の余裕を得て、最後の処理をするが良いという考えをもち、その案を練っていた。ところが五月二十六日、すなわち私が大蔵大臣に就任して五日目の朝の新聞に、この問題と財産税問題とについて、レオ・チャーン氏の意見なるものが発表された。この人は、幣原内閣時代、司令部に招かれて、日本の財産税の調査に来た専門家である。米国では税務士の仕事をしているのだと聞いた。

私は、これは、何か司令部に、すでに案が出来ているなと感じた。果して五月三十一日、マーカット経済科学局長に招かれて行ってみると、戦時補償百パーセント課税案なるものと、財産税とについての覚書を渡され、すみやかに、この案を実行してもらいたいということであった。これはなかなか頭の良い案であった。かりにも政府が約束した国家の債務を、ただ打切ることは、やって出来ないことではないが、穏当でない。だが、それに百パーセントの課税をするなら、実質は打切りと同様であって、理屈がとおる。私は大体において、この案に賛成した。

しかし一つ、どうしても反対せざるを得ない点があった。それは、この補償打切りの損害を、そのまま銀行に及ぼし、したがって預金者の預金を打切る結果になることであった。預金者に、かく不安を与え、銀行を困難に陥れたら、さらぬだに容易ならざる日本の経済復興を、ますますむずかしくする。いわんや預金者には何の罪もないのに、銀行により預金者の受ける損害率を異にするのは、公正の見地からいっても不当である。私は、これを財産税によって処理しようと考えた。

こういう趣旨で、私は折衝を続けた。それが五月末から七月の二十二日まで続いた。最後は、吉田首相を通じ、マッカーサー元帥の裁断をあおぎ、その回答が、右の七月二十二日に来て、問題は片づいた。私の願いは、ついに入れられなかった。ただ火災保険金などの、非課税にする部分の金額などについては、いくぶんの緩和を見た。

ところで、その結果は、どうであったか。私が心配したほどのことはなく、戦時補償百パーセント課税案は実行された。これは一つは、前記の折衝中、もし司令部案を、そのままに実行するとなれば、その場合、いかにして経済界の動揺を防止するかについて、大蔵省総がかりで研究し、その方法を立てていたからである。だが、もっと大きな理由は、いわゆるインフレの進行で、金額的に、補償打切りから受ける経済界の打撃を減じたからであったろう。

そこで、これは日本政府が、わざとインフレを起し、司令部案を実質的に骨抜きにしたというような非難をしたものもあったが、そんなことは、もちろん絶対にない。インフレで、もし経済界の損害が軽減したとすれば、それは全く偶然の事であった。

悩んだ石炭問題

石炭問題は、大蔵省の直接の所管ではなかったが、結局歳出に関係するところから、私も深入りするにいたった。

石炭は、戦時中、一時は年産五千七百万トンに達したことがあった。しかし、この戦時中のむりな増産で、山を荒らしたのと、敗戦で、朝鮮人労働者が一度に引き揚げたのとで、終戦後の生産は急激に低下し、私が大蔵大臣に就任したころは、ようやく月産百六十万トン、すなわち年産二千万トン足らずという、あわれな有様に陥った。しかも、その石炭は、ボタだらけで、カロリーのきわめて低いものであった。そのため、しばしば汽車を運転する石炭にまでさしつかえるにいたった。

当時の汽車は、窓から出入するようなヒドいものであったが、それだけに、その汽車さえも動かないことになったら、人心に与える影響は恐ろしいものがあった。のみならず食糧の輸送が止まり、それこそ、都市に餓死者を生じかねまじき危険があった。また緊急を要する食糧の増産のためには、化学肥料の増産を急がねばならないが、それにも、また石炭がいる。かくて閣議で、石炭の配給計画を定める時には、閣僚間に真剣な争いが起った。運輸大臣は、初め平塚常次郎《つねじろう》君、同君が追放を受けて去った後は、増田甲子七《かねしち》君であったが、汽車を運転する石炭をうるために、司令部に依頼して、その貯炭を借りてくるというような苦しい場合に当面したこともあった。石炭を増産することは、単に石炭の問題でなく、国の死活に関する問題であった。

しかるに最初商工省は、この石炭を増産するのに、炭鉱の必要とする坑木とか、食糧とか、地下たびとかいう物資を配給して、これを促進する方法をとった。しかし当時の実情において、それは困難なことであった。政府には、約束どおりの物資を配給する力はなかった。政府の約束が果されなければ、炭鉱は怒りもすれば、増産の意気もますます低下する。われわれは、これでは、とてもだめだと思った。大蔵省内には、相当異論もあったらしいが、この際の緊急処置としては、思い切って金を出し(しかも、当時の、いわゆる新円で)これによって、炭鉱に自主的に増産を図ってもらうより外はないと、決心した。これには、むろん商工大臣らも、一議なく賛成であった。

そこでわれわれは、石炭関係業者を集め、こういった。物資の配給にも、むろん政府は、誠意をもって大いに努力する。しかし今までのように、いつ何日までに、何々を送るなどいう約束は出来ない。そんな約束が出来るほどなら、われわれは諸君に頭を下げて、どうか石炭の増産をしてくれなどとは頼まない。その代り、金は諸君の要求に従って出そう。だが、これも無条件で出すわけにはいかない。諸君は、これによって、必ず年産三千万トンの石炭を供給する約束をしてくれるかと。当時政府の計算では、とにかく年産三千万トンの石炭が確保出来れば、この危機を打開出来るという見込みだった。

政府の、この案は、炭鉱経営者も、労働者側も、快く引き受けてくれた。総理大臣の面前で、その誓約書を読んで、確約するという話にまでなった。私が、昭和二十一年七月二十五日の衆議院における財政演説の中で、次のごとく述べたのは、すなわち炭鉱と右の約束が出来たからであった。

「今日、石炭の強力なる増産を行うことは、あらゆる産業の復興を促す第一の緊急事である。政府は、これがため全力を尽す覚悟である。われわれは、これがため必要ならば、石炭の生産者価格の引上げ、その他の方法によって、炭鉱の過去の債務を整理し、かつ将来の収支の均衡を確保する強力なる処置を講ずるつもりである。ただし生産者価格を引上げても、同時に消費者価格を動かすことは、他の多くの物資の価格に影響する。のみならず、それらの価格の改訂が行われるまで、物資の出回りを阻害する危険がある。ゆえにこれは、この際しばらく避け、その代りに、思い切った価格調整補給金を支出するであろう。ただし、かかる処置を行うためには、炭鉱の経営を、あらゆる面にわたって合理化し、必ず増産の行われる保証がなければならぬ。たとい、最初の生産者価格は相当に高くとも、増産さえ行われるなら、それに従って生産費は、おいおいに下がり、価格も下がるはずである。

ゆえに、われわれは、増産の保証さえ、炭鉱が確実に与えてくれるなら、合理的なる価格の値上げに対し、これを値切るごときことはいたさない。その代り、全国の炭鉱業者及び石炭生産に関係する、すべての人に強く責任を持ってもらわねばならぬ。増産するはずであったが、他の事情が、こう変化したからなどという申しわけは、真に不可抗力による場合の外は、許さない。いうまでもなく、それには炭鉱の経営者のみでなく、また、そのすべての従業者の固き協力を要する。われわれは、こうした決意のもとに、幸いに石炭増産が、明らかな目途を示すにいたるならば、全国産業の立直りは、ここに確実なるいとぐちを開き、いわゆる悪循環も必ず断絶しうると信ずる。

以上は石炭を一例として述べたのだが、その他、食糧についても、肥料についても、このさい取るべき策は、これと同様の線にそうものであるべきだと考える。」

しかし右の計画は、司令部の許可が得られず、実行が出来なかった。補給金は出してもよい。しかし、それは決算において赤字の出た炭鉱だけに出せば足りる。生産者価格を一律に仕切る必要はない、というような趣旨であったと記憶する。首相の前で、炭鉱関係者の誓約書を読むということも、ために中止された。せっかく一同が意気込んでいたところを、出鼻をくじかれた観で、残念であった。

だが、石炭の増産のためには、金を出すより外はなかった。政府の補給金ばかりでなく、復興金融金庫等からも、大いなる融資が行われた。それは、確かに一面において、インフレを促進したに違いない。しかし、その危険を冒さなければ、石炭の確保は出来ず、汽車もあるいは止まったかも知れない。

とはいえ、われわれも決して金だけ出していたのではない。たとえば、後に片山内閣の時、問題を起した石炭国管は、実はわれわれが最初計画した案であった。ただ、社会党は、これを炭鉱国有の線に結び付けようとしたが、われわれは石炭増産の臨機の処置として、一部の炭鉱に実施しようとしたのであった。また、われわれは、坑木の供給を確保するため、一部の山林の強制伐採法も立案した。これが誤り伝えられて、農地と等しく、山林も所有者から取上げるのではないかという心配が、多くの地方でいだかれ、これを打ち消すため苦労したことがあった。金を出すと同時に、また直接、石炭増産を促進する方策を、あれや、これやと打ったのである。

終戦処理費

私が終戦処理費の削減を強力に主張したので、それが司令部の憎むところとなり、追放を受けたのであると風説するものがある。しかし、それは誤りだ。私は、もし日本に、ほんとうに恐るべきインフレが起るとすれば、その原因は、第一次世界戦後のドイツのそれと同様に、賠償の外にはないと考えた。終戦処理費は、一種の賠償に等しい性質を持つものだから、その減少を極力願ったことは、もちろんである。だが、それによって、司令部から、忌《い》まれるようなことをした覚えはない。ただこういう事実はあった。

昭和二十一年の九月ごろかであった。大蔵省で、予算施行の必要上、調査をしてみたところ、こういうことがわかった。従来進駐軍の工事は、その方面の専門機関を持たぬ外務省の中央終戦連絡局を通じて行われていたため、監督が行き届かず、したがって工費が不当に高くついている。また地方においては、全く日本政府の手を通さず、日本の事情を知らぬ出先きの軍と請負者との直接の話合いで工事が進められ、請負者は、それを、よいことにして、不当の利益をむさぼっているものもある。そこで私は総理とも、また戦災復興院の総裁阿部美樹志君らとも協議し、閣議にもはかって、いろいろと案を練り、日本政府において改むべき点、司令部においても注意を願いたき点等を、それぞれ何個条かずつ列挙し、これを司令部に提出した。それが二十一年の十一月であった。技術上の問題については、主として阿部総裁が交渉の衝に当った。また今後は一切の工事を、復興院において監督すること、すでに完成し、あるいは進行中の工事についても、新たに工費の査定を行い、その不当に高いものは引下げさせる手段を取った。全国に散在する多数の工事を一々査定することは、たいへんな仕事であったが、復興院は、よく、それをやってくれた。その結果、総額で、どれほどの工費の支払いを減じ得たかは、第一次吉田内閣がやめてから、わかったことだから、私は知らない。しかし、われわれの、その時の計算では、少なくも平均二割の削減を行いうる見込みであった。

司令部も、また、日本政府の出した右の案を慎重に検討し、そのことごとくを入れてくれた。のみならず、すでに地方で、進行中の工事でも、不急不要と認められるものは中止した。また聞くところによれば、第八軍のアイケルバーガー将軍は、その家庭に飾る花までも節約したというほどに、むしろ、われわれの予期以上に、経費減少につとめてくれた。世の中には、これらの問題について、案外誤解も多いようだから、あえて記すしだいである。

六・三制実施に対する疑問

今日から顧みて、何とか、あの時、もっと検討は出来なかったかと、遺憾に感ずるのは、六・三制と農地改革とである。これは、いずれも大蔵省の所管事項ではなかったが、しかし、もちろん内閣の問題であった。

六・三制については、義務教育年限延長の趣旨には、もちろん、何人にも異論のあるべきはずはないが、果して日本の現在の状態で、その負担に堪えうるかが問題であった。内務大臣は、当時植原悦二郎君だったが、それは地方がたいへんなことになるといって、大いに反対した。私も、また、最初文部省が出して来た大きな予算を見て、これは、とても承認が出来ないと拒絶した。のみならず急激に、かような学制改革をして、教室や教材の不足は、もちろんだろうが、第一に教員や教科書の準備があるのかと質問した。これに対する文部省の答は、あいまいをきわめた。自信のあるふうは少しも認められなかった。文部大臣は、初め田中耕太郎君であったが、同君にも確信がありそうに見えなかった。

しかし文部省は、ぜひとも、これは実行しなければならないと主張した。教育界からも、安倍能成《よししげ》君らを筆頭として、やかましく実行を迫って来た。日本復興の第一の緊要事である教育の充実について、大蔵大臣が、金のことだけを考えて、反対するのは、けしからぬといった調子である。これについては、六・三制問題の際ではなかったが、昭和二十一年の八月、同年度の改定予算が衆議院の予算総会にかかっている折、こういう事件が起った。

国民党の岡田勢一《せいいち》代議士が、なぜ、もっと教育費をふやさぬかと、私に食い下がって来た。私は、もちろん教育の大切なことは、かねて十分心得ているつもりである。昭和四、五年ごろの金解禁問題時代、たまたま私の主張——金輸出再禁止——が政友会の主張と一致するとて、私と三浦銕太郎氏とが、三土忠造氏から金をもらったとか、政友会内閣が出来る時には、私を大蔵大臣にするという密約があるとか、まるで、根も葉もない風説を、まき散らしたやからがあった。その時、私は、じょうだんに、大蔵大臣など、つまらない。なるなら、ぼくは文部大臣が望みだといったことがある。それは全く私の本音で、教育制度の改善向上には、かねて、しばしば意見を発表したこともあり、深き興味をいだいているのである。しかるに岡田氏は、まるで私に教育に対する理解なく、ただ金を惜しむばか者だといわんばかりに、しつこく攻めてくるので、私も、ぐっとしゃくにさわった。そこで、岡田君は何と思うか、今、国民は、その日その日が食えるか、食えないかと苦しんでいるのである。この際教育をうんぬんするごときは、時代を知らざるものだという意味の答弁をやったので、騒ぎになった。野党各派は協議して私を弾劾すると、いきまくのである。その時の予算委員長は矢野庄太郎君だったが、大蔵大臣が前言を取消してくれなければ、予算の審議が進行しないという。予算がおくれるとあっては、かぶとをぬぐよりほかはない。翌日、私は、あっさり取消した。その後貴族院でも、私の衆議院における右の発言が問題にされた。

教育問題は、こんなぐあいで、まことに取り扱いがむずかしい。たれでも教育が大切だということを知っているだけに、やっかいである。また教育界の政治に対する勢力は、なかなか大きい。その教育界が、こぞって六・三制を支持した。

ところに、また地方より陳情が来た。すでにわれわれの地方では、六・三制実施の準備を整えているのに、今さら中止などされては困るというのである。あとで聞くと、これらの地方では、費用は全部国家で持ってもらえるものと思っていたらしい。少なくも、それが、どんなに地方の負担を増すかについての、はっきりした認識がなかったらしい。それでは、いかにも六・三制大いに結構と考えたわけである。実否は知らぬが、文部省もこの点について誤解を起さしめるような諮問《しもん》を地方に発したという、うわさもある。

こうして、とうとう六・三制は実行されることになった。また最初の昭和二十二年度の予算は、きわめて少額の八億円余(地方分与税分与金を含めて)でよろしいという文部省の意見で、それなら財政上負担が出来ないともいえない。六・三制実行の準備という意味で認めることになった。しかし、これは文部省にいっぱい食ったかっこうで、第一次吉田内閣がやめて後、たちまち、大いなる補正予算が出された。

今日の有様は、どうか。地方は教育費の増大のため、破産せんばかりの騒ぎをしている。植原内相が心配したとおりだ。そうして今さら六・三制をやめて、六・二制にするなどいう説が現れている。まことに困った事態である。だが、これは文部省だけの責任ではない。われわれも、また最初において、もっとほんとうに掘り下げて、親切に検討しなかった罪を負わなければならぬ。

農地改革

戦争後マッカーサー司令部が日本で行った、かずかずの改革の中で、外国人の間に最も評判のよかったのは、おそらく農地改革であろう。ジョン・ガンサー氏のごとき、相当鋭い観察眼をもつ人でも、この農地改革については、「もし国民政府が、マッカーサーのやったような土地改革を実施していたならば、台湾のようなへんぴなところへ逃げ出さずに、おそらく、今日でも南京にいられたことであったろう」(『マッカーサーの謎《なぞ》』日本訳二二六ページ)といっている。それは、おそらくソ連以外の世界においては想像も及ばなかった大改革であった。全国の地主の所有田畑は、事実上無代に等しき名目価格で国家に強制買収され、従来の小作人に分配された。おまけに、それらの地主は、今まで多くは村長とか、壮年団長とかをつとめていたので、そのかどで追放を受け、一切の公職から退けられた。地方は、かくて一挙に民主化され、大衆たる農民は地主からの搾取を免れ、その生活は改善された。これが、この問題に興味を持つ外国人が、一般にいだいた感想であった。

右は必ずしも誤りではなかった。農民が地代を払う必要がなくなったことは事実であり、ごくわずかばかり、地主に残された土地を小作するものがあっても、その地代は、無料と同様の低いものに法定された。また地主が公職から追放された後の農民が、村の政治の主人になったことも、もちろんである。外国人の中には、なお、この点に疑いをいだき、たとえば農地委員会において、農地の配分を定める場合、依然として旧地主が勢力をふるい、これを支配したなどというけれども、われわれ日本人の知る限りでは、そういう例は、ほとんどなかった。旧地主の経済的、政治的勢力を駆逐《くちく》することにおいては、農地改革は、まことに、すばらしき成功を収めた。

だが、ここに私は、日本の農業の基本事情から考えて、最初から、一つの大いなる心配をもった。

元来、日本の農業は、いわゆる零細農業で、農家一戸平均の耕作面積は、北海道を加えて一町一反、北海道を除くと九反六畝《せ》ぐらいしかない。これでは、いかに農家が勤勉努力しても、人間らしい生活の出来るわけがない。しかも農家は、日本全人口の、ほとんど半分を占めるのである。ここに日本の経済が貧弱ならざるを得ない根本的原因がある。

そこで私は、古くから、はなはだ突飛《とっぴ》のようだが、日本の農家を二分の一ないし三分の一に減じ、その平均耕作面積を二倍ないし三倍にすべしと唱えていた。それで日本の農家の平均耕作面積は、ようやく二町ないし三町になるのである。これは、むろん大変な変革である。いそいで行いうることではない。だが、もし日本の経済を豊かにしようとするならば、いかに困難でも、目途をここにおいて、農業の改革を考える要がある。もちろん、農家を減らして、その結果、あまってくる労力は、工業に向ける処置を講ずるのである。日本の農業の改革は、工業の振興に伴わなければならない。

しかるに、かの農地改革は、従来の小作人を、そのまま自作農とし、零細農業を固定化した。おまけに民法の改正で、長子相続制が廃止されたから、土地は、いよいよ細分化される危険にさらされているのである。農家を減らし、各戸の耕作面積を増さねばならぬとする私の主張とは、全然の逆行である。

私は、かような農地改革によって、日本の農業が、今後長く経営にたえるとは信じ得なかった。農産物が、やみ値でも何でも、高く売れる間はよい。いったん農村が不景気に襲われる時が来ると、新たに作られた小さな自作農が、その打撃にどうして耐えるか。従来は地主というものがあって、不景気の際に、いわゆる土地兼併の弊も生じたが、しかし、また同時に農家に与える不景気の衝撃を緩和するクッションの役目をした。

また農地改革で分配された田畑には、完全な所有権が農民に与えられていない。彼らは、これを勝手に処分することが出来ない。したがって、これらの土地は金融の対象にもならない。明治以来農村金融に力を注いで来た日本勧業銀行が、戦争後普通銀行に転向し、不動産金融をやめたのは、主として、これがためであったと思う。農民は、かくて、その土地を担保にして、金融を受ける道もないのである。

だが、こういう農地改革が、日本民主化の最も重要な方策として実行をせまられ、これに要する法律は、昭和二十一年の第九十議会を通過した。不思議と、この間私は、この改革に反対する強き声を聞かなかった。だれもが、やむを得ないと観念していたからであろう。ただ私は、当時、農林大臣の和田博雄君に向かっては、せめて耕地の交換分合を、これを機会に強行してもらいたいと希望し、同君も、それはやることにしているといっていた。しかし事実は全く何もしなかった。耕地の交換分合を行うには、最もよい機会であったと思うし、それだけでも、出来ていれば、農地改革の功績が残ったわけだが、残念なしだいであった。

このごろ諸方で起っている現象は、私の心配したとおり、早くも農地改革の結果がくずれ始めていることである。一反わずかに数百円で、地主から取り上げた土地は、今や数万円でやみ売買が行われ、新たな地主を作りつつある。今後の日本の農業は、どうなって行くか、どうしたらよいか。これは六・三制の始末どころでなく、難問中の難問であろう。

また最近聞くところによると、以前は地方の地主の子弟で、相当の教育を受けた人たちが、小学校の先生になったり、あるいは役場につとめてくれたので、村は大いに便利を得た。しかるに農地改革で、地主が没落した結果、村に、そのような人がなくなった。地方の小学教員の補給に今日苦しんでいる一つの原因は、ここにあるという。農地改革は、また思いがけないところに影響を与えたものと驚くのである。

二・一ゼネスト

第一次吉田内閣は、昭和二十一年十月五日に放送局のストライキが起った前後から、電産、鉄道、逓信、教員等の組合の賃上げ要求とストライキの脅威とに、ひっきりなしに苦しめられた。そして、これらの争議は、翌二十二年一月、全官公庁職員組合が、いわゆる二・一ゼネストを宣言するにいたって、クライマックスに達した。この労働争議の非常な攻勢に直面したことは、同内閣の一つの特徴だった。

二・一ゼネストの宣言は、全国の中央、地方の官公吏が、同年二月一日を期し、いっせいにストライキに入るというのであって、一月十八日に発せられた。その理由は、政府が組合の要求する給与水準の引上げをいれないからというのであった。その経過は、昭和二十二年一月三十日付で「今回のゼネスト問題について」と題して、内閣から発表した声明に、次のごとく記されている。

「今回の争議は昨年十一月下旬各組合から一斉に要求書の提出されたのに始まる。その内容には幾多の項目が含まれているが、中心をなすものは待遇改善であって、現在の給与水準を約三倍化しようというのである。……この数字は一般会計において本年度当初予算の租税収入見積を二倍にし、鉄道運賃を約三倍に、通信料金を十倍以上に引上げなければ、まかなえないものである。……

「本年にはいって、一月十日前後、各組合から再び期限付をもって、前回とほとんど同趣旨の要求書が提出せられ、これに対し政府側からは中労委調停案の線を中心とし、一月分から繰上げて暫定給与を支給すべき旨の回答をしたのであるが、組合側はこれを不満として、十八日ゼネスト宣言を発するにいたった。

「右に対し政府はゼネストの惨害を極力防止するため、去る二十二日の政府声明の通り

（イ）給与については民間における水準を目途として、一月から基本給の最低三二・五%、最高二倍の暫定給与を、上に薄く下に厚く支給する。これは現在の月収の四二%増に当る。

（ロ）五百円のワク（新円払）については一月から七百円に引上げることとし、引続き根本的検討を加える。

（ハ）勤労所得税については、今議会に組合側の要望を織込んだ提案をする。

（ニ）その他生活確保等に関する諸方策についても、十分組合側の意向を取入れる。

態度を明らかにしたのであったが、これまた、組合側から全面的に不満を表明される結果になった。

「しかしながらゼネストは、あくまで、これを回避すべきものと考え、政府は、その斡旋《あっせん》を中労委に依頼したところ、中労委の委員各位は慎重に双方の意向を打診の上、二十八日夜斡旋案を作り、これを双方に示された。

「この斡旋案の中には政府として承服しがたい点が含まれていた。……しかしゼネスト回避は絶対に必要であると考え、この点についても政府は、さらに考慮をしたのである。……これに対し組合側は、この中労委の斡旋案をも全面的に拒否してしまった。「かくて両者は二十九日午後会見したが纏《まと》まらず、……両者の最後的会見は中労委委員立会の下に同日夜行われたのであったが、必死の説得をされる委員各位の努力も空しく、ついに決裂に立至った次第である。……」

以上で大体一月二十九日までの経過はわかるが、しかし政府は、もちろん、同日夜の会見で、交渉をあきらめたのではない。さらに三十日の夜には、一松逓相、平塚運輸相、河合厚相、田中文相と私とが、総理官邸で中労委員に会見して、妥協案を作製し、組合側代表の来るのを待った。その経緯は、一月三十一日大蔵大臣声明として私が発表したものに、次のごとく記してある。

「私は先日来他の閣僚諸氏と共に全官公共闘本部および中労委との交渉の任に当った。事柄が主として大蔵省所管の給与問題に関係しているため、自然私が多くの発言をする立場を取った。ところが、この間の経緯について、新聞あるいはラジオ等の報道には、十分の真相が伝わっていない感がある。

「まず報道の中には、右の交渉中政府の態度が、はなはだ冷淡であったかのごとく伝え、あるいは私が『あくまで戦う』と放言したなどと、いかにも喧嘩腰《けんかごし》であったかのように記したものがある。しかし、これらが全く事実に反することは、中労委の、少なくも中立委員の大多数が承認されるところと思う。例えば、中労委の調停案に対する二十九日の政府の回答には、これらの諸氏は全面的に満足し、これならば組合側との妥協も可能ではないかと述べられたほどである。また三十日夜の中労委中立および労働代表委員との会合においては、中山(伊知郎)委員から政府案の『月収平均千二百円を目途として給与の凹凸《おうとつ》修正等を行』うとは『中労委調停案の線に副《そ》って』左様にする意味と解してよいかとの質問に対しては左様であると答え、更に桂委員から、もし凹凸修正等により、結果が平均千二百円よりも大幅に(例えば三、四十円も)低下する場合にも、政府はこれを千二百円に近づける意志なりやと確かめられたのに対しても、左様であると確認した。そして、これらの政府の回答に、徳田(球一)委員を除く外は、一同満足せられたものと認められた。遺憾ながら共闘側は、最初から中労委の給与案を全面的に拒否して来たが、政府はかくのごとく、あくまでも妥協の誠意を示し、終始一貫して来たのである。

「また二十九日夜の共闘側代表との最後の別れの際に、私が、我々もまた国民の公平な輿論に訴える外ないという意味の言を述べたことは事実だが、しかし、これは伊井(弥四郎)議長が、政府案を拒否し、われわれはゼネストに訴えるのみと宣言して席を立ったのに対し、しからば政府も、やむを得ないから、国民の公平な判断に訴える外ないと申したのである。この間の双方の態度のいずれが真に誠意のあるものであったかは、その場に立会った公正なる中立委員の知るところであると信ずる。」

前記の一月三十日の夜は、十二時すぎまで待ったが、組合側は来ず、それでも私は河合厚相と共に総理官邸の大臣応接室にがんばった。だが、とうとう、彼らは来なかった。それは、三十日の夕刻、共闘委員は司令部の経済科学局に呼ばれ、ゼネストの禁止を命ぜられたからであった。彼らは、この禁止に従うべきか、どうかの議論で夜を徹し、ために、こちらには来られなかったのである。ただ午前二時ごろにいたり、徳田球一君だけがやって来た。彼は中労委の労働者側委員として、よいの会合では、ただひとり、政府の回答を不満として出て行った。中労委の委員(しかし雇い主側の委員は一人も顔を出さなかった)が、こぞって政府案に満足の意を表したので、形勢非なりと見たのであろう。彼は、組合の会議に行って、それからさんざんにあおり、とうとうゼネスト断行と決せしめて、今ここに現れたのである。そしていうには、日本民族の権威のため組合は断固ゼネストに突入するときめた。たのもしいのは労働者だと、意気揚々として、繰り返した。私らは、これを聞いて引き揚げた。総理官邸の門を出るとき、えらい勢いで、かがり火をたき、繰り込んで来る組合側のデモ隊に出会った。

二・一ゼネストは、しかし三十一日、マッカーサー司令官の名によって出された禁止命令で、実行をはばまれた。マーカット経済科学局長の勧告は、民族の権威のためと称して拒否した全官公庁職員組合も、マッカーサー司令官の公式の命令には従わざるを得なかった。

マ元帥の右の命令は、かなりの長文で、かつ親切丁寧をきわめたものであった。「私は、やむを得ない非常手段として、この処置を取るけれども、合法的目的を達成するため、従来労働者に与えられた行動の自由を束縛する意思はない」とも書いてあった。だが、この二・一ゼネストを転機として、司令部の労働政策ないし共産党対策は、それまでと、その色合いを変えて来たように思われた。

二・一ゼネストは、いうまでもなく、最初から共産党が指導し、仕組んだものであった。あるいは、彼らは、この一挙によって、日本を革命に導くつもりであったとも伝えた。しかも、私は当時それほど危険のものとも感じなかった。全官公庁の職員の大多数は、もちろん共産党員ではない。合理的な政府の申出に耳をかさないわけがない。一月三十日すでに大蔵職員組合は政府の給与案に妥協の意思を示した。共産党系の首脳者の率いる共闘の代表者と会見しても、話せばわかるという感を常にいだいた。私は、どんなに気の立った会見の席に出ても、面と向かって無礼の言を浴びせられたこともなかった。必要なことは身をもって、こちらから飛び込み語り合うことだと考えた。思想は思想をもって戦うより外に道はない。いたずらに権力をもって圧迫することは、決して巧妙な労働対策でも、共産党対策でもない。二・一ゼネストの際の経験は、私に、こう教えた。マッカーサー元帥の禁止命令が出なかったら、どんな事になったかわからないが、しかし私は日本政府の力だけでも、何とか処理が出来たろうと考える。二十九日の夜、伊井共闘委員会議長にいったとおり、私は三十日の午後八時からラジオで全国に向かって放送し、政府の苦衷を訴えた。伊井議長及び末弘(厳太《いずた》郎《ろう》)中労委会長代理も、また同時に放送した。両君の放送が、どんな反響を呼んだかは、私は知らないが、私の放送には、たしかに手ごたえがあった。国民の多数は決して政府の敵ではなかった。官公庁の職員も、その少なくも幹部は、決して共闘の指令に従うものではなかった。

桂会談

第一次吉田内閣は、自由党と進歩党(のちの民主党)との連立内閣であったが、私の知る限りでは、しっくり行っていた。社会党その他の野党とも、関係は決して悪くなかった。ことに私は、この点に注意し、少しく重要な問題については、必ず貴衆両院各派の幹部の諸君と会見し、あらかじめ事情を述べ、その了解を求めることに努力した。だから議場や委員会においては、かなり激しい論争はやったが、他党の諸君との間に感情的なもつれを生じたことは、絶えてなかったと思う。

昭和二十一年十一月、私は大蔵省に財政収支調整調査会、税制調査会及び金融制度調査会という三つの委員会を設けたが、その委員長は、自由、進歩、社会の三党から出してもらった。自由党からは竹田儀一君(財政収支)、進歩党からは苫米地《とまべち》義三《ぎぞう》君(税制)、社会党からは水谷長三郎君(金融制度)であったと記憶する。これも政治を、出来るだけ超党派的にもって行きたい念願からであった。戦後の日本は、政党の間でどろ試合をしている時代でないと、ことに大蔵大臣に就任してからの経験で、私は深く悟った。

こんなしだいで、私は当時の議会の状態を大体において満足すべきものと思っていた。この上、社会党に呼びかけ、その入閣を求めるなどいう必要は感じなかった。ところが昭和二十一年の十二月二十四日ごろ、私は吉田首相と幣原国務相とが、社会党を入閣させる工作を行っているということを、ある人々から耳にして、いささか意外に驚いた。それも、うまく成功するなら、よろしいが、はたして、どんなものであろうとも心配した。それは第九十一臨時議会の閉院まぎわで、二十八日には第九十二議会の開院式が行われるという時だった。

ところが、この私の心配は、残念ながら事実となり、何やら知らず、いろいろごたついたあげく、昭和二十二年一月十七日の臨時閣議で、吉田首相から社会党との連立工作は失敗に終ったむねの発表があった。

しかるに吉田総理は、なお、この工作をあきらめず、再度社会党と交渉を始めたが、これまた失敗したむねを、一月三十日の閣議で公表した。和田農相は、これと共に辞職した。だが、その折の総理の声明は、依然として社会党との協力を希望する意思を捨てていないことを表わしていた。察するに総理は、当時の労働攻勢(それは前記の二・一ゼネスト騒ぎの際であった)

の猛烈なるを見て、大衆から保守反動と銘を打たれた自由党と進歩党とでは、この危局を乗りきれないと思ったのではあるまいか。一月三十一日、内閣は改造されたが、もちろん、社会党から閣員は、はいらなかった。私は、この改造で、一時安本長官と物価庁長官とを兼ねた。

二月六日私は、大蔵大臣官舎で、社会党の西尾書記長と会って見た。いささか物好きのきらいはあったが、一体社会党は、どんな考えをもっているのかを知りたかったからである。その結果は、社会党も現在の時局にかんがみ、必ずしも吉田内閣に協力することを拒むものでないことを知った。ただ、おかしなことに、社会党は、私の大蔵大臣をやめてもらいたいということらしかった。これは、それより先、新聞にも出ていたところで、私は知っていた。すでに吉田総理は、しかし、この条件を入れ得なかったもののようであった。

けれども、もし問題が、真に、ただそれだけのことなら何でもない。私が大蔵大臣をやめれば、それで自進社三党の連立ができ、この困難な時局を乗り切りうるというなら、いつでも私は大蔵大臣をやめる。こう私は西尾君にいった。

二月七日、マッカーサー元帥から総理に手紙があって、議会を解散し、新憲法により総選挙を行うべきむねの指令を受けた。事情は著しく変って来た。しかし前日西尾君と話し合ったことでもあり、吉田総理と、あらかじめ打ち合わせて、八日の夕刻、宮内庁の一室で面会した。そうして、もし、まだ総理に、その意思があるなら、出来るか、どうかはわからぬが、もう一度私が社会党と交渉して見るが、よろしいかと聞いた。総理は、出来れば、もとより望むところ、結構だと承知した。

二月九日は日曜であったが、その夕刻から三田の料亭「桂」に、社会党の西尾末広、水谷長三郎両君の足労を煩わし、進歩党の河合良成《よしなり》君と私と、四名で会談した。協議は翌朝二時まで続いて、話はまとまった。

二月十日朝、大磯の吉田邸に電話をして、その帰京を請い、また大蔵大臣官舎に、自由党の大野(伴睦《ばんぼく》)幹事長及び大久保(留次郎《とめじろう》)総務の来邸を求めて、今暁の協定を報告して、内諾《ないだく》を得た。吉田総理には、午前十時首相官邸で面会して、また、その報告をなした。ただ遺憾であったのは、その日は、たまたま進歩党が新党設立問題で紛糾しておって、自由党でも芦田均君が進歩党に走るという騒ぎがあり、ために社会党との連立問題について、十分総理と話し合う暇がなかったことであった。しかし、それでも、これは、もともと総理が希望していたところであり、また私としては、その承認を受けてやったことだから、もちろん総理に異論はないはずと心得た。

二月十二日夜、再び「桂」に西尾、水谷、河合及び私の四人が会合し、十日早暁の協定を再検討して、成文にした。十三日午前三時に、それが出来た。この会合には、進歩党の平野増吉君も立会った。その成文は、次のとおりであった。ここに五党というのは、自進社の三党と、協同民主党及び国民党とのことである。この二党には、もちろん、まだ何の交渉もしていないのだが、社会党からの希望で、これを加えることにしたのであった。

政治協定(案)

我等五党は目下の内外の情勢に考え、殊には民主日本建設のためには連合国の絶大の支援にまたなければならないことに鑑み、従来のあらゆる行掛を棄て、先ず以て次期の総選挙終了まで、左の諸条件に従い連立内閣を組織し、政治休戦を行うことを協定した。我々は、この行動に依て、日本の総ての階層にわたりて和衷協同の実を挙げ、あわせて次期の総選挙を公正に行い、日本国民の真に自由なる意志を議会に表現せんとするものである。

記

一、連立内閣の閣員は自由党より五、進歩党より四、社会党より四、協同民主党及び国民党より一を出し、その推薦はそれぞれの党にて行うこと

右の外、閣員には無党籍者五名を加えること

二、前項の閣員は次ぎの如くすること

自由党所属者　総理兼外務、大蔵、内務、厚生、無任所一、

進歩党所属者　逓信、商工、無任所二、

社会党所属者　農林、運輸、労働、無任所一、

協同民主党及国民党所属者　無任所一、
無党籍者　　司法、文部、無任所三(内、安定本部総務長官一)
三、安定本部総務長官は、社会党執行委員長より推薦すること
四、安定本部総務長官以外の無党籍閣僚は現在の無党籍閣僚を、そのまま留めること
五、無任所国務相中より石炭庁及び復興院担当相を出すこと
六、政策については別紙の通り協定すること
付属諒解事項(略)
政策協定(案)
　政策については、社会党より提案せる経済危機突破対策(第一産業復興対策、第二労働対策、第三インフレ克復対策、第四民生安定対策)を中心として検討したる所、国有国営を前提とせる点を除き、大体において、他の四党の緊急対策とも合致する所多く、従て意見の一致を見た。但しインフレ克復対策中の戦時公債の利払停止及び新円所得者を主たる課税対象として第二次財産税(危機突破財産税)を創設する等の点に関しては、金融制度調査会及び税制調査会において研究すること。

西尾、水谷、河合、石橋の四人の間の協定私案は、前記のとおりに出来上ったが、

連立工作の失敗

しかし結局この工作は失敗に終った。西尾君は、会談中も、果して、これで社会党をまとめうるか、どうかと、しばしば、ためらった。私が大蔵大臣をやめるという条件を出せば、社会党はよかったのだろうが、それでは当時の情勢として、こちらが、まとまりそうになかった。だが、西尾君は、それにもかかわらず、国家の政治の大局の上から、たとい総選挙までの短期間でも、この際この協定を成功させることが、将来のためであるとの大乗的見地から、勇を鼓して、われわれと議を共にしたものと思われる。二月十三日の早暁、いよいよ協定の成文が出来上った折、われわれは記念のために色紙の寄せ書きをして一枚ずつ分けた。どこに、しまい込んでしまったか、今捜しても、私のところには見当らぬが、それに西尾君は「愛党よりも愛国を」という意味の文字を書いたと覚えている。私は「おのづから横しまにふる雨はあらじ、風こそ夜の窓は打つらめ」という日蓮上人の歌をしるした。けだし、右が西尾君の衷情であったと思う。

かようのわけで、この協定を成立させるためには、他から横やりの出ぬ間に、手早く実行に移す必要があるというところから、われわれは、次のように順序をきめた。

一、十三日午前十一時自進社三党の幹事長会談を安定本部総務長官の官舎に開き、われわれの私案を検討し、これを公式のものとして承認すること。

右会談には自由党から大野幹事長の外、大久保留次郎、石橋湛山、進歩党から田中(万逸《まんいつ》)幹事長の外、犬養健《たける》、河合良成、社会党から西尾書記長の外、森戸辰男《たつお》、水谷長三郎が立会うこと。

二、三幹事長は、それぞれ右の案を持ち帰りて、直ちに党の態度を決すること。

三、第二次三党幹事長会談を十三日午後五時安定本部総務長官官舎に開くこと。

四、続いて同日中に五党代表者会談を開き、一切を決すること。

五、十四日、吉田内閣辞職、連立内閣組織のこと。

すなわち私案の出来た十三日中に万事片づけてしまおうというのである。

私は、十三日早朝、大蔵大臣官舎で大野幹事長と面会し、右のプログラムと成案とを示して、十一時に安本長官邸に来会することを求めた。私としては、すでに十日に総理にも話してあるとおりのことなのだから、それでよいものと考えた。

ところが午前十一時、社進両党の人たちは予定のとおり集まったが、自由党の大野、大久保両君は、十二時になっても姿を見せぬ。諸所を捜した結果、総理官邸にいることがわかった。私が迎えに行って見ると、両君は総理と話していた。けだし総理と両君とは、私から事前の報告が十分でなく、かつ自から協定の検討もしていなかったので、来会をためらっていたのではないかと思う。これは、まさしく私の手落ちであった。もっとも、そのころ私は、二・一ゼネストの跡始末で、毎日、労働組合との折衝はあり、とても忙しく、ゆっくり総理と話す時間もなかったのである。

かようにして午前の三党幹事長会談は予定が狂った。それでも午後にいたり、五党の代表者会議を開くにいたったが、もはや、その時は、西尾君の心配したとおり、手おくれであった。社会党は煮え立って、代議士会を開き、連立反対の決議をした。五党代表者会議に出席した森戸辰男君は、また私の大蔵大臣辞任、公債利子支払停止及び新円封鎖の実行を求めて、まっこうから、われわれの私案に反対した。

かようにして西尾、水谷両名の大乗的見地からの協力も実をむすばず、むなしく手を分かった。しかし諸党が、出来る限り協調し、政治の円滑なる運営を図ることには、いずれも異論のないところであったので、十四日午後四時、衆議院議長室にて、改めて五党代表者会議を開き、次の共同声明を発表した。

五党代表者会議声明

われらは衷心より、この際政治休戦を行うことを欲し、協議したが、各党間の意見の一致を見るに至らずして、連立内閣組織の交渉は打切ることになった。しかし右の趣旨には、いずれも賛同せるしだいなるをもって、今後も、できる限り政治の運営の円滑を期せんとするものである。

昭和二十二年二月十四日午後四時

自由党、進歩党、社会党、協同民主党、国民党(各幹事長)

ところが、この問題は以上で終らなかった。二月十九日午後、衆議院の本会議で、社会党の佐竹晴記《はるき》君が、これについて私に攻撃的質問を放ったからである。この質問は、もちろん、西尾君や水谷君と打ち合わせて行われたものではなかったと思う。私は、両君に対して、これは困ったと感じたが、しかし質問を受ければ答えざるを得ない。答えれば、ある程度会談の実相も語らざるを得ない。おそらく社会党の人々は、聞いて初めて驚いたであろう。議場は騒然とした。社会党は、それから翌日にかけて、だいぶん、もめたらしく、ために翌二十日の衆議院は、定刻の午後一時が三時半までおくれて、ようやく開会した。そして森戸辰男君が、一身上の弁明と称して、私の昨日の答弁に対して、また反撃を加えて来た。こうなっては私も、さらに一歩を進めて、実相を語らざるを得ない。十四日の五党会談の際の森戸君との論議の模様を簡単に報告し、この上、もし諸君が突っ込んで聞かれるなら、それは社会党のためになるまいと、やり返した。それでこの論争は終った。あとで聞くと、この時私が、社会党のためになるまいといったのが、どういう意味かと問題になったそうだが、それは何でもないことで、例の公債利払打切り、新円封鎖の問題に詳しく触れたら、困るだろうというだけのことだった。だが、これには、もう少し話がある。

政策協定

前記の連立工作で、いろいろの教訓を得たが、中でも最も興味を感じたのは、われわれと社会党との政策協定が、ただ二点で行きつかえただけで、他は、すらすらと運んだことである。

かような連立工作には、普通は閣員の割当てということが最も問題で、われわれの話し合いにも、もちろん、それは重要の点であった。しかし世間では、吉田内閣と社会党とは、主張において、いわゆる氷炭《ひょうたん》相いれない仲と思っている。それが、ここに提携しようというのだから、双方の政策を検討し、果して、どれだけの歩みよりが出来るかを明かにしてかからなければならない。当時各党では、すでに目前に迫った総選挙のため、政策の準備をしていた。われわれは、その中から、社会党のものを選び、これを基準として、逐条審議的に検討を進めるのが、最も便利であろうということに一致した。

ところが、その審議の結果は、前記の二月十二日夜の政策協定案に記してあるとおり、実際上においては、ほとんど一つも意見を異にするものがなかった。ただ社会党案には、ところどころに、国有国営を前提とするという文字がある。たとえば、「日本経済の復興と再建の起動力たらしめるため、差当り今年度を目標として、生産増強の重点を、まず石炭と鉄鋼に集中し、これが国有を前提とする国家管理を行う」と記しているごときである。

しかし石炭の生産増強のため、一部の炭鉱の国家管理をやろうとは、すでに前に述べたとおり、われわれも考えていたところであるから、もし「これが国有を前提とする」という一句を、「これがため必要ならば」と改めれば、そのまま自由党及び進歩党の政策となるのである。のみならず社会党とても、国有を前提とするというのであって、即刻国有にするというのではない。しからば当面の政策としては、社会党も、しばらく国有を前提とするという文字を引っ込め、妥協が出来るではないか。

こういうふうに実行的に考えて行くと、何十個条か列挙した社会党の政策は、これも良し、あれも良しと、皆われわれに飲めるのである。これは、まことに意味深いことである。抽象的のイデオロギーでなく、政治を実行的に取扱う場合には、保守といい、進歩といいうも、諸政党間の政策に、そう、はなはだしい違いの現れるものではない。また、そうであればこそ、政党政治は、国民生活に支障を起さず行われるのである。偶然のことながら、私は桂会談で、この道理を自ら悟った。

だが、ただ社会党の政策中には、どうしても河合君と私との賛成し得ないものがあった。それは戦時公債の元利払をさしあたり一年間停止すること及び新円所得者を主たる課税対象として、第二次財産税を創設するため、新円登録制を実施すること、という二つであった。

ここに新円登録制とは、そのころ世間でやかましかった新円封鎖のことであって、社会党は、このことばの持つ世の反響をおそれて、ちょっと名前を変えたのである。

戦時公債の利払い停止と新円封鎖の問題は、詳しく説明すると長くなるから、ここには略すが、もし、やれることなら、あえて社会党をまつまでもなく、われわれでも、やって少しも、さしつかえのないことであった。しかし、少なくも当時の状態において、だれが政局を担当しても、実際には、やれるはずのない問題だった。

日本においては、公債は私人の所有する額は少なく、大部分は銀行や預金部などが持っていて、その利息で預貯金の利子を払っているのである。だから、もし国家が公債利子を払わなければ、銀行や郵便貯金の利払いが出来なくなる。そんなことをしたら、その人心に与える影響は大きい。そうでなくても通貨の前途に不安をいだいて、預貯金をすることをきらい、あるいは換物運動に走らんとする大衆を、ますます刺激し、インフレをはなはだしくするだけである。しかも、さような危険をおかして公債の利払いを停止し、それによって国家が支出を減じうるところは、一年わずかに四十九億円、戦時公債だけでは三十八億円の少額にすぎないのである。利害は、とうてい引き合うものでない。

次に新円封鎖も、常に世の問題になった。そして、これも換物運動を起す大いなる原因をなしていた。社会党は第二次財産税を起すため、これをやろうというのだが、もしそんなことをしたら、通貨に対する世人の不安は、いよいよ激しくなり、収拾すべからざる混乱を生ずるであろう。

こういうわけで、政府も、もちろん、この問題は、かねて慎重に研究したのだが、実行すべからずという結論に達していた。また司令部も、前に記したとおり、一時は公債利払い七十一%課税案というのを持ち出したが、やはり、その弊害を考えたものであろう、引っ込めた。だから社会党が、あえて、右の政策を主張するなら、われわれの考える以上の心配が無用だという証明をしてくれなければ困る。その証明が与えられるなら、われわれも賛成しよう。五十億円でも、この際国家の支出が減ることは結構だし、また第二次財産税も、弊害なく取れるものなら、悪くない。こう私は西尾、水谷の両君に質問した。

しかし残念ながら両君の、これに対する返答は、あいまいであった。財政経済問題は主として水谷君の専門とするところだが、ついには西尾、水谷両君の間で、出来るのか、出来ないのかと、論争が始まるような有様であった。

そこで、われわれは、この両問題については、ここでは結論を出さないことにした。前掲の政策協定案に「但しインフレ克復対策中の戦時公債の利払停止及び新円所得者を主たる課税対象として第二次財産税(危機突破財産税)を創設する等の点に関しては、金融制度調査会及び税制調査会において研究すること」と記してあるのは、それである。金融制度調査会、税制調査会というのは、前に述べた大蔵省の委員会である。とにかく社会党が、党議で掲げた政策を引っ込めることは、急には、むずかしいことであるし、といって、むろん、こちらも賛成はしがたいのだから、いずれ、ゆっくり研究して処理しようということにしたわけだ。しかし私は、その時に、西尾君にも、水谷君にも、右の両政策が実際には、とうてい、やれることでないことが、ほぼわかったものと推察した。しかるに森戸君らは、かような、いきさつを知らず、相変らず、公債利払い停止だの何だのと、私に責めかけて来れば、やむを得ず、私も右の実情をぶちまけなければならず、それでは社会党に不利益だろうと考えたわけであった。

昭和二十二年四月の総選挙で社会党が第一党になり、片山内閣が実現した。だが公債利払いの停止と新円封鎖とは行われなかった。これは、その内閣が、民主及び国協との三派連立であったというだけの理由によったものではないと思う。また片山内閣の大蔵大臣は、われわれの予想に反して、社会党が取らず、民主党の矢野庄太郎君にまわされた。また矢野君が病気で倒れたあとも、また栗栖《くるす》赳夫《たけお》君が選ばれた。少しく邪推に類して、相すまないが、私はこれも、前記の二問題の処理に困難を感じ、わざと社会党が大蔵大臣の位地を忌避したのではないかと想像した。といって、私は今さら、古いことをかつぎ出して、社会党を攻撃するなどという意思は少しもない。ただ思い出すままを率直に書きつけて、お互の反省の材料にしようと考えるだけである。

昭和二十二年三月三十一日、マッカーサー司令官の指令に従って、衆議院は解散された。総選挙は四月二十五日に行われた。私は、静岡県第二区(富士川以東)で立候補し、幸いにして第一位で当選した。しかし自分の選挙区に行ったのは、四月十七日より一週間ほどで、その外は党のため東奔西走した。

第一回首相指名の事情

これより先、自由党の一部では、私をその副総裁にするという話があった。これは主として辻《つじ》嘉《か》六《ろく》老人の主張であったようである。辻老人とは私は、いっこうに親交がなく、昭和二十一年、まだ鳩山氏が追放にならぬ前、当時赤坂にいた同氏の住居で、偶然一、二度出会ったことがあった。その最初の折に、辻氏は私に、自分は鳩山のケライだから、よろしくといっていたことを覚えている。その後私が大蔵大臣になってからある人が、辻という男は自由党のボスで、困ったものだと話してくれたことがあった。ところが、その辻老人が、どういうわけか、二十二年の総選挙前に、しきりに私に会いたいといっていると仲介するものがあって、また一、二度、前にも記した「桂」で面会した。そうして、かれは私を自由党の副総裁にすると言いだしたのである。

これは私としては、はなはだ、ありがた迷惑のことであった。後年、司令部の、ある高官は、私の追放に関し、石橋自身は関知しないことであったかとも思うが、かれは、あるシンボルになろうとした、それで、われわれとしては、かれを排除せざるを得なかったといっていたそうである。あるシンボルとは何をいうのか、私にはわからぬが、あるいは前記の副総裁というようなことが、かような印象を司令部に与えたのではあるまいか。もし、そうだとすれば、辻老人の好意は、全くもって、ありがた迷惑だったといわねばならぬ。

ところが私の真実の心は、それどころではない。二十二年の総選挙には、もちろん私は党のために全力を尽すが、しかし、その結果、再び自由党が内閣を組織することになっても、私は断じて入閣しないと決心した。そしてこれを、後になって、いざこざが起っては困ると思ったので、公表はしなかったが、大野幹事長には、はっきり通告しておいた。私は、忙しい閣員の職をやめて、党のため、真に身をささげて、尽力しようと思ったのである。

しかるに思いもかけず、選挙の結果は自由党が敗れ、第一党を社会党に譲った。そして私も追放になった。この間の事情は、もし機会があったら、述べることにしよう。ただ最後に、私は、かつて記しておいた第一回首相指名の事情を添えることにしよう。

日本国憲法によれば、「内閣総理大臣その他の国務大臣は文民でなければならない。」そして、「内閣総理大臣は国会議員の中から国会の議決でこれを指名する。」とある。

ここに文民とは、この憲法で初めて造られた文字であるが、英語のいわゆるシビリヤンである。日本国憲法には、以上の外には内閣総理大臣の資格について何らの限定を加えていない。

ここにおいて、昭和二十二年五月新憲法により、初めて国会が総理大臣を指名するに当り、は憲法上にないとする説との対立であった。

若干の論議が起った。それは、その前月の総選挙で百四十三の議席を衆議院に得、いわゆる第一党に上った社会党の首領片山哲氏を指名するのが至当であるとする説と、いな、そんな道理は憲法上にないとする説との対立であった。

私は四月二十六日、総選挙の結果が明らかになると共に、直ちに、前者の見解を取った。翌二十七日午後、『読売新聞』が各党の代表者を招いて開いた政局座談会において、その意見を発表した。ところが同日午前、『東京朝日新聞』で行われた同様の座談会に出席した大野自由党幹事長も、また趣旨において私と大差なき意見を述べた。これはもちろん打合わせて行ったのではなく、期せずして両人の意見が一致したのであった。

当時社会党は、どんな態度をとったかというに、もちろん、次の内閣の首班は社会党から出すのが本筋であるとも考えたし、かつその実現を熱望したことも明らかである。しかし、社会党は、どうしたわけか(そしてそれは私から見ると、後に述べるごとく失策であったと思うが)、まずもって新内閣組織の主導権を握ることが第一党の権利でもあり、任務でもあるかのごとき見解をいだき、行動した。これは主として西尾書記長の思想によったものと思われる。そこで、もし初めから強く社会党首班の主張を押し出すと、四党連立を目ざす組閣工作が、このため難関に乗り上げる危険のあることを恐れたのであろう。かくて社会党は、自党首班を心の中に望みながら、表面的には一応首班については必ずしも固執せずと声明した。

社会党に次いで、昭和二十二年五月の国会で大きな発言権を有したのは自由党であった。新国会の議員の数の上からいっても第二党だし、また今までの内閣の中心与党でもあったからである。しかし、その自由党においては、前に述べたごとく、いちはやく大野幹事長も、私も、片山首班容認の態度をとった。しかも、これに対し、われわれは他の幹部から何の抗議も受けなかった。五月十七日午後自由党本部の役員会で、この問題が初めて討議されたが、その結果も大体片山首班容認に一致した。

第三党の民主党は、当時総裁問題で非常に紛糾していた。したがって内閣の首班問題等に関し、同党の国会における指導力は、はなはだ乏しかった。またその間に芦田内閣の実現を目ざしての運動、あるいは幣原氏を首班として保守連立を策そうとする運動が多少行われた。けれども、これらは、いずれも表面的問題になるまでにいたらずして消滅した。

かような情勢で、昭和二十二年五月の首相指名は、案外簡単に片山社会党首領で納まった。その後にいたり、片山内閣の成立が、総選挙後一カ月もの日時を要したとて非難するものがあったけれど、それは誤りである。総選挙は四月二十五日に行われ、国会が召集されたのが五月二十日、衆議院議長及び副議長の選挙が五月二十一日(参議院はその前夜)、首相指名が五月二十三日で、すなわち国会召集から四日目には首相が出来たのである。さして遅延したわけではない。またその間、四日を要したことも、後に述べるとおり、他の理由によったのであって、首相の指名がむずかしかったからではなかった。

なお片山氏は指名のあった翌二十四日、直ちに認証を受け、首相に就任した。他の閣員無しにひとりで組閣したのである。これには制度上、果してよいかどうかの疑義があったが、社会党側の強い希望で、そのとおりに行われた。片山内閣の閣員が決定したのは五月三十一日であったから、それまで一週間、各省には大臣なく、すべてを片山首相の兼任で過ごしたわけである。憲法によれば、新たに内閣総理大臣が任命されると共に、前内閣の大臣は、すべてその職務を去らねばならないからである。社会党の強い要求があったためとはいえ、これは決してよい先例を開いたものとは思えない。新首相は指名を受けても、内閣組織が出来てから認証を受くべきであろう。

かように昭和二十二年五月の首相指名は、実際上すらすらと行われたが、しかし最初に述べたごとく、これには決して異論がなかったわけではない。それはまず第一に憲法の規定から起った。

憲法によれば、前に掲げたごとく、内閣総理大臣は、ただ文民である国会議員の中から国会が指名すればよいのであって、第一党の首領でなければならないという規定はない。したがって、もしたとえば、自由党が他の政党の協力をえて多数を国会(なかんずく衆議院)において制すれば、第二党である自党の総裁なり、あるいは他の協力政党の首領なりを首相に指名することも決して不合法ではなく、自由である。

のみならず、社会党が四月の総選挙で第一党になったということも、その実質を洗えば、疑義を生ずる余地があった。いかにも衆議院の議員数においては、社会党は自由党よりも多数をえたが、しかしその全国得票数を見ると、社会党七百十六万三千七百九十二、自由党七百二十八万一千四百四十二で、かえって自由党が多かった。また議員数といえども、社会党と自由党との差はわずかに十二名にすぎず、昭和二十一年四月の総選挙で、自由党が百四十、進歩党が九十四、社会党が九十二という成績を示して、第一党たる自由党が、断然第二、第三党を引き離したのとは比べものにならない。いわんや、自由、民主両党を合すれば、全国得票数においてはいうまでもなく、衆議院議員数においても過半数を制するのである。しからば、吉田なり、幣原なり、芦田なりを首班におして、いわゆる保守連立を策することこそ、民意に正しくそうものではないかとの議論も成り立った。

されば、もし昭和二十二年五月の国会において、自由党が、あくまで、かような保守連立に進む決心をいだいたら、その実現もあるいは不可能でなかったかも知れない。でなくても少なくも、あるいは首相指名はまだまだ大いに紛糾したであろうと思われる。

前にふれたごとく、当時民主党内には芦田派と幣原派との激しい抗争が行われていたが、この抗争を自由党は、自党に有利に利用することも出来たであろう。そういう策略をめぐらすなら、ある場所で大野幹事長が、じょうだんに豪語したごとく、社会党に比しわずか十余名の差で第二党に落ちた自由党は、他党から議員を引き抜いて来て、これを埋め、第一党に上ることも必ずしも不可能ではなかったかも知れない。

しかし、われわれは、もちろん他から、にわかに議員をかき集めて、第一党になるなどという卑劣な考えは毛頭いだかなかった。そして、たとい得票数はどうあろうと、いささかでも社会党が議席を多く獲得したこと、また前回の総選挙に比し社会党の党勢が急速に伸びたことの二つの事実から、国民多数の意向が、とにかく社会党支持に傾いていることを認め、この際、しいて保守連立を計画するごとき政治的策略をもてあそぶことを排斥した。

また国会で必ずしも第一党の首領を総理大臣に指名しなければならない理由はないということも、理屈としては一応そのとおりに違いないが、しかし実際の運用としては、やはり第一党の首領をおすのが憲政上最も好い先例を残すものであると考えた。

新憲法実施以前のわが国において、総理大臣は、もちろん天皇がこれを選定任命した。われわれ議会政治を主張したものは、この選定は衆議院に多数を制する政党の首領に対して行わるべきであると常に論じた。またわが国においても、この主張に従った選定が行われた例が幾度かはあった。これはいうまでもなく英国における慣例の模倣であって、いわば機械的の型にはまった方法である。

しかし、われわれは、天皇が次の内閣を組織するものを選択する場合、これにまさる良法は他に見出しえないと確信する。もしこれが機械的であるからとて、天皇が(あるいは天皇の補佐者が)かれこれと、その判断によって人選を行うとすれば、それはおそらく天皇や、その側近者の能力を越えた容易ならざる仕事であって、したがって、ここに生ずる弊害もまた深大であることが必然である。わが国の過去の歴史は、よくこれを証明する。

右は国会が総理大臣を選ぶ場合においても同様である。もっとも国会における場合は、衆議院に絶対過半数を占める政党が出来れば、数の上からいっても、その政党から首相が選ばれることは必然で、あえて問題はない。またたとい小党分裂の場合でも、その小党間に前から明白な連合があって、その連合体が衆議院に絶対過半数を占めるなら、これまた、そこから首相を選ぶことに困難はないであろう。

しかし昭和二十二年四月の総選挙後のわが国のごとく、小党がばらばらに存在し、いずこにも絶対過半数を衆議院に占める勢力がない場合、国会は首相を手早く混雑なしに、どうして選ぶか。天皇がこれを選ぶ場合と等しく、それには、ただ無条件に第一党の首領に指名を行う以外に策はない。衆議院で多数を得さえすれば、たれでも首相になれるからとて、にわかに小党間の連合を策すごときは、天皇や、その側近者が、その私意をもって首相を選択せんとする場合よりも、いっそう政界を紛糾せしめ、かつ弊害をかもし出すことが明らかである。さようなことで公明な民主政治が行われる望みはない。

政治には、他の人事と等しく、あるルールを必要とする。ルールは必然機械的たることをまぬがれない。しかしその機械的なることが、政治を公明に、かつ円滑に進ませる。それはたとえば道路を歩くルールとして左側通行とか、右側通行とか定めるのに等しい。左側通行と定められれば、右側を通行することを便利とするものも左側を通行せざるをえない。それは、はなはだ機械的だ。しかしこれが全体としては、すべてのものの歩行を円滑にし、公正ならしめる。第一党の首領を総理に指名するという方法は、このルールの一つなのである。われわれは、昭和二十二年五月かような見地から、すべての論議をしりぞけて、片山哲氏を首相に指名することを主張し、幸いにそのとおりに実現した。もしこれが、良いことだったとするならば、その功績は主として自由党のとった公正な態度に帰すべきものである。

一〇　新日本の構想

日本は、どうして、あの無謀な太平洋戦争を起し、亡国の一歩手前まで転落するにいたったか。その主たる責任が、昭和六、七年以来、しだいに増長した軍部の専横にあったことは、いうまでもない。

だが、しからば軍部は、どうして、さような専横を働くにいたったか。それには私は大いに日本の政党に責任があると思う。

すでに本書で記したとおり、明治四十年代から大正にかけて、日本にも民主主義思想が大いに勢力を張り、政治においても、ほとんど政党内閣制が確立しかけたのである。しかるに、それが完全な発育をせず、ついに五・一五事件で、大勢は逆転してしまった。

この原因は必ずしも単純でない。第一次世界大戦後の、ある時期からの世界が、全体として民主主義の発達に幸いする情勢になかったことも、否認しがたき事実である。

しかし日本の政党政治が無残な終末を示したのは、まさに政党政治家の責任であった。彼らは、明治以来、いわゆる藩閥官僚が専権をふるった時代には、たしかに民主主義のコースに従い、閥族打倒の勇敢なる戦闘をした。しかるに一たび、政党内閣制が確立しかけるや、彼らは政党間の政権争奪戦に没頭した。しかも、それがためには手段を選ばず、かつて、その排撃した軍閥官僚の力を利用するにいたった。政党間の苛烈《かれつ》などろ試合は、政党に対する国民の信用を失墜し、ここに、また政党に替って、軍部が国政の指導力を獲得する間隙《かんげき》を与えた。政党を滅ぼしたものは政党で、そして政党は自己が滅びると共に、また国を滅ぼさんとしたのである。

しかし、もう一度考えなおしてみるに、そもそも、なにゆえに政党は、かような苛烈な政争をせざるを得なかったか、それには、もちろん政党者流の心の問題もあるが、一つは日本の旧憲法が、いわゆる大命の降下によって総理大臣を作る制度であったからである。英国でも、同じく国王の命によって首相が選ばれる。だが、ここでは必ず下院の多数党の首領に向かって、その命が下される不文律が行われている。しかるに日本では、右の憲法は閥族官僚に利用され、彼らの好む者を首相にあげる手段に供された。のみならず軍部は、陸、海軍大臣を現役大、中将に限る制度(一時は予備役までに拡張されたこともあったが)を悪用し、ほしいままに内閣を倒し、あるいは作る横暴を働いた。ここにおいて政党は、いかに議会に多数を制しても、軍閥官僚の好意を得なければ、政権に近づくことが出来なかった。日本の政党が、民主主義の本道を踏みはずし、軍閥官僚に取り入り、政策以外の政争に、互にうき身をやつしたゆえんであった。日本国を滅ぼさんとしたものは、かくて、その禍根をさぐれば、明治憲法そのものにあったといえる。

しかるに日本の新しき憲法は、右の禍根を一掃した。総理大臣は必ず国会に議席を有する者の中から、国会が、これを選挙するのである。かつ第一回首相選挙の場合に作られた先例は今後も継承され、国会は必ず衆議院の第一党の首領を首相に選挙する良い習慣を維持するであろう。のみならず内閣員は、首相が、これを任免するのである。新憲法のこの規定が日本を支配する限り、政党は、もはや国民の信望を集める以外の政争を事とする必要はない。今後日本が再軍備され、軍部大臣が再現するとも、往年のごとき専権を、彼らが振う間隙はない。

さらに、もう一つ注意すべきは、今後の日本の内閣は、特別の重大事件があって、衆議院の解散がない限り、少なくも四年は続くということだ。過去の日本の内閣は、閥族官僚の好みにより、ほしいままに取りかえられたから、その平均寿命は、きわめて短かった。これでは良い政治は行われない。米国の大統領の任期は四年、英国の下院の任期は五年、少なくも、それだけの期間は政局の安定がある。日本も今後は、そうなるのである。私は本書の中で、内閣の更迭ごとに地方の知事が変り、困ったことを述べたが、これからの日本においては、たとい知事が官選であっても、右の憂いはなくなるであろう。

もちろん制度は人によって運用されるのだから、いかに良い憲法があっても、これに対する国民の自覚が足りなければ、また、いかなる弊害をかもし出さないとも限らない。今後の日本の政治家の最大の任務は、右の自覚を国民と共に高め、憲法の前記の箇条を生かし、民主主義政治を確立することである。選挙は、単に投票をかき集めることでなく、この自覚高揚運動を展開する機会として用いられなければならぬ。旧憲法時代のどろ試合的政争をもって政治と心得る旧式政治家が、もしなお存在するならば、彼らは政治社会から葬られなければならぬ。

平和条約はサンフランシスコで調印され、近く所定の批准を経て、成立するであろう。しかし、これによって、はたして日本は独立国家たり得ようか。条約の紙の上では、たしかに独立を回復する。だが真の独立は、これに相応する国力、なかんずく経済力が備わって、初めて得られるものである。国防も他国のお世話になり、産業も他国の助けをかり、それで、ようやく生活を保つがごとき状態では、名は独立国家でも、こじきが人権を主張するのと等しく、対等の交際はしてもらえない。

本書の、ある部分に記したごとく、日本は日清戦争を一大転機として、臥薪嘗胆《がしんしょうたん》、富国強兵の標語のもとに、国民一致協力し、経済力の培養に精進した。日本の後年の発展は、その端緒を、ここに開いたのである。

今日の日本国民は再び臥薪嘗胆、富国(強兵は、あえていう要なきも)を標語とし、何をおいても経済力の増進に奮励すべきである。富国なれば、もし要すれば、いかなる強兵も養うことが出来る。これに反して、いかなる強兵も、貧国においては用をなさない。それは太平洋戦争の経験が明らかに示した。

あるいはいう、富国は資本主義の標語である。今日においては、富の分配こそ、最も大切であると。しかり、経済の目的は民生を豊かにするにある。分配大いに語るべし。しかし貧は、これを分配しても、また貧である。民生は、分配しうる富が豊かにして、初めて豊かなるをうる。まず生産を起さずして、何を、われわれは消費し得よう。

また、あるいはいう、日本には原料がない、資源がない、外国に依頼せずして、いかにして経済をいとなむかと。目を開いて見よ。何をもって、日本に原料なく、資源なしと説くか。早い話が、数百万キロの水力電気は、われわれの開発の一日も早きことを待っているではないか。しかも水力電気のためには、日本は、ほとんど一物も外国からの輸入を必要とするものはない。戦前における満州及び朝鮮の大発電所は、一切を日本の資材と技術とで建設したのである。今日においても、その資材と技術とは、用いられることを待っているのである。

しかるに日本には、今、資金がないから、せっかく豊富な水力電気を、しかも物も人もありながら、開発が出来ぬという。そして、いたずらに外国資本の輸入を望み、騒いでいる。

外国資本も、むろん、やがては大いに輸入される時期が来よう。しかし今日の世界、ことに東洋の情勢で、長期多額の外国資本が、にわかに日本に呼びよせ得られようとは想像されない。私は、かような人頼みは速かにやめ、即刻日本国内で資金を作り、大規模の電力開発に着手せよと勧告する。

外国で資金を借りなければならないのは、外国から物を買って来なければならない場合のことである。国内の物と人とでやれる仕事に、外国の資金は要しない。資金は、まず国債の発行によって作るべく、同時に国民の蓄積を大いに奨励する策を講ずべきだ。開発に要する物資の生産に歩度を合わせ、そして二年あるいは三年後のある時期には、これこれの電力が発生し、これこれに、これを利用しうるというそろばんを立てて行う資本投下に、たとい、その一部を通貨の増発にまつとしても、いわゆるインフレの発生する懸念はない。日本には原料がないから、そのためには、まず輸出を盛んにしなければならぬ。したがって日本では、なんでも、かでも通貨引締め政策を取らねばならぬとする説は、日本の資源の開発をはばみ、永久に日本を、その日暮しの貧乏国にしておけということに外ならない。

日本を真に独立国たらしめるためには、経済の独立を図らなければならぬ。それには第一に日本独自の経済政策を立てることが必要だ。もちろん、それは国際通商を排除する意味ではない。過去数十年、私が不断に叫んで来たように、日本は自由貿易によって最も利益する国である。したがって、われわれは声を大にして、世界に向かい、国際通商の自由を求め、これを妨げる一切の障害を撤去することに努力しなければならない。

日本の耕地は狭く、食糧の生産が乏しいから、日本の人口を制限しなければならぬと説く主張ほど、不都合なものはない。私は日本国内においても、なお科学的方法をもってすれば、食糧増産の余地があると信ずるが、いわんや世界を見わたすならば、先般カシミッター氏が、いみじくも指摘したとおり(昭和二十六年九月十四日『ニッポン・タイムス』)、その余地は、まだ広大である。人口の多小は国土の面積に比較して計るべきではなく、その勤労可能の人口に、どれだけの勤労の機会を有効に与えうるかをもって論ずべきである。あえて産めよ、ふやせよというのではない。しかし日本の国内に食糧増産の希望が少ないから、日本の人口を減らせというのは、帝国主義か、あるいは自殺主義かの思想である。私は、乏しいとはいえ、日本の資源を開発することによって、まだまだ多くの勤労の機会を日本国民に供しうると確信する。

たたけよ、さらば開かれん。これが本書の結びとして、私が記したく思う言である。

あとがき

私は、みずから、いくらかの批評眼を開いて世をながめるにいたったのは明治四十年代からである。それは、あだかも日本の民主主義勃興時代に当った。しかし、その民主主義は十分の成長をせず、昭和にいたって軍部の専横時代を現出し、ついに太平洋戦争を起した。

明治以来、先人の苦心して築き上げた日本は、かくて、ほとんど根底からくずされてしまった。私は、この間の変化を、せまい文筆生活の窓を通してではあるが、つぶさに実見し、体験した。

日本は、遠くない将来において、必ず再び興隆するに違いない。日本人が日本に住する限り、日本は興隆せずにはおかないのである。

だが、それにしても、過去の日本は、どうして、あのような運命をたどったか。これを深く考え、反省すれば、ここに、われわれは日本再興の方途を学びとることが出来るであろう。

本書は、もとより、そんな堅苦しいものではない。しかし多少は、そのような気持もいだいて、昭和二十四年以来、ぽつぽつ『東洋経済新報』に書いたものが、積って、かなりの量になった。それを最近、毎日新聞社が一冊の書物にまとめて出してやろうといってくれた。書物にまとめるとすれば、相当に書き足さないと、体をなさない。初めの「おいたち」、終りの戦争以後の部分等は、それである。古く書いた部分にも、ある程度の修正を加えた。

しかし私は最近旅行がちで非常に忙しく、ために書き足しも、思うほどには出来なかった。また書き足しの部分の再読も、全体の校正も、用語の統一も、自分ではやれなかった。これらのことの一切は毎日新聞社と、私の秘書の谷一士君とにお願いした。

私は、本書において、自分を飾っては書いていないつもりである。また中に出てくる先輩や友人に、不当の迷惑を及ぼすことがあってはならぬとも深く注意した。これらの点については、常に反省しつつ、筆を進めた。だが同時に事実は率直に、これを語った。その結果、あるいは私の予期せざる迷惑を感ずる人も出てこないとは限らない。もし、そういうことがあったら、深く、おわびをしなければならぬ。

昭和二十六年十月一日

石橋湛山

解説

長　幸男

私にとって忘れがたい回想の一齣《ひとこま》がある。

国会周辺を無数のデモの隊列がとりかこみ、未曾有の規模の国民運動が〝民主か、独裁か〟の争点をめぐって政治をゆりうごかした一九六〇(昭和三五)年の安保闘争最高潮の頃であった。六月六日、前首相石橋湛山は東久邇《ひがしくに》・片山両元首相と会談し、議会制民主主義を守るために岸首相に勧告文を呈した。石田雄・江藤淳そして私共夫婦は、「学者研究者の会」「若い日本の会」の意向をたずさえて、病める前首相を中落合の自宅におとずれ、デモクラシーの原則的姿勢に固くたってなお健闘されるよう訴えたのである。石橋氏は、私共のこもごも説くところに耳をかたむけ、ゆっくりうなずいていた。

この時はじめて、私は石橋湛山に親しく面会したのであるが、その澄んだ明るい目とおおらかな人柄にうたれ、心温って辞去したことをおぼえている。玄関脇の壁面に、湛山の筆になる「野の百合花は如何にして育つかを思え労めず紡がざるなり」の「マタイによる福音書」(第六章二八節）の聖句と百合の花を彫った青銅色のレリーフがかけられていたのが心に残った。聖書と政治――それは価値の世界と方法の世界の緊張に耐える政治家《ステーツマン》石橋湛山の人としての在り方を象徴するかのように思われた。

そして後日、時事問題・経済問題などを語りあう湛山宅の夕食会で、私が『思想』に書いた論文（「日本資本主義におけるリベラリズムの再評価――石橋湛山論――」一九六〇年一一月、第四三七号）について語ることを求められ、同席の立正大学教員の人々と論じあう機会があった。この小論をものするに際して、私の発想の源泉となったものが、石橋主幹司会シンポジウム『自由主義とは何か』（東洋経済新報社、一九三六年）、『東洋経済新報言論六十年』と、この『湛山回想』であった。これら三冊を手がかりに私の石橋観は目を開かれたのだが、あとは図書館で『東洋経済新報』合本の厖大な頁を繰って、湛山の思想的軌跡をあとづけることであった。――こうしてまとめた論文の大意を一夕湛山本人の前で開陳したわけである。聞きおわった後、「自分のことだが、まとめてもらうと、あなたが言うようなことになるかなア」と感想を述べた。年齢からいえば自分の子供にあたる位の後進が己れの思想的肖像を画いたのをながめて、似てはいるが果たして他人の見る自分とはこんなものか、と感慨をもよおしたものと思われる。

『湛山回想』との出会いは、このようないきさつからであって、神田の古書店でもとめた初版本の一冊は、書きこみで汚れ、脊もゆるみ、まさに手沢本の親しさで私の机辺にある。

『湛山回想』は一九五一(昭和二六)年一〇月に毎日新聞社より刊行された。この著作のもととなった文章は、一九四八(昭和二三)年一一月から五一(昭和二六)年一〇月まで『東洋経済新報』に連載された「随想　若干の回想」「おいたちの記」である。それを湛山秘書谷一士氏が校訂編集して自叙伝的回想の一冊にまとめあげた。本書では、右の毎日新聞社版には収録されなかった「大正六年の早稲田騒動」(『東洋経済新報』一九五〇＝昭和二五年一〇月一四日〜一一月四日)も、前後のつながりを考慮したうえで、五章として挿入した。なお、このほか、『サラリーマン重役論』(一九五六年、竜南書房)におさめられた同時期に書かれた人物随想があるが、これらは一種の人物評論というべきものなので、回想形式で書かれたものであるが、本書には再録しなかった。

湛山は一九四七(昭和二二)年五月にG項該当として公職追放となった。本書の諸章は、彼が政治経済の公論の筆を折られた追放の閑日月の間に連載したものであり、記述はおおむね追放前の二二年の政界連立工作でおわっている。終章「一〇　新日本の構想」では、追放解除で政界に復帰し、朝鮮戦争をへて戦前水準の生産諸力を回復した日本経済を自由貿易と高度成長の路線にのせ、平和国家・福祉国家を建設しようとする政治家石橋湛山のアンビションがうたいあげられている。「九　占領下の政界に」と右の「終章」を書き加えて追放解除(二六年六月二〇日)の直後に刊行された本書は、静かに已れを語る回想であるとともに満を持した政界復帰の宣言でもあったのである。

次の点も付記しておくべきであろう。湛山は不当な追放指定に対して、GHQに正面から堂々と抗議弁明し、十五年戦争下における自己の言論活動の意味を明かにした。(「私の公職追放に対する見解　一九四七年五月」「あいさつ状　同年六月」「マッカーサー元帥に呈する書　四九年六月」「私の公職追放の資料に供されたと信ずる覚書に対する弁駁　四七年一〇月」――『石橋湛山全集』第一三巻所収。また、湛山の戦時下の評論活動の屈折した、しかしねばり強い陣地戦的抵抗の評価については、松尾尊兊「十五年戦争下の石橋湛山」、日本政治学会編『近代日本の国家像』、岩波書店、一九八三年、所収を参照されたい。)湛山とともに言論機関としてプレス・パージの指定をうけた東洋経済新報社もまた、その不当に抗して、一九四九年一一月から五〇年四月にかけて「創刊以来の主要策論と我社の主張」を連載し、一貫したデモクラシー論調の軌跡を明かにしたのである。これがもとになって前にあげた『東洋経済新報言論六十年』(東洋経済新報社、一九五五年)が刊行された。

中央公職適否審査委員会が全会一致で非該当と決定したにもかかわらず、敢て強行された石橋湛山追放の〝内幕〟については、なお分明でない暗黒部分が大きい。子息湛一氏の記しているように「こじつけも甚だしいでっちあげの理由を作ってパージにした本当の理由は判らない。父が大蔵大臣として米国進駐軍の指令に唯々諾々として従わなかっただけのことではないように思えるのである。父もそう思っているのである。そしてこのことは恐らく永久に不明のままで終るであろう」。(追放の事情については、長幸男編『石橋湛山――人と思想――』、東洋経済新報社、一九七四年、所収の元共同通信編集総務・審査委委員加藤万寿男「GHQと石橋追放」、元アジア開銀総裁・石橋蔵相時代の大蔵省終戦連絡部長渡辺武「石橋さんの思い出」、元三和銀行会長・訴願委委員渡辺忠雄「石橋大人」、および右の石橋湛一「家庭での父の断面」等参照)ともあれ、『湛山回想』が公職追放という占領下の複雑な政治的事情にからんで生みおとされた書物であることを憶えておきたい。

本書は湛山自らの人間形成と、政経ジャーナリストとしての活動と、敗戦直後の経済閣僚・保守党政治家としての活躍とを、のびやかで簡明な筆致で述べたものである。綿密な編年体で事実をつみかさねた本格的伝記ではないが、むしろそれだけに、ラディカル・リベラリスト湛山の生涯を、その足音や息吹きを耳にしつつ、彼とともにたどるおもむきがある。私的な生活についての記述はとぼしいが、彼が生涯のそれぞれの時期にであった出来事を自己の経験として内面化し、知恵《ウィズダム》と知識《ナレッジ》を豊かにしてゆく歩みが興味ぶかくつづられている。――これは一つの教養説話《ビルドゥングス・ロマン》といってもよいだろう。普選運動や早稲田騒動のような大衆運動のリーダーとなって活躍した事件においても、感情的な表現や記述をさけ、あくまで理性的な良識《コモン・センス》をもって、ものごとの陰陽・功罪を計量し、バランスある判断をもって評価している。同時に、合理主義者・自由主義者・民主主義者としての着実で粘りづよくしなやかな歩みの底には、吹き消されぬ〝結晶した情熱〟がもえているのを感じとらずにはいられない。いな、むしろ、自由主義者・民主主義者としての実践的情念を、良識の手づなでひきしめていったところに、戦中戦後の狂瀾怒濤の時代を、様々の苦難圧迫をのりこえて、湛山が第一線の評論家・政治家としてフロントを守りぬくことができた理由の一つがあろう。したがって、本書は彼の行動をたどる自伝であるとともに、湛山の価値観や思考方法を読みとることのできる思想の書でもある。「測り知れない人生の滋味をくみとることができる。すなわち彼は、事件や問題でなく、人間そのものを物語っているのである」との阿部真之助の評(『サンデー毎日』一九五一年一一月一八日号)は本書の〝味わい〟を寸言でつくしていよう。さきに本文庫におさめられた松尾尊兊編『石橋湛山評論集』の三九篇の諸論文は、湛山の公人としての自由主義的論調と平和・非侵略の日本国憲法思想を体系的に示している。本書はいわばその姉妹篇であり、追放中に公職の制服をぬぎすて、平服でくつろいで、自らの思想の内ぶところを語ったものといえよう。

一九八四(昭和五九)年は湛山生誕百年であったが、この年に右の岩波文庫版『評論集』と増田弘編『小日本主義――石橋湛山外交論集――』(草思社)の二冊が発行された。一九七〇〜七二年に刊行された『石橋湛山全集』全一五巻(東洋経済新報社)は、懇切綿密な編者註・解説・年表によって、湛山の平明で論理的な文章とあいまって、座右において随時読むに足りるわれわれの知的財産となっているが、ハンディな一冊本の右二著はより多くの人々が湛山思想に出会う機会をひろげた。同年九月には、『東洋経済』第四五四七号は「蘇る石橋湛山」の特集を組み、『自由思想』(石橋湛山記念財団)第三三号は「石橋湛山とその時代」と題する特集号を出し、生誕百年を記念した。増田弘編の文献目録によれば、湛山についての著書・論文は、右の百年記念論文をのぞいて、すでに五六点にのぼっている。その中にはユニークな伝記、小島直記『異端の言説・石橋湛山』上・下(新潮社、一九七八年)や『東洋経済新報』の論調についての多面的な共同研究、井上清・渡部徹編『大正期の急進的自由主義』(東洋経済新報社、一九七二年)のような大部の著作があるだけでなく、Shumpei Okamoto, *Ishibashi Tanzan and the Twenty-One Demands* や Sharon Nolte, *Individualism in Taishō Japan* のような外国人による研究論文もふくまれている。近代日本思想史に重要な位置を占める人物として、湛山は学問的研究の対象としても定着したといってよかろう。

以下、湛山の思想的輪郭をスケッチして彼の風貌をうかがうこととしよう。

「有髪の僧のつもりであって、……宗教家たるの志は、いまだこれを捨てたことがない」と述べているが、この在家または平信徒としての信仰が、湛山の生き方・考え方の根底をなしていた。彼が「マタイによる福音書」の一節を、日々出入する玄関の壁面にかかげたのも、そうした彼の内面をものがたっている。実父杉田湛誓および少年期の預かり親・望月日謙の膝下で日常坐臥のうちに接した日蓮宗と、札幌農学校のクラークの流れを継ぐ山梨一中校長・大島正健のプロテスタント基督教との、強い影響によってその信仰心は幼くしてつちかわれた。早稲田大学哲学科での学習・研究は、信仰を深めて合理的に表現する比較宗教学的教養を与えたが、彼の宗教の基盤は、少年期に掘りあてられていたといってよかろう。

内村鑑三は、キリスト者である彼が接木されている台木として日本の精神的土壌よりすくいあげた『代表的日本人』五人の中に日蓮を数え、世をあげての誹謗の的とされながらも地上の権力を恐れぬこの僧侶を「国民の脊骨」「我等の理想的宗教家」とよんでいる。湛山における日蓮宗仏教とプロテスタント基督教との結びつきは、彼の評論・政治活動の倫理性の中に、平信徒の実践として——勿論、とりすました「聖徒」としてではなく、個性的な人間性の顕現をとおして——あらわされているのであるが、彼独自の宗教把握は「久遠の基督教と神になる意志」(一九一二年六月号『東洋時論』)に示されている。この論文で鼎浦小山東助(本文九二—三ページ参照）著『久遠の基督教』（一九一二年、警醒社）に強い共感同意をよせ、南山白松孝次郎論文「神になる意志」（一九一二年四月『早稲田文学』）には批判をくわえている。湛山は小山を介して自らの宗教観を語っているのである。ここでは彼の意のあるところを若干の引用で紹介するにとどめよう。

「仏教徒中の所謂《いわゆる》新知識に触れたりといわるる輩は、我が世間の学者が多く伝えつつある西洋哲学というものの、その実西洋哲学の真髄を逸したるつまらぬものであることを知らずして、何でも西洋のものでさえあれば新しく善きものなりとする世の風潮に迎合し、仏教をば強いてこれに引き合わせて解釈しようとした。……仏教は西洋哲学にある総てのものを包含しておるなどと、愚にもつかぬことに、鬼の首でも取ったように或は喜び、或は誇り、……蓋《けだ》し世の中に、これほど仏教の真髄を誤り、宗教の帰趨に昧《くら》く、人性に対する理解の絶無なる言説はあるまい。」

「私は……小山氏の著に実になみなみならぬ価値あることを認めるものである。何となれば小山氏は、……理論の上からも、また実際の信仰の上からも、宗教が決して吾人《ごじん》の日常生活から懸け離れたものでないということを最も明かに実証しておるからである。」

「小山氏は……価値判断において惑う所多きは、畢竟《ひつきよう》最高価値を知らざればなりというておる。最高価値とは、諸々の欲望の価値を吟味し、ここに全く執着を離れて、自照霊然たるに至った心境を指すのである。即ち小山氏が否定とは、ただ所謂言葉通りの否定もしくは諸欲滅尽の状態と解すべきでなく、私が今述べた如く、一々の欲望にそれ相応の価値を与え、それ相当の意義を肯定したことである。否定したのはただ彼等に付せられたる不相当の価値である。……諸欲遠離の否定の道を……偏《ひとえ》に消極の教である、諦めの法門であると解するものがあるならば、それは未だ到底共に人生を語るに足らぬ人である。」

「小山氏が釈尊の踏みし道をたどりながら、何故にキリストに還ったか……真に死生の境にまで推し詰めた求道者にとっては、そこにキリスト教もなければ、仏教もあるべき筈がないからである。彼の求る処は唯だ解脱であり、安心である。仏教という宗旨でもなければ、キリスト教という教会でもない。……されば小山氏が、その覚《さとり》の内容を呼ぶに、或は本地の風光の名を以てし、或は神の名を以てしたが如きは、唯だ氏がキリスト教と仏教との双方に育った人であったがために起った言葉の問題にすぎぬ。これを大した問題であるようにいうのは、宗旨に囚われて、宗教の精神を忘れたものだ。私はこの点において小山氏が言葉に煩わされなかったのは、かえって氏の信仰が人生の精髄に徹底しておったことを証明するものであると思う。」

このような鼎浦・湛山の信仰を、宗教学的・教義学的に、概念・言葉で規定し位置づけることは、宗教思想上の分析としては興味あることであろう。しかし、ここで私が重要と感じさせられることは、生と死、この世の相剋と超越の課題の唯中で生をきざむ湛山が、キリスト教および仏教からのメッセージを、その精神の深みにおいて積極的に受けとめていたことである。暗黒の宇宙空間から、無数の星々の中に生命感に充ちた碧の地球を見た時に、宇宙船搭乗者が神からの啓示のように感じた人類一体性と宇宙内での人類存在の神秘性とは、地球上に地理的歴史的に分化して諸宗教を生みだしてきた諸文化圏を超えた世界を指し示すものであった。こうした普遍的・超越的なものへの希求は、人間にとって極めて切実な問いかけだといえよう。——湛山の枕頭にはつねに日蓮遺文集と聖書があったという。日蓮宗権大僧上に叙されていた湛山は、晩年に聖路加国際病院入院中、キリスト教の礼拝を欠かすことがなかったという。彼の「宗教の精神」の姿をつたえていよう。

湛山の操志の倫理的一貫性は右のような宗教心によって支えられていたが、その「最高価値」の把握の故に、すべての現世内的諸価値・論議を相対化し、思考の開放性・発展性・弾力性を身につけることができた。彼の認識方法は経験主義、機能主義、プラグマティズムの性格をおびたものであった。「今日の私の物の考え方に、なにがしかの特徴があるとすれば、主として王堂哲学の賜物である」と回想しているように、早稲田大学哲学科在籍中に、デュイーに師事してわが国にプラグマティズムを伝えた田中王堂の薫陶に負うところが少くない。スコラ的教義学・哲学的観念論に惑溺・韜晦するような俗臭芬々たる宗教人ではなく、有髪の僧を志す俗人湛山の思想は、言語的粉飾をこととする有閑事ではなく、この世の只中での人間的実践をみちびく、徹底した合理主義・試行錯誤をおそれないプラグマティズムに結びついていた。その意味で、彼の思想はJ・S・ミルからW・ジェームズ、J・デュイーへと展開していった英米の功利主義《ユーテイリタニアニズム》の良き伝統を受容している。彼が二宮尊徳と福沢諭吉を高く評価しているのは、二人の思想に深く共鳴するだけでなく、日本の思想を内から普遍的・人類的なものへ開きつないでゆこうとする、彼の思想態度のあらわれでもある。

湛山の社会思想を進歩的自由主義《プログレッシブ・リベラリズム》ないし徹底的民主主義《ラディカル・デモクラシー》と特徴づけることができよう。彼は自由主義・民主主義を特定の社会制度と結びついた固定的内容や形式をもつものとは考えない。それはより深く自然法的な人間の本性《ヒューマン・ネーチュア》にかかわるものであって、自律的創造的諸個人(「独立自尊」で生産的な人々)の自己実現(精神的物質的な人間的欲望の充足＝功利)をさまざまの歴史的社会的条件下で追求するダイナミックな思想である。

湛山の言葉からひろえば――「民衆主義《デモクラシー》は、人類が最新に発明したる生活法にして、今日の処それに増して吾人の生活を豊富にし、清新にし、福利を増進する手段他にこれ有らざればなり」(『東洋経済新報』一九一四年四月二五日)であり、「批評の生活」「討論の生活」(同上、一九一九年二月二五日)であり、「和して同ぜずすなわちこれ民主主義」(『西日本新聞』一九六〇年一月五日）である。したがってまた、「自由主義、民主主義、個人主義が、人類の思想、経済、政治の実際の歴史に現れた跡を見ますと、その時と処との要求に従ってその形に著しき変化を示しております。所謂資本主義もその一つの変形であります。また社会主義も、その目的は畢竟個人の自由を確保する考案として生まれたものでありますから、広い意味においては、やはり、自由主義、民主主義、個人主義の変形であると申せます」（「自由思想協会趣意書および規約」一九四七年一一月）という、両体制の平和的共存を支える発想につながる。両体制は、自己の社会システムを合理的に弁証しようとするイデオロギーにおいて対立しながら、それぞれの窮極目標を達成するプロセスにおいて、試行錯誤を重ねて自己改造や対応をおしすすめ、機能的実質的な接近を余儀なくされつつ、平和共存の現実的基盤を徐々に構築してゆくであろう――自由主義・民主主義は両体制接近のヴェクトルをみちびく理念的エネルギーである。

湛山が明治維新を自由・民主の歴史的変革と見、「五カ条の御誓文」をその理念的シンボルと把え、戦後日本の民主化に際しても、これを援用したのは（「社論」一九四五年九月一日）、彼の思想の非歴史性や時代錯誤を示すものではなく、むしろ誓文の精神をポツダムの三国宣言のそれへと転釈し、彼が歴史の継承と発展をリアルに把えていたことを示すものであろう。その発想と同様に、近代の自由主義・民主主義はその歴史的形態において資本主義・社会主義を貫いてゆき、両者を結びつける絆《きずな》とならねばならない。湛山の平和共存論はアド・ホクな妥協にとどまらない長期の歴史的展望に立つものである。

湛山の大正時代は三〇歳代の働きざかりで、三浦銕太郎主幹の下で精力的に評論活動を展開し、天野為之――植松考昭――三浦銕太郎によって形成されたリベラリズムの伝統を発展させ、正統的継承者として自らを鍛えあげた。

湛山は、明治期に形成され大正期に高度化した日本資本主義を、そのはらむ諸矛盾にもかかわらず発展の強い潜勢力をもったものととらえて、その民主的修正ないし改革による新たな飛躍を追求する。彼は、避けられない特殊な歴史的社会的状況の生みだすケースを別とすれば、非暴力的方法・漸進的方法を原則とするから、矛盾をかかえる資本主義を徹底的《ラディカル》に批判するが、全面的に否定はしない。資本主義の階級対立・分配不均衡に決して盲目ではないが、それを市民社会形成・生産力拡大の側面において肯定的に評価することを忘れない。したがって、議会制民主主義をブルジョア独裁の手段とは見ないで、むしろ絶対主義ないし全体主義的専制政治を排除して、国民全体の「欲望」を幅広く反映し、漸進的に人間的自由を実現してゆく方法と考える。

したがって、赫々たる栄光に輝く明治と未知数の未来に期待をいだかせる昭和の間にはさまれた大正時代を、多くの人々は「行詰った」「光薄い」時代と評価しがちであったが、湛山は、明治末期が直面して行詰った「壁」を民衆運動をバックとした護憲の潮流でうち破り、その割れ目から前途の光明をみちびき入れた時代とみる。割れ目とは「閥族官僚の失脚、狭隘なる家族主義国家主義の倒潰」であり、光明とは「議会政治の実現、個人主義、民主主義、自由主義の勝利」である。湛山は大正デモクラシーの潮流を高く評価し、みずからその流勢を強めるのに寄与した一人であったのである。

大正期の湛山はデモクラシーの果敢な鼓吹者であった。枢密院・貴族院・軍閥の専横を大胆に攻撃し、憲政会・政友会などの既成政党の政策《ポリシー》や政略《ポリティックス》を是々非々で率直に批判した。普通選挙の早期実現を要求し、選挙権拡大による国民的利害の議会への浸透と大衆の監視によって閥族的地主的支配を打破し、専制と腐敗の惰性を克服して真の議会制民主主義を実現することを期した。英国の自由党や労働党のような野党が成立して、綱領・政策におけるチェック・アンド・バランスの政党政治を実現することが一つの目標であった。特に地方自治を重視し、教育の中央集権に反対し、利権と派閥の旧い政治体質の改革をうながし、市民的政治理念の確立を目ざした。治安警察法・治安維持法に反対し、軍国主義・ファシズムの台頭に抵抗した。徹底した思想言論の自由こそリベラリズムの核に他ならなかったからである。

湛山は、国際関係において、平和主義、国際協調主義に立ち、問題解決における戦争・領土支配の役割を否定し、帝国主義・植民地制度、軍備拡張・軍国主義に反対した。シベリア出兵・山東出兵への批判、ロシア革命・中国民族運動の擁護、米騒動や三・一万歳事件などの評価、軍閥元老専制政治排撃と一貫した普通選挙の要求、ワシントン会議にむけての軍縮と植民地放棄・世界平和機構確立への熱い呼びかけなど、反帝国主義・「小日本主義」の立場をつらぬき、大正から昭和にかけての論調は、歴代主幹のきずいた自由主義・平和主義の正統的発展的継承者である湛山の思想を鮮明に示している。

湛山は「大正時代に経過した生みの悩みは、恐らくはまだ最初の一部であって、その大なる部分、最も困難な部分は、思うに今後に味わねばならぬであろう」(「文化史上に占むる昭和新代の位地」一九二八年一一月一〇日)と、大正デモクラシーの基盤の脆弱さを自覚し、昭和期における民主主義伸張が当面する苦難を予見した。安田善次郎は一九二一(大正一〇)年に暗殺され、一九二三年大震災には大杉栄らの虐殺や亀戸事件がおこり、震災手形処理を契機におこった金融恐慌(一九二七年三月)は、一九二六(大正一五)年一二月二五日に改元の昭和にとって事実上の幕開けであり、それは不安な暗雲にみちていた。一九二四年に三浦のあとをついで第五代主幹となった湛山はこの時四二歳であり、やがて来る十五年戦争下の言論戦を双肩にになうことになったのである。軍部独裁を批判し、戦争の拡大に反対し、経済的に戦争継続の困難なことを説いて、戦争の早期終結を要望しつづけた。中国東北部占領・傀儡政権樹立を強行した超国家主義の圧力の下で、「小日本主義」の旗をおろさざるをえなかったのであるが、政府に迎合することなく合法的言論・出版の権利を守り、時局の急傾斜とともに一歩一歩表現上の後退を余儀なくされながら、読者の良識に伝わるギリギリの婉曲屈折したレトリックを駆使し、破局をくいとめようとする粘り強い陣地戦を、敗戦の日までつづけたのである。前にものべたように、公職追放に抗議した湛山の弁駁の諸論文はこの困難な経緯を克明に物語っている。

湛山の経済思想は、何といっても、彼が原書でコツコツと自学したアダム・スミス以降の古典経済学の真髄が土台となっている。しかし、その古典派の思想を一九世紀末以後の条件に適応させ、J・S・ミルやJ・M・ケインズの理論を受容し、マルクスの思想的インパクトを受けとめて、レッセ・フェール型資本主義を修正し――彼はそれを「新自由主義」と自ら呼んだ――、生産力向上・国民所得拡大・分配公正を実現するための経済時評・政策提言を多面的に展開した。帝国主義批判・軍縮推進も、植民地支配や戦争に対する人道的反対であったのみでなく、それらが財政や民間国内投資を圧迫して経済発展・国民福祉を阻害することに対するきわめて現実的な批判であった。他民族支配＝帝国主義に依存せず固有の国土に自立する日本、高い国民的生産力を育成し貿易によって豊かさを実現する日本、そのために平和を国是とする日本――卑小ではない人間的誇りたかい日本こそ「小日本主義」であり、それは彼の経済思想によっても裏うちされているのである。

他方、労働組合法化による労働者権利の保証や、経営協議会による労働者の経営参加を主張し、資本主義システムの構造改革を求めた。寄生地主の無用を説き、自営農民の多角的営利経営の確立を提唱した。

昭和初期の新平価解禁論、旧平価解禁のもたらした「昭和恐慌」から脱出して民生と政情の安定を企図したリフレーション政策提唱、戦後の大蔵大臣・通産大臣としての積極政策は、生産諸力の発展を重視する湛山の著しい特徴を示している。敗戦で植民地をうしない、多くの人人が自信喪失におちいった時、湛山は「小日本主義」を実現する希望にもえ、祖国の前途に洋洋たる未来を望み、政治的実践にふみだしたのである。赤字財政と復興金融金庫融資をテコとした生産第一主義に対して、金融緊急措置によって沈静したインフレを再燃させたものであって、資材が絶対的に不足していた当時においては、生産拡大よりインフレ促進的であったとのネガティヴな評価がある。しかし、占領下、政府の統治能力《ガバナビリティー》の低下と、戦災による諸産業設備破壊と軍需工業解体、農業生産力の低下、膨大な失業者・復員軍人・帰国者、一般会計の三三%を占めた終戦処理費、統制品・隠匿物資の横流し・闇取引の横行などの諸条件を考慮にいれねばなるまい。資金資材の集中配分により傾斜生産方式をおしすすめ、石炭三〇〇〇万トンを実現し、基礎生産力の復興を一応の軌道にのせたことをこそ、評価すべきであろう。しかも石橋蔵相は二、三年後にはディスインフレ政策へ転換することを予告していたのである――そして、その転換はドッジ・ラインというより強硬な外的インパクトとしておこなわれることとなったのであるが。

財政演説でケインズを援用した湛山はマルクス経済学に対しても偏狭な態度はとっていない。『資本論』全訳刊行以前(一九二一年頃)から原典・英訳などで研究を開始し、一九二二年には社内にマルクス研究会を開いた。一九二六―二九年頃の金解禁論争時には『資本論』の第一部と第三部やヒルファーディングの『金融資本論』に研究を集中している。彼はマルクスとの真摯な緊張関係を保ちつつ、一九世紀的リベラリズムをこえて、恐慌に対処し経済の拡大再生産を可能にする操作可能《オペレーショナル》な経済学をケインズにもとめていったといえよう。

しかし、湛山の経済思想を貫いている根本理念は「人間中心の経済」であって、人間を物に従属跪拝(いわゆる人間疎外)させるものではない――「議論として何人も直ちに承認する如く、人は主にして、物のために人が役せらるるという法はない。のみならず実はその物の生産を、量において、質において、いよいよ増加せしめんと欲すれば、また決して人を従たらしめることは出来ぬ」(「来るべき『人』中心の産業革命」、一九一六年九月五日)。

一九五六(昭和三一)年一二月、湛山は七二歳にして自民党総裁・内閣総理大臣となった。翌年一月八日、全国遊説第一声で『五つの誓い』をかかげ、永年の政治的信念を簡潔な綱領として示した。

㈠ 国会運営の正常化

政党の泥仕合によって軍部・ファッショの台頭を許した歴史的経験をかえりみ、野党との対話と協力を進め、国権の最高機関たる国会の機能を健全円滑化し、国民の議会政治への信頼をあつめる。(これは無原則な政治的妥協や多数派工作的野合ではなく、与野党伯仲や多党化時代の政治原理でなければならないだろう。)

㈡ 政界および官界の粛正

政界の腐敗と官界の綱紀紊乱をただし、信賞必罰を厳重に守り、国民の政治への期待をつなぐ。(ロッキード事件をはじめ大小様々のスキャンダル、汚職をみれば、利権・特権取引きが政治を動かす金権政治の危険は大きい。それは単に政治不信を生むだけではなく、国民のモラルを腐蝕させるであろう。)

㈢ 雇用の増大・生産の増加

湛山はこうのべた――「人々がその志を得て十分に働けるようにすれば……今の生産の二倍、三倍にはすぐなる。いわんやその間に生産性の向上がある。……もし皆さんが働きすぎて余りすぎたならば、一週間六日働くのを五日にすればよろしい」。(湛山は池田＝下村の高度成長・

所得倍増計画を予測し、それを先取りしていたのである。そして、高成長以後の生活の質的向上をも考えていた。）

㈣　福祉国家の建設

湛山は「人的産業革命」をとなえ（一九一六年）、その四大綱目として「賃金、休養時間、衛生、教育の国定最低限度を設け、もしくは高むること」をあげているが、遊説では国民皆保険・減税・住宅建設・教育その他の施設充実にふれた。

㈤　世界平和の確立

湛山は「党員の皆さんのごきげん取りはしない」と明言して、宰相として国政をリードし所信の実現に邁進することを誓った。しかし、不幸にも病をえて二カ月余で退陣を余儀なくされ、政治的抱負を果たすいとまもなかった。挂冠さえ強いた重病をいやして二年、一九五九（昭和三四）年から、湛山は晩年の政治的情熱を「世界平和の確立」にそそぎ、中ソ両国へ老軀をはこんだ。その経過を年表風に略記すれば――

一九五九年一月　訪中に旅立ち、石橋＝周共同コミュニケを発表。

一九六〇年一月　岸首相訪米に際して書簡をおくり、①中国との国交回復のため日米両国が協力すること、②アジア安定のために日米中ソ印の五カ国会談を開くことを進言。

一九六〇年五月　安保条約等の抜き打ち的議決方針に反対し、党内批判派とともに欠席戦術で対抗し、岸首相の退陣を求め、六月には、東久邇・片山元首相と連名で岸首相に重ねて勧告し、あわせて国民に冷静なる態度をもとめた。

一九六一年六月　米ソ首脳会談などの〝雪解け〟の潮流をとらえ、日中米ソ平和同盟を提唱した。

一九六三年九月　日本工業展覧会総裁として訪中。帰国後、「日中復交と中ソ論争に対する私の見方」を『東洋経済』に発表し、異った体制・イデオロギー間の平和共存・平和競争を訴えた。

一九六四年九月　ソ日協会の招請でソ連を訪問したが、フルシチョフ失脚の直前で、思うような対話・交渉ができなかった。

一九六五年一月　佐藤訪米に際し、平和構想の意図を米首脳に伝えるよう依頼。佐藤首相が日本独自の立場で対中接近をはかる姿勢を示したことを高く評価した。この時すでに八一歳、それから八年後一九七三年四月、石橋湛山は米寿にして没した。

湛山の世界平和確立の雄大な構想は、第二次大戦後の世界史の状況において幣原外交の精神を継ぐものであったといってよかろう。湛山は幣原の人格に私淑しただけでなく、大正後期から昭和初期における幣原外交路線を基本的に支持し応援した。（こうした外交問題への判断には盟友清沢洌《きよし》の影響も少からずあったろう。）幣原が全権委員となったワシントン会議（一九二一―二二年）の推進・成功のために全力をあげて論じた。それだけでなく、前述したように、列強の勢力均衡の軍縮にとどまった同会議の〝思惑〟をこえて、帝国主義戦争と植民地領有を全面的に否定した徹底した世界平和構想（「軍備制限並に太平洋及極東問題に関する会議についての勧告――太平洋問題研究会」一九二一年九月）を打ち出した。この間、軟弱外交と非難された幣原国際協調主義を擁護し、軍のアグレッシヴな大陸政策や軍備拡張を終始批判しつづけた。

したがって湛山が、六〇年安保闘争の後の池田勇人内閣の外交に対して、その冷戦的発想の転換をうったえたのも当然といえよう。湛山は、「新安保の上に立って平和共存を推進」し、「日米親善は絶対の要件であり、それを一層強化する必要を感ずる上において人後に落ちるものでない」と論じつつ、「憲法の基盤に確然と立ち」「共産圏からばかにされない政治をやる」だけでなく、「アメリカをはじめ全世界から尊敬される政治を池田君に待望」している。この文章（「池田外交路線へ望む」一九七〇年八月八・九日号『朝日新聞』）の中で、湛山は憲法について次のように述べた。

「歴代の保守党政府が次々に憲法を空文化してきたので、今日では憲法擁護があたかも社会党の専売特許のごとき観を呈しているが、あの憲法は実は保守党の先輩たる幣原喜重郎氏によって打ち出されたものである。……今日では世界唯一のこの憲法が、最も現実的な意義をもってながめられようとするに至った。幣原氏は「私は今は夢想家として笑われようが、百年後にはきっと予言者になる」といわれたが、百年を待たずしてそれは夢ではなくなり、逆に戦争の方がばかげた空想の世界へ逃避しようとしているのである」。

湛山は、幣原の精神と平和憲法の原理こそ、世界史の在るべき動向を先取した指導理念と考えた。人類死滅・地球廃墟の可能性をはらむ戦争を回避し、人類の平和と幸福を守るためには、何よりも平和共存・平和競争が保証されねばならない。湛山は「「日中米ソ平和同盟」の提唱――はたして出来ない相談か――」(一九六一年八月、『湛山叢書』第三号)の末尾を次のような直言で締めくくった。

「近頃、世界において最もニガニガしき現象は、米ソをそれぞれ中心として自由主義国と共産主義国が互いに不信呼ばわりを逞《たくま》しくし、てんで相手の言に耳をかたむけようとしないことである。なかんずくその狂態は米ソ両国に取ってはなはだしい。今や両国は、世界平和について重大なる責任を負い人類の死活を握る位地にあるにかかわらず、その位地を忘れ去ったごとくに見える。両国ともに世界の大国たるに価せぬ国というべきだ。日本はかねて自由主義国として、米国を先頭としてその指揮下に立った国であるが……日本小なりといえども、理に従い義によって人類のため自ら是を是とし非を非とし、行動することを声明すべきである。非には従わぬ、これこそわが国の立場である」。

核軍縮をめぐり米ソの交渉が開始され、デタントの潮流がたちかえり、相互理解の希望がほのかに見えはじめる今日、『湛山回想』が刊行されることに、私は思想の命運をおぼえ、特別の意義を感じずにはいられない。

（一九八五年九月）

〔編集付記〕

一、底本には、『石橋湛山全集』一五巻（東洋経済新報社、一九七二年）を用い、初版の『湛山回想』（毎日新聞社、一九五一年）では収録されなかった「大正六年の早稲田騒動」をあわせ収めた。

また、初出の『週刊東洋経済新報』（一九四八年一一月一三日〜一九五一年一〇月一三日まで、本書の一—八の部分が断続的に執筆された。九、一〇は、毎日版刊行時の書下しである）を参照して補った部分（八八ページ三〜八行、一三〇ページ一一—一二行）がある。

一、年譜・人名索引ならびに本文中〔　〕内の注記の作成にあたっては、石橋湛一氏ならびに石橋記念財団の谷一士・武田茂両氏の御協力を得た。

一、本書の刊行にあたっては、東洋経済新報社、毎日新聞社の御了承を得た。

（岩波文庫編集部）

年譜（年齢は満年齢によった（すなわち、各年九月二五日の満年齢により記載した）。文中の人名は敬称を略した。詳細な年譜は『石橋湛山全集』第十五巻に収められている。）

明治一七年（一八八四）

九月二五日　東京市麻布区芝二本榎一丁目一八番地にて出生。父杉田湛誓、母きん。幼名省三《せいぞう》。母方の姓石橋を継ぐ。

明治一八年（一八八五）　一歳

三月　父が昌福寺住職となるにともない、母とともに甲府市稲門（現在の伊勢町）に転居。

明治二二年（一八八九）　五歳

四月一日　甲府市稲門尋常小学校に入学。

（二月一一日　大日本帝国憲法発布）

明治二四年（一八九一）　七歳

一〇月　昌福寺の父に引きとられることとなり、増穂村尋常高等小学校に転校。

明治二七年（一八九四）　一〇歳

九月　長遠寺住職望月日謙に預けられ、鏡中条村尋常高等小学校に転校。

明治二八年（一八九五）　一一歳

四月　山梨県立尋常中学校(のち山梨県立第一中学校を経て現在甲府第一高等学校)に入学。
(四月一七日　下関条約締結され日清戦争終結)
(一一月一五日　『東洋経済新報』創刊さる)

明治三五年(一九〇二)　一八歳

三月八日　得度して湛山と改名。この月、山梨県立第一中学校を卒業。

明治三六年(一九〇三)　一九歳

九月　早稲田大学高等予科に入学。翌年、九月、大学部文学科(部)哲学科に進む。

明治四〇年(一九〇七)　二三歳

七月　文学科を首席で卒業。特待研究生に推薦され、宗教研究科に進む。

明治四一年(一九〇八)　二四歳

一二月　宗教研究科を修了し(七月)、島村抱月の紹介により東京毎日新聞社に入社。

明治四二年(一九〇九)　二五歳

八月　内紛により東京毎日新聞社を退社。
一二月一日　東京麻布歩兵第三連隊に一年志願兵として入営。

明治四三年(一九一〇)　二六歳

三月一〇日　『世界の宗教』(共著)を大日本文明協会より刊行。
(五月一日　東洋経済新報社から月刊雑誌『東洋時論』創刊さる)

（八月二二日　韓国併合に関する日韓条約調印）

明治四四年（一九一一）　二七歳

一月一日　東洋経済新報社に入社、『東洋時論』の編集に携る。

（一〇月一〇日　辛亥革命勃発）

明治四五（大正元）年（一九一二）　二八歳

一〇月『東洋時論』の廃刊にともない『東洋経済新報』記者となり、新たな一歩を踏み出す。

一一月二日　三浦銕太郎夫妻の媒酌で岩井うめと結婚。

大正二年（一九一三）　二九歳

七月　島村抱月の芸術座結成に参画。

（二月一一日　大正政変、第三次桂内閣総辞職）

大正三年（一九一四）　三〇歳

四月一四日　将来の行くべき途を考える。結局政界に出ること、そしてその準備として新哲学の樹立につとめることが最も良道であることに考えが落ち着く（日記）。

五月　自由思想講演会設立に参画、幹事に就任（同会は大正一〇年まで続いた）。

（七月二八日　第一次世界大戦勃発。八月二三日　日本参戦）

大正四年（一九一五）　三一歳

五月三日　夜、三浦銕太郎宅で第一回「J・S・ミル研究会」（七月まで都合一〇回）開く。

一一月一三日　合名会社東洋経済新報社の合名社員に選任さる。
（一月一八日　日本、対華二一ヵ条要求を提出）

大正五年（一九一六）　三二歳

二月一五日　金子馬治宅で戦後（第一次大戦）研究会第一回会合に出席（この会合は以後金子宅でしばしば開かる）。

大正六年（一九一七）　三三歳

六月　早稲田大学騒動おこり、天野為之学長側の中心として奔走。
（一一月七日　一〇月社会主義革命勃発、ソビエト政権成立）

大正八年（一九一九）　三五歳

二月　普通選挙期成同盟会結成に参画、三月一日の日本最初の普選要求デモの副指揮者として活躍。
（六月二八日　ベルサイユ講和条約調印）

大正一〇年（一九二一）　三七歳

七月二二日　太平洋問題研究会を設立、幹事役となる。
一一月二二日　東洋経済新報社が合名会社から株式会社に改組され取締役に就任。

大正一一年（一九二二）　三八歳

一月二二日　社内の同人とリカード研究会を始める（〜三月）。

四月　社内の同人とマルクス研究会を開く(〜八月)。
七月　鎌倉町大町蔵屋敷(現在の鎌倉市御成町)に居宅を新築し移転。
一一月八日　金融制度研究会の設立に参画。

大正一二年(一九二三)　三九歳

九月一日　関東大震災により鎌倉居宅被害をうく。

大正一三年(一九二四)　四〇歳

一月　鎌倉町に信用購売利用組合湘南倶楽部設立され、常務理事に就任(昭和一四年一二月解散)。
九月一〇日　鎌倉町会議員に当選(〜昭和三年八月)。
一二月　三浦銕太郎のあとをうけ、東洋経済新報社主幹(第四代)に就任。この年から新平価金解禁を主張し始む。
(一月一〇日　第二次護憲運動起こる。六月一一日　加藤高明護憲三派内閣成立)

大正一四年(一九二五)　四一歳

一月二五日　東洋経済新報社代表取締役・専務取締役に就任。

昭和二年(一九二七)　四三歳

四月二二日　前夜執筆の原稿を携え早朝出社、急遽付録二ページ四月二三日号に「大恐慌遂に来る」を挿入。

七月二五日　『新農業政策の提唱』を東洋経済新報社より刊行。
一二月二日　昭和二年金融恐慌史を執筆(〜一二月一二日)(＝昭和三年一月一七日刊第五回『銀行年鑑』に収録)。
(三月一四日　衆院で片岡蔵相、東京渡辺銀行破綻と発言、金融恐慌の発端となる)

昭和三年(一九二八)　四四歳

一月三〇日　鈴木梅四郎主唱の医療国営期成同盟会結成に参画。
二月　金融制度研究会を経済制度研究会に改称。
四月二〇日　経済制度研究会のために「金解禁決議案」を起草。
(二月二〇日　第一回普通選挙。六月四日　関東軍の謀略により張作霖爆死)

昭和四年(一九二九)　四五歳

七月一二日　『金解禁の影響と対策』を東洋経済新報社より刊行。
八月二七日　この日発足の「二七会」(清沢洌、嶋中雄作の発起)の会員となる。

昭和五年(一九三〇)　四六歳

一月二日〜五日　わが国金本位制の研究・執筆。
(一月一一日　金輸出解禁実施)

昭和六年(一九三一)　四七歳

六月八日　東洋経済新報社の新築社屋(日本橋本石町——当時の日銀北裏)落成し牛込区天神町

より移転。
六月一〇日　経済倶楽部創立総会で常任委員に就任。
（九月一八日　満州事変勃発。一二月一三日、犬養内閣成立、金輸出再禁止即日実施）

昭和七年（一九三二）　四八歳

一月七日　経済倶楽部講演でケインズ『貨幣論』を紹介。
六月一七日　経済制度研究会を改組・改称して通貨制度研究会を設立。
七月四日〜一三日　東京・横浜・名古屋・大阪・和歌山へ講演旅行（この年より全国各地での経済問題講演多くなる）。
七月八日『インフレーションの理論と実際』を東京書房より刊行。
（三月一日　満州国建国宣言。五月一五日　五・一五事件）

昭和八年（一九三三）　四九歳

三月六日　アメリカの大恐慌のため来客多し。
（一月三〇日　独、ヒトラー内閣成立。三月二七日　日本、国際連盟に脱退通告）

昭和九年（一九三四）　五〇歳

一月一八日　口中の痛み甚だしく終日在宅（この頃より三叉神経痛の炎症始まる）。
五月五日　月刊英文雑誌『オリエンタル・エコノミスト』を創刊、同誌の主幹を兼ねる。
八月三一日『我国最近の経済と財政』を平凡社より刊行。

一一月一〇日　市川房枝・奥むめをらの婦人経済会設立を援助。

昭和一〇年（一九三五）　五一歳

九月一八日　内閣調査局委員に就任(〜昭和一二年五月一八日)。

昭和一一年（一九三六）　五二歳

九月一五日　『日本金融史』(『現代金融経済全集』第一二巻)を改造社より刊行。

(二月二六日　二・二六事件)

昭和一二年（一九三七）　五三歳

一一月一二日　『激変期の日本経済』を東洋経済新報社より刊行。

(七月七日　蘆溝橋事件＝日中戦争始まる)

昭和一三年（一九三八）　五四歳

五月二日　社内に顧問制を設け、この日第一回顧問会を開く(出席者、大口喜六、田川大吉郎、深井英五、伊藤正徳、長谷川如是閑、清沢洌、松本烝治、大河内正敏)。

この年秋、社内にケインズ研究会を作る(主なる会員、高垣寅次郎、塩野谷九十九、石原純、勝田貞次、高橋亀吉、飯田清三)。

(四月一日　国家総動員法公布)

昭和一四年（一九三九）　五五歳

八月三一日　社員を集め、今後言論圧迫来るも良心に反する行動を絶対にとらぬよう訓示。

九月八日　ケインズ『一般理論』の塩野谷訳について読合せ会第一回を開く。以後十数回この会を催す。

（九月一日　第二次世界大戦勃発）

昭和一五年（一九四〇）　五六歳

四月〜六月　石山賢吉および随員とともに朝鮮満州旅行。

一一月三〇日　東洋経済研究所を設立し、所長を兼務。

（九月二二日　日本軍北部仏印に進駐。九月二七日　日独伊三国同盟調印）

昭和一六年（一九四一）　五七歳

二月一五日　東洋経済新報社の社長制新設にともない代表取締役社長に就任。

二月二六日　『満鮮産業の印象』を東洋経済新報社より刊行。

三月一三日　社内に評議員会を設置。社外より清沢洌、蠟山政道、小島精一、勝田貞次、出井盛之に評議員を委嘱。

四月一日　東洋経済研究所の機構の一部として通貨制度研究会（第二次）（委員長高垣寅次郎）を設置。

一一月一五日　『東洋経済新報』創刊二〇〇〇号記念祝宴を開く。

（四月一三日　日ソ中立条約成立。六月二二日　独ソ戦勃発。一二月八日　太平洋戦争勃発）

昭和一七年（一九四二）　五八歳

七月一〇日　『人生と経済』を理想社より刊行。
（六月五日　ミッドウェー海戦）

昭和一八年（一九四三）　五九歳

四月一四日　早稲田大学評議員に就任。
六月一七日　通貨制度研究会を解消して金融学会が設立され常任理事に就任。
（九月九日　伊バドリオ政権、連合国に無条件降伏。一一月二七日　カイロ宣言発表）

昭和一九年（一九四四）　六〇歳

二月六日　次男和彦（海軍主計中尉）、内南洋のケゼリン島にて戦死（公報）。二六歳。
一〇月　大蔵省内に石橋の進言により戦時経済調査室設置され、戦後経済再建策について研究（委員は石橋、荒木光太郎、大河内一男、油本豊吉、中山伊知郎、井上敏夫、工藤昭四郎、難波勝二、幹事は山際正道）。
（六月四日　連合軍ノルマンジーに上陸）

昭和二〇年（一九四五）　六一歳

三月一〇日　東京芝の居宅、空襲により焼失。
四月二八日　東洋経済新報社の編集局の一部と組版部門を秋田県横手町に疎開し、現地にて執筆、印刷・製本・発送を指揮。
八月二八日　戦後通貨対策委員会委員に就任。

九月三〇日　ＧＨＱ経済科学局長クレーマー大佐より諸種の意見の提出を依頼さる。
一一月九日　自由党(鳩山一郎総裁)の顧問に就任。
一二月一日　金融制度調査会委員に就任(〜昭和二一年七月六日)。
(二月一一日　ヤルタ協定成立。八月一四日　日本、ポツダム宣言受諾、太平洋戦争終結)

昭和二一年(一九四六)　六二歳

三月　新選挙法による第二二回衆議院議員選挙に自由党から東京第二区に初立候補(四月一〇日、落選)。
三月一四日　山川均提唱の民主人民連盟世話人会に参加(四月七日、民主人民戦線演説会に出場)。
五月二二日　第一次吉田茂内閣成立し、大蔵大臣に就任。
五月二三日　東洋経済新報社社長を辞任。
(一一月三日　日本国憲法公布)

昭和二二年(一九四七)　六三歳

一月三〇日　二・一ゼネストに対処し、ＮＨＫラジオで政府の方針を述べゼネスト中止を訴う。
一月三一日　内閣改造により経済安定本部総務長官・物価庁長官を兼任(〜三月二〇日)。
二月　自進社連立内閣問題を河合良成(進)、西尾末広(社)、水谷長三郎(社)と話し合い、協定案を作成。結局失敗に終わる。

三月三一日　第二三回衆議院議員選挙に自由党公認で静岡県第二区から立候補(四月二五日、当選)。
五月八日　GHQより、内閣に対して石橋をG項該当者と指定する旨の覚書発令(五月一八日、内閣より一六日付の公職追放指令発表)。
五月二〇日　第一次吉田内閣総辞職し、大蔵大臣を辞任。
一一月一一日　自由思想協会を設立(事務所を千代田区神田駿河台三丁目目黒書店ビル内に置く、二四年一〇月一九日閉鎖)。
(一月三一日　GHQ、二・一ゼネスト中止命令。五月三日　日本国憲法施行。六月一日片山哲内閣成立)

昭和二六年(一九五一)　六七歳

二月六日　鳩山一郎、石井光次郎とともに、求めによりダレス米講和特使と会談。
六月二〇日　第一次公職追放解除を発表(石橋湛山・三木武吉ら政財界人二九五八人)。
一〇月二五日　『湛山回想』を毎日新聞社より刊行。
一一月二七日　東洋経済新報社相談役に就任。
(九月九日　サンフランシスコ講和条約・日米安保条約調印)

昭和二七年(一九五二)　六八歳

八月二八日　衆議院解散。第二五回衆議院議員選挙に静岡県第二区より立候補(一〇月一日、当選)。
九月二九日　河野一郎とともに反党活動を理由に自由党から除名通告をうく(一二月一六日復党承認さる)。
一二月一日　立正大学学長に就任(〜昭和四三年三月)。

昭和二八年(一九五三)　六九歳

三月一四日　自由党分党、鳩山派自由党が結成され入党。この日、野党三派提出の吉田内閣不信任案可決され、衆議院解散。
三月一七日　鳩山派自由党の政策審議会長に就任(〜一一月)。
四月一日　株式会社オリエンタル・エコノミストの設立にともない、代表取締役社長に就任(〜昭和三〇年五月一〇日)。
四月一九日　第二六回衆議院議員選挙で静岡県第二区にて当選。
一一月二九日　自由党と鳩山派との合同なり、自由党に復帰。
(三月五日　スターリン死去。七月二七日　朝鮮休戦協定調印)

昭和二九年(一九五四)　七〇歳

七月三日　岸信介、芦田均らと新党結成準備会を結成。
一一月八日　自由党総務会は石橋・岸の除名を決定。
一一月二四日　日本民主党(総裁鳩山一郎)結成され、最高委員に就任。

一二月七日　第五次吉田内閣総辞職、一二月一〇日、第一次鳩山一郎内閣成立し、通産大臣に就任。

（七月一日　防衛庁自衛隊発足）

昭和三〇年（一九五五）　七一歳

二月二七日　第二七回衆議院議員選挙で静岡県第二区にて当選。

三月一九日　第二次鳩山内閣成立し、通産大臣に就任。

一一月一五日　保守合同で自由民主党結成。

一一月二二日　第三次鳩山内閣成立し、通産大臣に就任。

昭和三一年（一九五六）　七二歳

九月二〇日　『サラリーマン重役論』を竜南書房より刊行。

一二月一四日　第三回自由民主党大会の総裁選挙で決選投票の結果、岸信介を破り総裁に選任さる。

一二月二〇日　第三次鳩山内閣総辞職し、通産大臣を辞任。この日国会で内閣首班に指名さる。

一二月二三日　石橋湛山内閣成立し、総理大臣に就任。

（一〇月一九日　日ソ国交回復に関する共同宣言調印。一二月一八日　日本、国連に加盟）

昭和三二年（一九五七）　七三歳

一月二五日　老人性急性肺炎で倒れ、臥床す。

二月二二日　首相臨時代理岸信介・幹事長三木武夫に首相・党総裁辞任の書簡をおくる。
二月二三日　石橋内閣総辞職、総理大臣を辞任(二月二七日、聖路加病院に入院、四月一三日退院)。
二月二五日　自由民主党顧問に就任。
一〇月二〇日　早稲田大学より名誉博士号を授与さる。
(二月二五日　岸信介内閣成立)

昭和三三年(一九五八)　七四歳

五月二二日　第二八回衆議院議員選挙で静岡県第二区にて当選。

昭和三四年(一九五九)　七五歳

三月一五日　『日本経済の針路』を東洋経済新報社より刊行。
八月二八日　中国の周総理より訪中の招請状来着。
九月七日〜二六日　中国を訪問(第一次)(二〇日　石橋・周共同声明)。

昭和三五年(一九六〇)　七六歳

六月六日　東久邇・片山元両首相と会談、安保騒動に関し岸首相への勧告文を作成、使者に托す。
九月二一日　日ソ協会会長に就任。
一一月二〇日　第二九回衆議院議員選挙で静岡県第二区で当選。

（五月二〇日　自民党単独で新安保条約を可決、安保騒動起こる。六月二三日　日米新安保条約発効。七月一五日　岸内閣総辞職。七月一九日　池田勇人内閣成立）

昭和三六年（一九六一）　七七歳

六月一五日　日中米ソ平和同盟案を発表し、各界人士に呼びかく。

昭和三八年（一九六三）　七九歳

九月二四日〜一〇月一三日　日本工業展覧会総裁として中国を訪問〔第二次〕。
一一月二一日　第三〇回衆議院議員選挙で静岡県第二区にて落選。

昭和三九年（一九六四）　八〇歳

五月一九日　日本国際貿易促進協会総裁に就任。
九月二二日〜一〇月一三日　ソ日協会の招請により、ソ連を訪問。
（六月　中国文化大革命運動始まる）

昭和四三年（一九六八）　八四歳

三月三一日　立正大学学長を辞任、名誉学長に推さる。
（八月二〇日　ソ連軍、チェコ侵入）

昭和四五年（一九七〇）　八六歳

九月二五日　『石橋湛山全集』刊行開始。

昭和四六年（一九七一）　八七歳

八月九日　妻うめ、聖路加病院にて死去。八三歳。

（六月一七日　沖縄返還協定調印）

昭和四七年（一九七二）　八八歳

九月一〇日　『石橋湛山全集』全一五巻刊行完結。

（九月一日　日中国交正常化共同声明調印）

昭和四八年（一九七三）　八八歳

四月二五日　死去、享年八八歳。

人名索引

ア 行

カ 行

サ 行

ラ 行

ワ 行

湛《たん》山《ざん》回《かい》想《そう》

1985年11月18日　第1刷発行 ©
2024年7月26日　第15刷発行

著　者　石橋湛山《いしばしたんざん》

発行者　坂本政謙

発行所　株式会社 岩波書店
〒101-8002 東京都千代田区一ツ橋2-5-5

案内 03-5210-4000　営業部 03-5210-4111
文庫編集部 03-5210-4051
https://www.iwanami.co.jp/

印刷・三秀舎　カバー・精興社　製本・中永製本

ISBN 978-4-00-331682-5　　Printed in Japan

読書子に寄す

——岩波文庫発刊に際して——

岩波茂雄

真理は万人によって求められることを自ら欲し、芸術は万人によって愛されることを自ら望む。かつては民を愚昧ならしめるために学芸が最も狭き堂宇に閉鎖されたことがあった。今や知識と美とを特権階級の独占より奪い返すことはつねに進取的なる民衆の切実なる要求である。岩波文庫はこの要求に応じそれに励まされて生まれた。それは生命ある不朽の書を少数者の書斎と研究室とより解放して街頭にくまなく立たしめ民衆に伍せしめるであろう。近時大量生産予約出版の流行を見る。その広告宣伝の狂態はしばらくおくも、後代にのこすと誇称する全集がその編集に万全の用意をなしたるか。千古の典籍の翻訳企図に敬虔の態度を欠かざりしか。さらに分売を許さず読者を繋縛して数十冊を強うるがごとき、はたしてその揚言する学芸解放のゆえんなりや。吾人は天下の名士の声に和してこれを推挙するに躊躇するものである。このときにあたって、岩波書店は自己の責務のいよいよ重大なるを思い、従来の方針の徹底を期するため、すでに十数年以前より志して来た計画を慎重審議この際断然実行することにした。吾人は範をかのレクラム文庫にとり、古今東西にわたって文芸・哲学・社会科学・自然科学等種類のいかんを問わず、いやしくも万人の必読すべき真に古典的価値ある書をきわめて簡易なる形式において逐次刊行し、あらゆる人間に須要なる生活向上の資料、生活批判の原理を提供せんと欲する。この文庫は予約出版の方法を排したるがゆえに、読者は自己の欲する時に自己の欲する書物を各個に自由に選択することができる。携帯に便にして価格の低きを最主とするがゆえに、外観を顧みざるも内容に至っては厳選最も力を尽くし、従来の岩波出版物の特色をますます発揮せしめようとする。この計画たるや世間の一時の投機的なるものと異なり、永遠の事業として吾人は微力を傾倒し、あらゆる犠牲を忍んで今後永久に継続発展せしめ、もって文庫の使命を遺憾なく果たさしめることを期する。芸術を愛し知識を求むる士の自ら進んでこの挙に参加し、希望と忠言とを寄せられることは吾人の熱望するところである。その性質上経済的には最も困難多きこの事業にあえて当たらんとする吾人の志を諒として、その達成のため世の読書子とのうるわしき共同を期待する。

昭和二年七月

《東洋文学》〔赤〕

- 楚辞　小南一郎訳注
- 杜甫詩選　黒川洋一編
- 李白詩選　松浦友久編訳
- 唐詩選　全三冊　前野直彬注解
- 完訳 三国志　全八冊　小川環樹・金田純一郎訳
- 西遊記　全十冊　中野美代子訳
- 菜根譚　洪自誠　今井宇三郎訳注
- 阿Q正伝・狂人日記 他十二篇（吶喊）　魯迅　竹内好訳
- 朝花夕拾　魯迅　松枝茂夫訳
- 歴史小品　郭沫若　平岡武夫訳
- 家　全二冊　巴金　飯塚朗訳
- 新編 中国名詩選　全三冊　川合康三編訳
- 聊斎志異　全二冊　蒲松齢　立間祥介編訳
- 李商隠詩選　川合康三選訳
- 白楽天詩選　全二冊　川合康三訳注
- 文選　全六冊　川合康三・富永一登・釜谷武志・和田英信・浅見洋二・緑川英樹訳注
- 曹操・曹丕・曹植詩文選　川合康三編訳
- ケサル王物語 ―チベットの英雄叙事詩　アレクサンドラ・ダヴィッド＝ネール、アプル・ユンテン　富樫瓔子訳
- バガヴァッド・ギーター　上村勝彦訳
- ダライ・ラマ六世恋愛詩集　今枝由郎・海老原志穂編訳
- 朝鮮童謡選　金素雲訳編
- 朝鮮短篇小説選　全二冊　大村益夫・長璋吉・三枝壽勝編訳
- 尹東柱詩集 空と風と星と詩　金時鐘編訳
- アイヌ民譚集 付 えぞおばけ列伝　知里真志保編訳
- アイヌ叙事詩 ユーカラ　金田一京助採集並ニ訳

《ギリシア・ラテン文学》〔赤〕

- ホメロス イリアス　全二冊　松平千秋訳
- ホメロス オデュッセイア　全二冊　松平千秋訳
- イソップ寓話集　中務哲郎訳
- アイスキュロス アガメムノーン　久保正彰訳
- アイスキュロス 縛られたプロメーテウス　呉茂一訳
- アンティゴネー　ソポクレース　中務哲郎訳
- ソポクレス オイディプス王　藤沢令夫訳
- ソポクレス コロノスのオイディプス　ソポクレス　高津春繁訳
- ヒッポリュトス ―パイドラーの恋　エウリーピデース　松平千秋訳
- バッカイ ―バッコスに憑かれた女たち　エウリーピデース　逸身喜一郎訳
- ヘシオドス 神統記　廣川洋一訳
- 女の議会　アリストパネース　村川堅太郎訳
- アポロドーロス ギリシア神話　高津春繁訳
- ダフニスとクロエー　ロンゴス　松平千秋訳
- ギリシア・ローマ抒情詩選 ―花冠　呉茂一訳
- オウィディウス 変身物語　全二冊　中村善也訳
- サテュリコン ―古代ローマの諷刺小説　ペトロニウス　国原吉之助訳
- ギリシア・ローマ神話 付 インド・北欧神話　ブルフィンチ　野上弥生子訳
- ギリシア・ローマ名言集　柳沼重剛編
- ローマ諷刺詩集　ペルシウス・ユウェナーリス　国原吉之助訳

《南北ヨーロッパ他文学》〔赤〕

- ダンテ 新生 — 山川丙三郎訳
- 夢のなかの夢 — タブッキ 和田忠彦訳
- カヴァレリーア・ルスティカーナ 他十一篇 — G・ヴェルガ 河島英昭訳
- カルヴィーノ イタリア民話集 全二冊 — 河島英昭編訳
- むずかしい愛 — カルヴィーノ 和田忠彦訳
- パロマー — カルヴィーノ 和田忠彦訳
- カルヴィーノ アメリカ講義 —新たな千年紀のための六つのメモ — 米川良夫 和田忠彦訳
- まっぷたつの子爵 — カルヴィーノ 河島英昭訳
- 魔法の庭・空を見上げる部族 他十四篇 — カルヴィーノ 和田忠彦訳
- ペトラルカ ルネサンス書簡集 — 近藤恒一編訳
- ペトラルカ 無知について — 近藤恒一訳
- 美しい夏 — パヴェーゼ 河島英昭訳
- 流刑 — パヴェーゼ 河島英昭訳
- 祭の夜 — パヴェーゼ 河島英昭訳
- 月と篝火 — パヴェーゼ 河島英昭訳
- ウンベルト・エーコ 小説の森散策 — 和田忠彦訳

- バウドリーノ 全二冊 — ウンベルト・エーコ 堤康徳訳
- タタール人の砂漠 — ブッツァーティ 脇功訳
- ラサリーリョ・デ・トルメスの生涯 — 会田由訳
- ドン・キホーテ 前篇 全三冊 — セルバンテス 牛島信明訳
- ドン・キホーテ 後篇 全三冊 — セルバンテス 牛島信明訳
- 娘たちの空返事 他一篇 — モラティン 佐竹謙一訳
- プラテーロとわたし — J・R・ヒメーネス 長南実訳
- オルメードの騎士 — ロペ・デ・ベガ 長南実訳
- サラマンカの学生 他六篇 — エスプロンセーダ 佐竹謙一訳
- セビーリャの色事師と石の招客 他一篇 — ティルソ・デ・モリーナ 佐竹謙一訳
- ティラン・ロ・ブラン 全四冊 — J・マルトゥレイ M・J・ダ・ガルバ 田澤耕訳
- ダイヤモンド広場 — マルセー・ルドゥレダ 田澤耕訳
- 完訳 アンデルセン童話集 全七冊 — 大畑末吉訳
- 即興詩人 全二冊 — アンデルセン 大畑末吉訳
- アンデルセン自伝 — 大畑末吉訳
- 王の没落 — イェンセン 長島要一訳
- イプセン 人形の家 — 原千代海訳

- イプセン 野鴨 — 原千代海訳
- 令嬢ユリェ — ストリントベルク 茅野蕭々訳
- アミエルの日記 全四冊 — 河野与一訳
- クオ・ワディス 全三冊 — シェンキェーヴィチ 木村彰一訳
- 山椒魚戦争 — カレル・チャペック 栗栖継訳
- ロボット（R・U・R） — チャペック 千野栄一訳
- 白い病 — カレル・チャペック 阿部賢一訳
- マクロプロスの処方箋 — カレル・チャペック 阿部賢一訳
- 灰とダイヤモンド 全二冊 — アンジェイェフスキ 川上洸訳
- 牛乳屋テヴィエ — ショレム・アレイヘム 西成彦訳
- 完訳 千一夜物語 全十三冊 — 豊島与志雄 渡辺一夫 佐藤正彰 岡部正孝訳
- ルバイヤート — オマル・ハイヤーム 小川亮作訳
- ゴレスターン — サァディー 沢英三訳
- アラブ飲酒詩選 — アブー・ヌワース 塙治夫編訳
- 王書 —古代ペルシャの神話・伝説 — フェルドウスィー 岡田恵美子訳
- 中世騎士物語 — ブルフィンチ 野上弥生子訳
- コルタサル短篇集 悪魔の涎・追い求める男 他八篇 — 木村榮一訳

岩波文庫の最新刊

過去と思索(一)
ゲルツェン著／金子幸彦・長縄光男訳

人間の自由と尊厳の旗を掲げてロシアから西欧へと駆け抜けたゲルツェン(一八一二―一八七〇)。亡命者の壮烈な人生の幕が今開く。自伝文学の最高峰。(全七冊)
〔青N六一〇―二〕 **定価一五〇七円**

過去と思索(二)
ゲルツェン著／金子幸彦・長縄光男訳

逮捕されたゲルツェンは、五年にわたる流刑生活を余儀なくされた。「シベリアは新しい国だ。独特なアメリカだ」。二十代の青年は何を経験したのか。(全七冊)
〔青N六一〇―三〕 **定価一五〇七円**

正岡子規スケッチ帖
復本一郎編

子規の絵は味わいある描きぶりの奥に気魄が宿る。最晩年に描かれた画帖『菓物帖』『草花帖』『玩具帖』をフルカラーで収録する。子規の画論を併載。
〔緑一三―一四〕 **定価九二四円**

ウンラート教授
あるいは一暴君の末路
ハインリヒ・マン作／今井 敦訳

酒場の歌姫の虜となり転落してゆく「ウンラート(汚物)教授」を通して、帝国社会を諧謔的に描き出す。マレーネ・ディートリヒ出演の映画『嘆きの天使』原作。
〔赤四七四―一〕 **定価一二二一円**

……今月の重版再開……

頼山陽詩選
揖斐 高訳注
〔黄二三一―五〕 **定価一一五五円**

野草
魯迅作／竹内好訳
〔赤二五―一〕 **定価五五〇円**

定価は消費税10%込です　2024.5